AF500894

SOUSCRIPTION. — MAI 1819.

BULLETIN
DES DOUANES,

Rédigé par Dujardin-Sailly,

DANS LE DOUBLE OBJET :

1° De présenter les lois et actes officiels, intervenus postérieurement à l'impression du Code et du Tarif, de manière à pouvoir tenir ces deux ouvrages au courant des dernières dispositions par une simple transcription de numéros de renvoi.

2° De rassembler, dans une même collection, tous les élémens nécessaires pour parvenir à la connoissance des moyens les plus certains de garantir les produits du travail national de toute concurrence étrangère.

La plupart de MM. les souscripteurs au *Code des Douanes* (1), publié par M. Dujardin-Sailly en novembre dernier, lui ont adressé l'invitation de faire paroître un Bulletin dont l'objet principal seroit de présenter les réglemens qui interviennent journellement sur les douanes, de manière à ce qu'on pût tenir le *Code* et le *Tarif* au courant des dispositions postérieures à l'impression de ces deux ouvrages, sans autre travail que celui d'émarger l'un ou l'autre d'un numéro de renvoi au Bulletin, renfermant soit la nouvelle loi ou la dernière ordonnance, soit les décisions ministérielles ou les circulaires administratives, annotées d'observations sur leur connexité avec les principes de la législation.

D'autres personnes ont exprimé le désir de trouver également dans le Bulletin, le tableau comparatif du prix des marchandises, les arrêts nouveaux de la cour de cassation, les pièces indicatives de la gestion des douanes, l'exposé des motifs des réglements, et enfin tous les documens qui présenteront les moyens de dégager cette législation, des doctrines versatiles.

Ainsi le Bulletin, tel qu'il est demandé, pourroit non-seulement tenir lieu pour l'avenir de toutes autres collections sur les douanes, mais seroit *nécessairement* plus instructif que ces ouvrages, puisqu'il rapporteroit à la fois les ordres d'exécution du régime adopté, et les matériaux propres à la justification ou à l'amélioration du système.

M. Dujardin-Sailly est d'autant plus disposé à faire l'entreprise de ce Bulletin qu'il entre dans la direction actuelle de l'emploi de son temps de reprendre immédiatement la publication des différens ouvrages qu'il a fait paroître dans les années 1806 à 1813, et d'y ajouter celle de tous traités ayant la théorie ou la pratique des douanes pour objet.

Une souscription est donc ouverte pour le Bulletin des Douanes, ouvrage qui sera publié par demi-feuilles de format in-4°, expédiées franches de port par la poste.

Les abonnemens qui ont été soumissionnés à l'avance, c'est-à-dire en adressant l'invitation de faire paroître cet ouvrage, doivent faire penser que les souscripteurs seront nombreux : or, il convient de faire connoître aux personnes qui n'ont pas été prévenues de sa publication, que si leur intention est de s'abonner au Bulletin, elles ne doivent apporter aucun retard dans l'envoi de leur souscription, parce qu'il pourroit

(1) Les personnes qui, n'ayant pas encore le Code, demanderont cet ouvrage en s'abonnant au Bulletin, jouiront des avantages de la souscription ; c'est-à-dire que le Code, pris à Paris, ne leur coûtera que *quinze francs* au lieu de 18, qui est son prix actuel. — Le Code est un volume in-4° de 640 pages à grande justification.

arriver que des numéros qui auroient été publiés, fussent épuisés, et qu'à cette raison l'éditeur se trou dans l'impossibilité d'en fournir la collection, qui doit devenir d'autant plus précieuse qu'elle contiendra documens qu'on chercheroit vainement ailleurs, et présentera, conformément à la demande qui en a faite, les moyens de tenir sans étude le *Code et le Tarif des Douanes* au courant des dispositions pos rieures à ces ouvrages.

L'auteur a des motifs particuliers pour apporter les plus grands soins dans le rassemblement des piè officielles à insérer au BULLETIN, et dans le choix et l'exactitude des matériaux qu'il offrira comme dev établir la distinction des choses 1° qui peuvent conserver et étendre toutes les sortes d'industrie, 2° doivent leur nuire ou les détruire.

Le Bulletin, en exposant ainsi les actes qui auront pour effet et les documens qui auront pour objet, s d'accroître, soit de paralyser le travail, deviendra forcément un ouvrage utile aux hommes appelés à la co fection des lois, nécessaire aux employés, aux avocats et aux juges, et également indispensable a négocians et aux fabricans :

Utile aux hommes qui confectionnent les lois, parce qu'en ayant sous les yeux le recueil des faits qui o amené la surabondance ou la pénurie de la consommation, ils pourront peser plus sûrement les moye propres à défendre les propriétés industrielles de toute concurrence étrangère ;

Nécessaire aux employés des douanes et aux hommes de loi, parce que les réglemens dont l'exécution ordonnée, étant pour eux ce qu'ils doivent suivre, ou ce, sur quoi ils doivent plaider, ils y trouveront tou faite la conférence qu'ils devroient faire eux-mêmes, de la disposition nouvelle avec les anciennes ;

Indispensable aux fabricans et aux négocians, parce qu'il leur fera connoître l'étendue de la protecti ou de la restriction qu'entraînent les conditions auxquelles sont soumises leurs opérations avec l'étrange connoissance de la plus grave importance, soit pour ne pas tomber involontairement dans la situation d'e courir les peines de la violation des réglemens, soit pour « pouvoir faire réclamer tel redressement parti » dont l'urgence se feroit sentir, ou juger mieux quelle réforme dans le système général peut être nécessaire (*Expressions de la circulaire du ministre de l'intérieur aux chambres de commerce du 20 juin.*)

Quoique destiné à paroître par demi-feuille, le BULLETIN ne sera, ni ne peut être un ouvrage périodiqu puisque les réglemens qu'il doit principalement contenir, ne sont pas promulgués à des époques déterminée Ainsi la publication de ses demi-feuilles n'aura pas lieu à jour fixe, mais l'impression s'en fera toutes les fo qu'il se sera présenté suffisamment de matière pour en former une, et l'expédition de cette demi-feuille se immédiatement faite aux souscripteurs.

Le prix du BULLETIN ne sauroit pas plus être arrêté par période, car les pièces officielles à interven seront plus ou moins nombreuses ou de plus ou moins d'étendue, et leur insertion exigera conséquemme plus ou moins de pages d'impression; or, le seul moyen d'éviter qu'il y ait lésion dans le prix de souscription, soit pour les souscripteurs, soit pour l'éditeur, est de proportionner ce prix aux dépenses d l'impression et de l'affranchissement.

Ainsi l'abonnement au BULLETIN est fixé au prix de *six* francs pour vingt-cinq demi-feuilles, formant ce pages in-4°. Les personnes qui souscriront de suite pour cinquante demi-feuilles ou deux cents pages, n paieront que *onze* francs.

La modicité de cette somme ne permettant pas de tenir des écritures pour en opérer le recouvrement, le expéditions du BULLETIN ne seront faites qu'autant que l'argent seroit parvenu à l'avance.

Les lettres et le montant des souscriptions devront être adressés directement à M. Dujardin-Sailly, *ru Madame, n° 5, quartier du Luxembourg, à Paris.*

MM. les souscripteurs sont invités, dans leur propre intérêt,

1° A écrire de la manière la plus lisible, leurs nom, qualité et demeure ;

2° A indiquer le bureau de poste qui les sert, s'il n'y en a pas d'établi dans le lieu où ils résident;

3° A affranchir leurs lettres de demande ; condition de rigueur et sans laquelle une portion du prix d l'abonnement se trouveroit absorbée en remboursement du port.

De l'Imprimerie de CELLOT, rue des Grands-Augustins, n°. 9.

NOUVELLE ÉDITION
DU TABLEAU
DES INFRACTIONS ET DES PEINES
EN MATIÈRE DE DOUANES,

ANNOTÉE DE NUMÉROS DE RENVOIS AU CODE;

Ouvrage utile aux préposés des douanes pour le rappel des dispositions pénales dans les procès verbaux de saisies, et nécessaire au commerce pour la connoissance des formalités prescrites à peine de confiscations, amendes, etc.

Par DUJARDIN-SAILLY.

LE Tableau des infractions est une exposition complète et presque littérale des différens cas de pénalité que les préposés des douanes sont appelés à constater : c'est, en un mot, le rassemblement de toutes les dispositions pénales des lois de douanes et de finances, actuellement en vigueur, rangées dans l'ordre de la compétence des justices de paix, des tribunaux correctionnels, et des cours d'assises.

Deux éditions de ce petit ouvrage ont été immédiatement épuisées en 1817 : c'est une preuve de son utilité ; mais l'usage de ces premières éditions ne pourroit aujourd'hui qu'induire en erreur dans nombre de circonstances, parce que les lois de 1818 ont changé la compétence sur les frontières maritimes, et prévu de nouveaux cas de pénalité pour toutes les frontières. Une troisième édition, en harmonie avec les dernières dispositions, a donc été demandée; et ce prospectus a pour objet de faire connoître qu'elle est actuellement en vente.

Cette nouvelle édition se trouve augmentée de 42 articles, et présente les différens cas d'infractions classés dans un ordre plus rapproché de l'espèce de procès verbal à dresser. Ces améliorations ne sont pas les seules qui y ont été apportées : on a transformé le format in-8° qu'avoit cet ouvrage en format in-12, pour le rendre plus portatif, et le faire devenir ainsi le *Livre de poche* des préposés.

MM. les directeurs et inspecteurs, et en général tous les chefs de service, soit de bureaux, soit de brigades, ont nécessairement intérêt à l'application la plus exacte des lois répressives de la fraude ; or le petit ouvrage dont il est question, offrant les moyens de faire cette sorte d'application sans la moindre étude, l'éditeur croit pouvoir réclamer les bons offices de tous les chefs de bureaux et postes de douanes, dans l'objet de contribuer à répandre le Tableau des infractions jusque dans les mains des simples préposés : c'est principalement pour eux que ce Tableau a été conçu; et dès lors l'attente de l'éditeur ne seroit pas remplie si chaque préposé ne s'en procuroit pas un exemplaire.

Pour les mettre à même de pouvoir le faire, le prix de cette édition, quoique plus volumineuse que les précédentes, n'a pas été augmenté.

Ainsi le prix du Tableau des infractions est toujours d'un franc quatre-vingts centimes par exemplaire rendu franc de port dans bureaux.

Les personnes qui demanderont cet ouvrage par douzaine d'exemplaires, recevront le treizième gratis.

S'adresser directement et franc de port,

à M. Dujardin-Sailly, rue Madame, n° 5, quartier du Luxembourg, à Paris.

Ouvrages du même auteur, actuellement en vente.

Code des douanes de France, formé de toutes les dispositions en vigueur en 1818, rangées dans l'ordre légal des opérations; avec des observations puisées dans les motifs des lois et dans les arrêts de la cour de cassation, sur les applications ordonnées par les décisions ministérielles et les circulaires administratives; par *Dujardin-Sailly*. — Volume in-4° de 640 pages : prix, 18 francs.

Bulletin des douanes, rédigé par *Dujardin-Sailly*, dans le double objet, 1° de présenter les lois et actes officiels intervenus postérieurement à l'impression du Code et du Tarif des douanes, de manière à pouvoir tenir ces deux ouvrages au courant des dernières dispositions par une simple transcription de numéros de renvoi; 2° de rassembler dans une même collection tous les élémens nécessaires pour parvenir à la connoissance des moyens les plus certains de garantir le travail national de toute prépondérance étrangère. — Le prix du Bulletin, qui paroît par demi-feuilles d'impression, expédiées franches de port, est de *six* francs par abonnement de 25 demi-feuilles formant cent pages in-4°. — Les personnes qui souscriront de suite pour 50 demi-feuilles ou 200 pages ne paieront que *onze* francs.

Nota. Les personnes qui n'ayant pas le Code, demanderont cet ouvrage en souscrivant au Bulletin, jouiront de la faveur qui a été accordée aux souscripteurs; c'est-à-dire que le Code, pris à Paris, leur sera livré pour *quinze* francs au lieu de 18.

De l'Imprimerie de CELLOT, rue des Grands-Augustins, n° 9.

BULLETIN

DES DOUANES

DE FRANCE,

OUVRAGE publié par demi-feuilles d'impression, adressées franc de port par la poste, dans l'objet:

1° De présenter, au fur et à mesure de leur promulgation, les Lois et Réglemens de Douanes dans un ordre propre à tenir le CODE et le TARIF au courant des dernières dispositions par une simple transcription de numéros de renvoi;

2° De faire connoître au Commerce, au moment même de la transmission des Circulaires administratives, si les mesures d'exécution qu'elles prescrivent sont en corrélation avec les dispositions légales, ou en dissidence avec les intérêts de l'industrie française;

3° De rassembler dans une même collection tous les élémens nécessaires pour arriver à un système de Douanes qui élève les produits du travail national au-dessus de toute concurrence étrangère.

PARIS,

Chez l'AUTEUR, rue Madame, n° 5, quartier du Luxembourg.

DE L'IMPRIMERIE DE L. T. CELLOT.

PROSPECTUS

DU

BULLETIN

DES DOUANES.

Les lois de Douanes sont devenues les armes avec lesquelles les nations conservent ou détruisent les propriétés industrielles.

Si, en France, certains produits se sont élevés à un tel degré de perfection, qu'ils excitent aujourd'hui la jalousie de l'Angleterre, la France ne doit ces conquêtes manufacturières qu'aux lois qui ont éloigné de ses marchés les objets analogues de l'étranger.

Qu'on compare les différentes périodes de sa législation des Douanes avec les relevés de son industrie aux mêmes époques, et on se convaincra de l'influence de ces réglemens sur la fortune des particuliers;.... on verra prospérer la fabrication de toutes les marchandises que les lois de Douanes repoussent;.... on verra languir toutes les exploitations que les lois de Douanes cessent de protéger;... on verra abandonner le travail de tous les objets que les lois de Douanes admettent en franchise ou sous de foibles droits.

Une mesure de Douanes est donc la boussole de l'accroissement ou du dépérissement d'une exploitation, et le premier besoin du producteur est de connoître cette mesure au moment même de sa mise en vigueur, soit pour en surveiller l'exécution si elle garantit sa propriété, soit pour en réclamer le redressement si elle nuit à ses intérêts; car enfin l'industrie est une propriété, et l'article 9 de la Charte déclare que *toutes les propriétés sont inviolables*....

Ces considérations ont donné l'idée de publier un Bulletin des Douanes, et de l'expédier par demi-feuille in-4°, c'est-à-dire au fur et à mesure de la mise en exécution des actes de cette administration.

Cette entreprise ne seroit cependant que d'une utilité relative, si on ne l'avoit étendue, à la fois, en deçà et au delà du rappel des réglemens de son époque....

Le Bulletin n'a donc pas pour limites de rapporter les dispositions nouvelles: il les rattache par des renvois au Code des Douanes (1), publié en novembre 1818, et le lecteur est ainsi à même de juger immédiatement, si la nouvelle mesure doit étendre ou anéantir sa propriété industrielle.... Le Bulletin ne se bornera pas d'ailleurs à tenir la législation des Douanes à jour, il présentera aussi les arrêts nouveaux de la cour de cassation, le prix comparatif des marchandises, la situation financière des Douanes, les actes de gestion de cette administration, et enfin toutes les pièces propres à intéresser le commerce d'importation et d'exportation, et à faire juger celui de transit.

Si la Douane est une force motrice dont l'effet nécessaire est d'élever ou de détruire toute espèce d'industrie, il

---

(1) Code des Douanes de France, formé de toutes les dispositions en vigueur en 1818, rangées dans l'ordre légal des opérations; avec des observations puisées dans les motifs des lois et dans les arrêts de la cour de cassation, sur les applications ordonnées par les décisions ministérielles et les circulaires administratives; par *Dujardin-Sailly*. — Vol. in-4° de 640 pages: prix, 18 francs.

Les personnes qui demanderont cet ouvrage, en souscrivant au Bulletin, jouiront de la faveur accordée aux souscripteurs; c'est-à-dire que le Code, pris à Paris, leur sera livré pour *quinze* francs au lieu de 18.

n'est aucun agriculteur, aucun exploiteur de mines, aucun fabricant, aucun manufacturier, qui n'ait un inté immédiat à lire le BULLETIN DES DOUANES.

Sa collection sera d'autant plus précieuse, qu'il présente des documens qu'on chercheroit vainement dans d'autr ouvrages, et que d'ailleurs des notes sur les actes administratifs font ressortir les choses, 1° qui peuvent conserv ou étendre les profits industriels, 2° qui doivent leur nuire ou les anéantir.

Sous ces différens rapports, le Bulletin n'intéresse pas seulement les personnes qui s'occupent d'entreprises indu trielles, il est également :

Utile aux hommes qui confectionnent les lois, parce qu'en ayant sous les yeux le recueil des faits qui ont amené surabondance ou la pénurie de la consommation, ils peuvent peser plus sûrement les moyens propres à défend l'industrie française de toute prépondérance étrangère;

Nécessaire aux employés des douanes, aux avocats et aux juges, parce que les réglemens dont l'exécution e ordonnée, étant pour eux ce qu'ils doivent suivre, ou ce sur quoi ils doivent plaider ou juger, ils y trouvent tou faite la conférence, qu'ils devroient faire eux-mêmes, de la disposition nouvelle avec les anciennes;

Indispensable aux négocians, parce qu'il leur fait connoître l'étendue de la protection ou de la restriction qu'en traînent les conditions auxquelles sont soumises leurs opérations avec l'étranger.

Le BULLETIN paroît toutes les fois qu'il est promulgué des dispositions de Douanes.

L'abonnement est fixé au prix de *six* francs pour vingt-cinq demi-feuilles, formant cent pages in-4°. Les personn qui souscrivent de suite pour cinquante demi-feuilles ou deux cents pages, ne paient que *onze* francs.

La modicité de cette somme ne permettant pas de tenir des écritures pour en opérer le recouvrement, les expéditio du BULLETIN ne sont faites qu'autant que l'argent est parvenu à l'avance.

Les lettres et le montant des souscriptions doivent être adressés directement à M. Dujardin-Sailly, *rue Madam* n° 5, *quartier du Luxembourg, à Paris.*

MM. les souscripteurs sont invités, dans leur propre intérêt :

1° A écrire de la manière la plus lisible, leurs nom, qualité et demeure;

2° A indiquer le bureau de poste qui les sert, s'il n'y en a pas d'établi dans le lieu où ils résident;

3° A affranchir leurs lettres de demande; condition de rigueur, et sans laquelle une portion du prix de l'abonnemen se trouveroit absorbée en remboursement du port.

BULLETIN

DES DOUANES

DE FRANCE,

Rédigé par Dujardin-Sailly.

Nota. *Les articles terminés par les lettres* (D.-S.) *sont des observations de l'auteur.*

RENVOIS A FAIRE AU CODE OU AU TARIF.

1. *Instruction transmise aux Douanes sur le moment qui décide de l'application du nouveau ou de l'ancien droit.*

PROMULGATION des actes de Douanes.

Code, du n° 6 de ses dispositions réglementaires, renvoyer à ce n° 1.

Une circulaire, adressée par l'administration à ses employés, porte ce qui suit :

« Maintenant que l'effet de la promulgation est devenu certain, et qu'il n'y a plus moyen » d'élever le moindre doute sur l'époque où les actes du gouvernement sont exécutoires » en chaque localité (*Voir, à la page* 3 *du* Code, *le tableau qui porte ces époques*), il est » bien entendu que ce qui décide de l'application du nouveau ou de l'ancien droit, c'est le » moment où la recette s'opère et où l'acquit de paiement se délivre, parce que c'est au » Tarif, qui a force de loi, que le percepteur d'un droit quelconque est tenu de se confor» mer au jour où il fait le recouvrement. Il ne peut plus, comme autrefois, appliquer des » taxes abolies, sous prétexte que les marchandises avoient été déclarées avant la promul» gation de la loi qui en établit de nouvelles.

» Ces explications disent assez que toutes les décisions relatives à la transition d'un Tarif » à l'autre, si elles sont antérieures à la circulaire du 11 mars 1817, doivent être considé» rées comme non avenues, notamment celle du 10 mai 1816, *imprimée à la page* 4 *du* » Code. » (*Extrait de la circulaire du* 23 *avril* 1818, *timbrée secrétariat général*, n° 383.)

Je crois devoir faire quelques observations sur la circulaire ci-dessus, parce qu'elle établit une doctrine subversive de ce qui s'est pratiqué depuis l'institution des douanes.

L'effet des lois n'a jamais été le même en toutes matières : *en affaires civiles*, on n'est soumis qu'aux termes de la loi sous laquelle l'obligation a été imposée; *en matière pénale*, on n'est passible que de la disposition la plus douce, si le fait est antérieur à la loi nouvelle.

De sorte que pour décider qu'elle est de l'ancienne ou de la nouvelle taxe de douanes, celle applicable au cas où une déclaration d'importation ou d'exportation de marchandises auroit été faite avant la promulgation d'un nouveau droit, il faudroit d'abord décider si une taxe de douanes est une condition *civile* ou *pénale ;* et ensuite si une déclaration, faite en douane, est autre chose que *l'obligation* ou *le fait* de l'importation ou de l'exportation.

Les lois en vigueur établissent que frustrer les droits des marchandises imposées à moins de vingt francs par quintal métrique, est une contravention de la compétence du juge de paix, et que frauder les droits de celles tarifées à vingt francs et au-dessus par cent kilogrammes, est un délit dont la connoissance appartient aux tribunaux correctionnels..... Ainsi, une taxe de douanes est donc une condition tantôt *civile*, tantôt *pénale*.

Si elle est *pénale*, on ne peut, d'après la jurisprudence criminelle la plus constante, appliquer que le droit le plus modéré; car la loi considère si bien la déclaration des marchandises comme l'époque du *fait* d'importation ou d'exportation, qu'elle rend le déclarant passible des peines de la soustraction lorsqu'il ne présente pas les marchandises déclarées.

Comme *condition civile*, le moment de la déclaration est encore et *nécessairement* l'époque

RENVOIS A FAIRE AU CODE OU AU TARIF.	BULLETIN DES DOUANES.

de l'*obligation* du particulier, puisque *le moment où la recette s'opère, et où l'acquit de paiement est délivré*, dépend entièrement de la douane; ..... or, est-il conforme à la législation et à l'équité que, l'obstacle à la perception venant de l'administration, ce soit le redevable qui en pâtisse?..

La réplique que le négociant aura la faculté de recouvrer le droit sur le consommateur, seroit peu raisonnée; car l'augmentation d'une taxe suspend toujours la consommation; et, d'ailleurs, elle se détruiroit par une chance contraire : est-ce que la douane rend, lors de la diminution d'un droit, la taxe plus forte qu'elle a perçue la veille?

Je vois donc que la circulaire ci-dessus, du 28 avril 1818, s'est écartée de la stricte justice en supprimant l'application que je défends, application consacrée par vingt-huit années d'exercice, et par de nombreuses décisions ministérielles.... Au surplus, il est une vérité née de la CHARTE, c'est que l'administration n'a pas le droit d'interpréter les lois, ni celui de détruire la décision d'un pouvoir supérieur : ainsi le commerce peut porter la question devant les tribunaux. (D.-S.).

AVIS relatif à l'ordre d'insertion des articles du Bulletin.

Les documens à insérer successivement au BULLETIN, *ne présenteroient pas le même degré d'utilité, si le* CODE DES DOUANES *n'étoit mis préalablement en harmonie avec les réglemens intervenus pendant et depuis son impression.... Le Bulletin a donc à faire cette mise à jour avant toutes choses, et devroit, pour offrir les dispositions intermédiaires dans l'ordre de classification créé pour le Code, exposer à la suite de la décision cotée ci-dessus, n° 1, les réglemens qui se rattachent à son* Livre A, *de l'Organisation des douanes; mais comme ceux-là ne concernent que les seuls préposés des douanes, on a jugé que le rappel des dispositions qui intéressent à la fois le commerce, les employés et les hommes de loi, étoit d'un intérêt plus immédiat, et qu'en conséquence le Livre* A *ne seroit mis au courant que lorsque cette tâche seroit remplie pour les Livres* B *à* F *du Code.... Cette note n'a d'autre objet que de faire connoître cet ordre d'insertion.* (D.-S.).

CIRCULATION des soies.
CODE, du n° B, 18, renvoyer à ce n° 2.

2. Les soies ouvrées en poil, trame, organsin et à coudre écrues, les soies rondelettes ou trames de doupion écrues, ne pourront circuler dans le myriamètre des frontières que sous la formalité de l'acquit-à-caution. (30 *avril* 1806, *art.* 9.)

Cette disposition de la loi de dix-huit cent six a été omise au Code : c'est une erreur qui vient de moi, et que je rectifie. (D.-S.).

CIRCULATION des bestiaux allant et revenant au pacage.
CODE, du n° B, 28, renvoyer à ce n° 3.

3. *Le pacage des terres, possédées par des étrangers dans le demi-myriamètre des frontières de France, sera ouvert, à la condition de réciprocité, sous acquit-à-caution portant soumission de payer les droits, en cas de non renvoi des bestiaux à l'étranger, dans les délais accordés.* (Sens de la circulaire du 17 juillet 1819.)

Voici le texte de cette circulaire timbrée secrétariat général, n° 504.

« L'ordonnance du 13 octobre 1814 (*au Code*, n° C, 114) permet aux étrangers d'extraire de France les récoltes des biens qu'ils possèdent dans les cinq kilomètres des frontières. Cette faculté emporte celle d'user aussi sur place des fourrages que ces propriétés produisent, en y faisant prendre pâture à des bestiaux qu'on amène de l'étranger.

» Ainsi, M. le directeur général ne voit pas qu'on doive repousser la demande faite par quelques propriétaires étrangers, de pouvoir amener des bestiaux au pacage. Tout ce qu'on doit exiger est que l'on garantisse le renvoi à l'étranger.

» A cet effet, on aura soin de faire souscrire des acquits-à-caution qui, si ce renvoi n'avoit pas lieu dans les délais utiles, assureroient le paiement des droits d'entrée.

» Cette mesure est naturellement applicable aux bestiaux que des Français enverroient sur leurs propriétés à l'étranger; dans ce cas il y a lieu de garantir de même par des acquits-à-caution le retour en France, ou le paiement des droits de sortie, tant que l'exportation reste permise. Ces acquits devroient énoncer éventuellement qu'on se soumet aux condamnations de l'art. 13 du titre 3 de la loi du 22 août 1791 (*au Code*, n° D, 184), pour le cas où la prohibition de sortie viendroit à être rétablie avant le terme fixé pour le retour. »

Je pense que les employés ne peuvent être trop attentifs au passage des bestiaux qui viendront ainsi pâturer; car, d'une part, il est facile de frauder à ce moyen, et de l'autre, très-difficile de reconnoître si, au milieu d'un troupeau, il n'y auroit pas des moutons tondus qui seroient revêtus d'une peau en laine, sous laquelle on auroit placé des tissus. (D.-S.).

4. *Développement des instructions données par le ministère de l'intérieur, relativement aux droits respectifs, comme interprètes, des courtiers français et des consuls étrangers.*

INTERPRÈTES en Douanes.

Code, du n° B,45, renvoyer à ce n° 4.

« On avoit induit des instructions données par le sous-secrétaire d'état de l'intérieur, »relativement aux courtiers royaux, et que la circulaire du 12 novembre 1817 (*au Code, »page 152*) rappelle, que chacun de ces courtiers ne pouvoit, comme interprète, assister »que les capitaines des navires portant le pavillon du pays pour la langue duquel il est »spécialement commissionné; et que, par exemple, le capitaine d'un bâtiment hollandais »devoit, de toute nécessité, avoir pour interprète le courtier commissionné pour la langue »hollandaise, à l'exclusion de ceux commissionnés pour d'autres langues, quand même elles »seroient familières au capitaine.

»Mais cette prétention a été contestée, et a donné lieu à un jugement du tribunal de »Saint-Martin, île de Ré, portant que le courtier qui sait l'une des langues familières au »capitaine peut devenir son interprète.

»M. le directeur général a cru devoir avertir le ministre de l'intérieur de la jurisprudence »qui s'établissoit, afin qu'il eût à juger si elle répondoit aux vues d'après lesquelles il avoit »rédigé son instruction du 25 octobre 1817.

»Il a fait connoître, par sa réponse du 6 juin 1818, qu'il partage entièrement l'opinion »du tribunal de commerce. En effet, rien ne s'oppose, ajoute-t-il, à ce que les capitaines »étrangers choisissent, pour faire leurs déclarations en douane, les courtiers interprètes »qui connoissent la langue dont il leur convient de se servir; et, par conséquent, ils ne »peuvent être forcés de préférer le courtier qui est particulièrement commissionné pour in- »terpréter l'idiome de leur pavillon.

»Seulement les capitaines, s'ils avoient besoin de faire traduire légalement leurs papiers »de bord, ne pourroient recourir qu'à celui des courtiers qui est institué pour traduire la »langue dans laquelle ces papiers seroient écrits. » (*Circulaire du 13 juin 1818, timbrée secrétariat général*, n° 460.)

« D'après des explications transmises, le 25 octobre 1817, par le sous-secrétaire d'état »de l'intérieur, *M. le directeur général a mandé que les courtiers royaux* pouvoient être »suppléés, dans leurs fonctions d'interprètes, par les consuls étrangers agissant par eux- »mêmes, ou leurs vice-consuls et chanceliers.

»Cette concession, faite aux consuls contre les termes exprès du *Code de commerce*, a »excité, de la part des courtiers, des réclamations qui ont obligé le ministre de l'intérieur »à reviser sa première décision. Il s'est, à cet effet, concerté avec le ministre des affaires »étrangères; et, selon la lettre qu'il a adressée à M. le directeur général, le 28 février 1819, »ils ont reconnu qu'il devenoit indispensable de rentrer dans la stricte exécution de l'art. 80 »du Code de Commerce. Ainsi, et conformément aux nouvelles instructions que son »excellence a données, le 17 février 1819, aux chambres de commerce, on ne doit ad- »mettre que les seuls courtiers pour truchemens des capitaines qui se présentent en douane, »sans pouvoir s'exprimer en français. Les directeurs donneront à cet effet les ordres né- »cessaires.

»M. le directeur général doit faire remarquer que cette exclusion des consuls étrangers, »comme interprètes, n'atteint pas les consuls espagnols, auxquels les traités particuliers, »maintenant en vigueur, confèrent le droit non-seulement d'assister les capitaines de leur »nation, mais encore de leur servir de truchemens dans leurs relations avec les douanes. (*Voir ces traités au Code*, n° D,288.)

»Si la disposition ci-dessus faisoit naître quelques réclamations de la part des consuls »étrangers, les directeurs auroient soin de les prévenir que c'est à S. E. le ministre des »affaires étrangères qu'ils doivent s'adresser. » (*Circulaire du 15 mars 1819, timbrée secrétariat général*, n° 476.)

RENVOIS A FAIRE AU CODE OU AU TARIF.	BULLETIN DES DOUANES.

DROIT *de magasinage* des marchandises.

CODE, du nº B,68, renvoyer à ce nº 5.

5. *Instruction sur la quotité du droit de magasinage des marchandis restées en dépôt dans les bureaux de douanes.*

Des objets d'une grande valeur, expédiés sous le plomb de la douane de Paris à de tination de l'étranger, avoient été retenus jusqu'à représentation des acquits de sorti par le bureau d'exportation qui, lorsque ces acquits furent fournis, exigea, pour frais magasinage des marchandises, le droit d'un pour cent, contre lequel on réclama.

Cette affaire a donné occasion à M. le directeur général d'examiner les principes q doivent régir toutes celles de même nature, et il a mandé ce qui suit :

« L'ensemble des lois sur l'application des droits de magasinage est mal compris.

»La première observation à faire, c'est que le droit d'exiger une redevance, ne pe »dériver, pour la douane, que du droit de retenir forcément les marchandises en certain »circonstances prévues par les lois, c'est-à-dire lorsqu'il est particulièrement nécessai »d'avoir une garantie des sommes dues, ou du maintien des prohibitions.

« Or, la retenue dans les magasins de la douane n'est légalement établie que pour les ca »suivans :

1° »Lorsque des marchandises, dont on ne connoît pas les propriétaires, sont aban »données en douanes. (Art. 5 du titre 9 de la loi du 22 août 1791. — *Au Code, sou le* nº C,22.)

» NOTA. Dans ce premier cas, le droit de magasinage est de trois deniers par jour du quint » brut, *poids de marc*.

2° »Lorsque l'état d'un bâtiment, entré par détresse, exige la mise à terre de son charge »ment, et que les magasins sont fournis par la douane. (Art. 6 du titre 2 de la loi du »germinal an 2. — Circulaire de 28 octobre 1802 — *et Code* nº B,53.)

» NOTA. Ce second cas, qui, aux yeux de la loi, est encore graciable, n'emporte qu'un droit de » demi pour cent pour toute la durée du dépôt. (*Voir plus bas mon observation.* D.-S.)

3° »Lorsque, pour des marchandises présentées à l'entrée, on ne remet pas la déclara »tion en détail (Art. 9 du titre 2 de la loi du 4 germinal an 2. — *au Code*, nº B,68.

» NOTA. Ici, comme il est question d'inciter le propriétaire à venir se mettre en règle, le droit » est de un pour cent de la valeur des choses retenues.

4° »Lorsque des marchandises de prise ou de saisie étant vendues, on ne se met pas en »devoir d'en prendre livraison, et de les réexporter. (Circulaires des 21 mai 1800, 24 »août 1801, et 8 mai 1807.)

Le nota qui précède est applicable ici.

»Dans aucune de ces hypothèses, il n'est question de la retenue des marchandises natio »nales ou nationalisées, dont on ne peut actuellement faire la déclaration de sortie.

»Cette lacune n'est point une erreur commise par les auteurs des réglemens qui viennent »d'être cités : elle est, au contraire, le résultat d'une très-judicieuse appréciation des cir »constances où les intérêts du service exigent ou n'exigent pas la mise en dépôt.

»Il est évident, en effet, que, pour la marchandise française qu'on présente à la sortie, »on ne demande pas la faculté de la posséder en France, où on la possède de droit et de »fait, mais la faculté de franchir la frontière. Toute la question pour la douane est de savoir »si elle doit ou non accorder le passage à l'étranger : si les déclarations sont régulièrement »faites, et qu'il ne s'agisse pas de choses prohibées, elle perçoit et laisse exporter; sinon, »elle refuse et fait rétrograder vers l'intérieur. Il n'y auroit réellement, dans ce dernier cas, »aucune utilité à retenir la marchandise, comme dans celui prévu par l'art. 10 du titre 2 »de la loi du 22 août 1791 (*au Code*, nº B.60.). Par cet article, on a entendu garantir les »droits d'*entrée*, et empêcher que la marchandise, qu'on a amenée jusqu'à la douane, et »qui ne doit plus rétrograder, reste libre et prête à passer frauduleusement à la consomma »tion avant qu'on ne se soit mis en règle; mais à la sortie, tout se borne à refuser d'expé »dier, c'est-à-dire à faire rester dans l'intérieur. La mise en magasin seroit un embarras »gratuit pour la douane, comme la perception du droit seroit une rigueur sans motif envers »le déclarant.

»Il est à remarquer ici que le droit de magasinage, tel qu'il est fixé par l'art. 9 du titre 2 »de la loi du 4 germinal an 2 (*au Code*, nº B,68.) est, sans nul doute, un moyen de con »traindre les consignataires à fournir les déclarations d'entrée dans le délai voulu, pour »obvier aux chances de fraude qui résulteroient du séjour prolongé en douane de mar-

»chandises non exactement déclarées; ce qui prouve que ce droit a un caractère de coercition, »c'est que le taux d'un pour cent de la valeur seroit excessif, s'il ne devoit représenter qu'un »simple droit d'usance; et que, dans les cas plus graciables, de la relâche ou de l'abandon, »il se réduit à demi pour cent, ou trois deniers par quintal, *poids de marc* et par *jour*.

»Ainsi, sans que le maximum du droit de magasinage soit positivement *la peine d'un »délit*, ce n'en est pas moins une mesure préventive, un moyen de police qui a pour objet »de grever ceux qui restent volontairement dans une position réprouvée par la loi, comme »dangereuse aux intérêts et au bon ordre du service.

»Le principe ainsi posé, il est clair qu'il n'y a, pour la douane, ni droit, ni avantage à »retenir les marchandises qu'on présente à la sortie, sans pouvoir les déclarer, et que tout »doit se borner à refuser le passage.

»Or, si elle n'a pas le droit de retenir, elle ne peut avoir celui d'exiger une redevance »pour l'emmagasinement de marchandises qui peuvent rester à la disposition du conducteur.

»Les directeurs devront faire observer ces instructions, et veiller d'ailleurs à ce qu'on »ne confonde pas les cas où il faut appliquer les différentes taxes de trois deniers du quin- »tal (*poids de marc*), demi ou un pour cent de la valeur. » (*Circulaire du* 15 *août* 1819, *timbrée secrétariat général*, n° 513.)

J'ai à faire observer, relativement au nota du paragraphe 2° ci-dessus, que *pour qu'un cas soit graciable*, il faut que le fait soit punissable; or les lois françaises ne punissant pas la détresse, l'expression est impropre.... Quant au droit de demi pour cent de la valeur des marchandises, il n'est applicable qu'aux seuls objets *non vendus*, c'est-à-dire que si partie des marchandises emmagasinées par suite de relâche forcée, avoit été vendue pour payer les frais de radoub, cette partie devroit acquitter le droit de magasinage d'un pour cent de sa valeur; car la loi ne fait pas exception pour ce cas. (D.-S.)

6. *Instruction relative au mode de déclaration des sucres bruts, pour que la tare de leur emballage reste facultative.*

TARE des Sucres bruts. CODE, des nos B,76 et B,97, renvoyer à ce n° 6.

« Les circulaires des 19 ventôse an 13, et 27 janvier 1807 (*au Code, sous le* n° B,98), »portent qu'il faut, pour obtenir la défalcation des tares, énoncer le poids net effectif »dans la déclaration primitive.

»Cette règle générale, qui fait une des garanties du service, ne peut toutefois s'appliquer »aux marchandises sujettes à coulage, puisqu'il est impossible de déclarer avec précision un »poids net qui est incessamment variable.

»En énonçant ainsi le principe et l'exception consacrés par l'article 19 du titre 2 de la loi »du 22 août 1791 (*au Code*, n° B,76), M. le directeur général répond à la question faite »par quelques douanes, de savoir si la tare réelle des sucres bruts peut être déduite, lors »même que la déclaration primitive ne la détermine pas. En effet, cette sorte de marchan- »dise ayant toujours été, à cause de sa partie sirupeuse, rangée parmi celles qui sont »sujettes à coulage, il est hors de doute que, puisqu'elle est d'ailleurs tarifée au net, on »doit en défalquer la tare réelle au moment même de l'acquittement, sans égard au contenu »des premières déclarations, que la circulaire du 25 novembre 1812 (*au Code, sous le* »n° B,76) a même dispensé de fournir quant au poids.

»Ainsi, la tare légale n'est applicable au sucre brut, que dans le cas où il convient au »commerce de s'en contenter pour obvier au retard et aux frais qu'entraîne la séparation »matérielle de l'emballage d'avec la marchandise.

»A cet égard, M. le directeur général se réfère à sa circulaire du 4 décembre 1817 (*au »Code, sous le* n° B,97), et fait observer que par ces mots: *le commerce peut toujours »recourir au poids net effectif*, EN L'ÉNONÇANT DANS SA PREMIÈRE DÉCLARATION, on veut »seulement maintenir l'obligation pour le consignataire, non de déclarer à l'avance le poids »net effectif du sucre brut, mais seulement d'énoncer dans sa première déclaration qu'il se »réserve d'acquitter d'après le résultat de la visite.

»A défaut de cette énonciation, la tare légale pourroit seule être soustraite du poids brut »constaté.

»La tare *réelle* ne peut s'établir sur le poids moyen d'un certain nombre de sacs qu'on »auroit soumis à la pesée: il faut ou vérifier effectivement le tout, ou s'en tenir à la tare

RENVOIS A FAIRE AU CODE OU AU TARIF.	BULLETIN DES DOUANES.

»légale; car rien n'autorise à substituer des calculs simulés au taux uniforme que la loi »admet pour tous les cas où l'on ne sépare pas *réellement* la marchandise des emballages.

»Les directeurs tiendront la main à l'exacte observation de ces règles, et à ce que les »négocians soient avertis que, pour obtenir la défalcation de la tare réelle des sucres bruts, »même alors qu'ils ne spécifient pas le poids net effectif, il faut que leurs premières décla- »rations en expriment la réserve.» (*Circulaire du* 23 *juin* 1818, *timbrée secrétariat général*, n° 403.)

L'article 19 du titre 2 de la loi du 22 août 1791 (*au Code*, n° B,76) a réglé le mode de déclaration et de perception des marchandises sujettes à coulage, et il n'est depuis inter- venu d'autres dispositions légales que celles du 8 floréal an 11, et 17 décembre 1814 (*au Code*, n° B 97), qui ont accordé une taxe de quinze pour cent pour les sucres bruts en futaille Quant à l'art. 7 de la loi du 27 mars 1817, il n'est nullement applicable aux sucres, puisque ces sucres ont été déclarés *marchandises sujettes à coulage*. —

Ainsi, loin de vouloir que *le commerce*, *pour jouir de la tare réelle*, *énonce*, *dans sa première déclaration*, *qu'il se réserve d'acquitter d'après le résultat de la visite*, la pre- mière des lois citées ci dessus porte au contraire, après avoir interdit toute autre déclara- tion que celle du nombre de futailles et de leurs marques et numéros, que « *la perception* »*des droits ne sera faite que sur le poids et sur la contenance effectifs*.... » Donc la circulaire ci dessus impose évidemment une condition qui est hors des dispositions légales, et à laquelle le commerce peut conséquemment se refuser.... Il y a plus, c'est que la douane *ne peut* percevoir, autrement qu'à la pesée réelle, les droits des sucres qui ne sont pas en futailles; car il n'y a que pour ceux ainsi emballés que la tare est légale.

Au surplus, je note *ces mots* de la circulaire, que «*rien n'autorise à substituer des calculs* »*simulés au taux uniforme que la loi admet*», comme n'étant employés qu'à usage d'arrondir une phrase, puisque le paragraphe qui les précède, prescrit une application qui, pour les marchandises sujettes à coulage, est diamétralement opposée à celle résultante de la com- binaison des lois. (D.-S.)

« Le tarif officiel du 26 août 1817 (page 10) recommande à tous les employés de »s'attacher à bien reconnoître le poids réel des emballages, afin de mettre l'administration »à même de dresser, s'il est possible, un tableau plus exact des tares propres à chaque »nature de marchandises.

»Cet appel a pour but de faire cesser les inconvéniens et les dommages, soit pour le trésor »qui, en beaucoup de cas, donne une tare exagérée comme celle des métaux, soit pour le »commerce qui, vu l'insuffisance de certaines tares, est obligé, pour faire constater le net »effectif, de consentir à un genre de vérification toujours lent, et quelquefois domma- »geable, tandis que si le tarif étoit plus exactement calculé, il se contenteroit toujours de »la tare légale, afin d'accélérer les opérations de douane.

»La recommandation générale qui a été faite par le tarif, et les diverses demandes »adressées aux directeurs, notamment pour la tare des sucres bruts, auront, pendant »l'année qui s'est déjà écoulée, provoqué des expériences certaines d'après lesquelles il »doit être possible aujourd'hui de reviser dans son ensemble le tarif des tares.

»Le résultat de toutes les vérifications faites devra être adressé, par chacun des employés »qui ont été à même d'y procéder, au directeur sous les ordres duquel il se trouve, et les »directeurs transmettront incessamment, et avec leur avis, tous les documens recueillis »de la sorte, à M. le directeur général. » (*Circulaire du* 26 *juillet* 1818, *timbrée secrétariat général*, n° 412)

Il n'y a autre chose à induire de cette circulaire, sinon que l'administration se propose de dresser un nouveau *tableau des tares*..... Si c'est pour en former un projet de loi, on devra lui savoir gré du soin qu'elle aura pris de s'entourer de l'expérience de ses employés; mais si, en demandant le résultat de leurs vérifications, elle avoit pour objet de prescrire des tares qu'elle auroit elle-même arrêtées, comme celles des sucres bruts *en balles ou sacs*, *elle substitueroit des calculs*, sinon *simulés*, du moins illégitimes *au taux uniforme que la loi admet*; et, dans ce cas, ces mots *italiques* de la circulaire qui précède celle-ci, recevroient encore une application contraire à celle de leur signification grammaticale.

Quant au *Tarif officiel*, l'ordre à suivre dans le Bulletin ne me permettra d'en offrir l'examen qu'après avoir mis le Code à jour; toutefois je ne puis me dispenser de faire re- marquer ici que le tableau des *tares légales* de ce Tarif, en donnant la loi du 22 août 1791 *pour titre* à la tare de deux pour cent sur les balles ou Sacs de sucre brut, fait dire à cette loi le contraire de ce qu'elle dit effectivement. (D.-S.)

7. Les navires français de tout tonnage qui viennent charger du sel pour la préparation des sardines à bord, et vont ensuite les vendre dans un autre port, sont affranchis des droits de tonnage. (*Extrait de la circulaire du* 10 *avril* 1819.)

NAVIGATION. Exemption de droits pour les navires pêcheurs.

CODE, du n° B,102, renvoyer à ce n° 7.

Cette circulaire, timbrée secrétariat général, n° 484, porte textuellement ce qui suit :

« L'article 32 de la loi du 27 vendémiaire an 2 (*à la page* 179 *du Code*) a dispensé »du paiement des droits de navigation les navires français revenant de la pêche.

»Une décision ministérielle du 28 pluviôse an 10 (*à la page* 179 *du Code*), a étendu »cette dispense aux bâtimens qui suppléent les premiers pour transporter les produits de la »pêche du port d'arrivée dans les lieux les plus avantageux à la vente.

»On a demandé si ce même article pouvoit être également appliqué aux bateaux au-»dessus de trente tonneaux, qui chargent dans les marais les sels nécessaires pour la pre-»mière préparation des sardines à bord des navires pêcheurs, et vont ensuite dans les ports »de consommation vendre les sardines préparées.

»Il est certain que l'enlèvement des sels par les embarcations dont il s'agit n'est que le »commencement d'une opération affranchie par la loi, qui a voulu encourager la pêche »nationale. Dès lors cet enlèvement doit, comme l'opération principale dont il fait partie, »jouir de l'immunité absolue.

»Cette règle s'étend à toute espèce de navires, c'est-à-dire sans égard au tonnage qui »peut être au-dessus ou au-dessous de trente tonneaux ; elle est applicable tant aux marais »où ils vont prendre les sels pour la première préparation des sardines en mer, que dans »les ports où ils apportent les produits de la pêche, pour être livrés à la consommation. »

8. Les ordonnances royales des 31 juillet et 4 décembre 1816 seront appliquées aux navires français. (*Décision ministérielle du* 7 *juin* 1819.)

NAVIGATION. Exemption de droits pour les navires français qui exportent du sel.

CODE, des nos B,102 et C,250, renvoyer à ce n° 8.

« Ces ordonnances ont exempté du droit de tonnage les navires étrangers qui viennent, »sur lest, charger des sels dans nos ports. (*En voir le texte sous le* n° C,250.)

»Puisque le but de ces ordonnances étoit de faciliter l'exportation du produit de nos »salines, on auroit pu les étendre d'abord, et par préférence acquise, aux navires fran-»çais, cependant on a cru devoir s'en tenir aux termes exprès de ces ordonnances, et »n'accorder la remise des droits qu'aux navires étrangers qui, dès lors, ont été mis en »possession d'une véritable prime contre la navigation nationale. Il est certain, en effet, »que nos armateurs ayant à payer, pour l'exportation des sels, un droit de navigation »dont les étrangers étoient affranchis, il leur est devenu impossible de soutenir la concur-»rence dans les marchés du dehors.

»M. le directeur général a soumis cette remarque au ministre des finances à qui elle a »paru digne d'attention; et S. Exc. a rendu la décision ci-dessus. Ainsi, lorsque ces »navires viendront sur lest, de quelque point que ce soit, prendre des sels dans nos ports »pour les exporter à l'étranger, ils seront exempts des droits de navigation. (*Circulaire du* 25 *juin* 1819, *timbrée secrétariat général*, n° 501.)

9. *Ordre administratif portant que les frais d'expédition d'entrée et sortie des navires seront perçus en totalité à l'entrée, et non par moitié à l'entrée et à la sortie.*

NAVIGATION. Frais d'expédition des navires.

CODE, de la page 180, renvoyer à ce n° 9.

La circulaire portant cet ordre est ainsi conçue :

« Les articles 35 et 36 de la loi du 27 vendemiaire an 2 (*les voir à la page* 180 *du »Code*) imposent, sur les navires français et étrangers, un droit d'expédition *pour frais »d'entrée et de sortie.*

»On a demande si ce droit devoit être acquitté en entier avec le droit de tonnage, ou »si la moitié seulement devoit être payée à l'entrée, et l'autre moitié à la sortie du bâtiment.

»Ce dernier mode de paiement ne seroit pas conforme à la loi qui a établi un seul et

RENVOIS A FAIRE AU CODE OU AU TARIF.	BULLETIN DES DOUANES.

»unique taux, et par conséquent une seule et même perception pour un droit qui se rapporte à deux faits, il est vrai, mais à deux faits dont l'un est la suite inévitable de »l'autre.

»Ainsi, le droit d'expédition ne doit pas être payé en deux parties, l'une à l'entrée, »l'autre à la sortie, mais tout entier en une seule fois, c'est-à-dire en même temps que le »droit de tonnage.

»La division du paiement en deux parties ne feroit que compliquer la perception, sans »motif, et occasioner des frais inutiles d'acquits de paiement.

»Telle a été la doctrine constante de l'administration. Si, d'après les termes de l'art. 35 »de la loi, elle a dû reconnoître dans le droit d'expédition deux parties égales, relatives »l'une à l'entrée et l'autre à la sortie, elle n'a permis d'appliquer cette distinction que dans »les cas très-rares où il s'agissoit d'éviter, soit une injustice envers le contribuable, soit »une perte pour le trésor public. Tel étoit celui auquel se rapporte la décision ministérielle »du 22 thermidor an 6, transmise par la circulaire du 26 du même mois (*toutes deux à la* »*page* 415 *du Code*); mais ce cas particulier, relatif aux navires étrangers qui faisoient alors »le cabotage en France, ne peut plus se présenter, puisque ce cabotage est maintenant »interdit. » (*Circulaire du* 6 *mai* 1818, *émargée secrétariat général*, n° 391.)

Il est inexacte de dire que les art. 35 et 36 de la loi du 27 vendémiaire an 2, imposent UN DROIT D'EXPÉDITION *pour frais d'entrée et de sortie;* car cette loi ne parle pas de *droit d'expédition :* elle se borne à dire que *les bâtimens paieront*, *pour frais d'expédition d'entrée et sortie*, la somme de.....; en un mot, il en est des frais d'expédition d'un navire, comme des frais de la confection des tableaux d'importation et d'exportation, dits *droit de balance:* on ne peut être tenu à les payer, qu'autant qu'on a donné lieu à ces frais; or, comment justifier la perception ordonnée par la circulaire qui précède, lorsque le bâtiment est destiné à ne plus sortir....

Au surplus, on peut voir, à la page 181 du Code, des ordres administratifs tantôt opposés, tantôt conformes à celui-ci; ce qui prouve que *la doctrine de l'administration n'a* JAMAIS *été constante* sur le paiement des frais d'expédition..... Mon avis est que ces frais sont divisibles, et devroient-ils être considérés comme *droits*, encore ne pourroient-ils être perçus que *par moitié*, puisque l'entrée et la sortie sont deux faits distincts.

Quant à la finale de cette circulaire, que le cabotage des navires étrangers ne peut se représenter, on verra sous le n° D,160 du Code, que le contraire existoit lorsque cette circulaire fut transmise, et qu'il existe encore. (D.-S.)

NAVIGATION des bâtimens de l'état.

CODE, du n° B,103, renvoyer à ce n° 10.

10. Les navires de l'état qui transportent des approvisionnemens maritimes, ne peuvent se charger de marchandises de commerce sans devenir passibles des droits de tonnage. (*Décision du ministre de la marine, dont la date n'a pas été indiquée.*)

Cette décision a été transmise dans les termes suivans :

« Il s'est élevé quelques difficultés relativement aux navires de l'état que la marine »emploie pour transporter d'un de nos ports à un autre des munitions navales. Les com»mandans de ces navires ont cru avoir le droit de prendre en retour des objets de commerce; »et ont prétendu être dispensés, pour ce cabotage, de payer les droits de navigation. Mais »la douane a soutenu qu'ils étoient réellement dus, parce que, dans ce cas, le navire, »n'étant plus employé au service exclusif de l'état, rentre dans la classe des bâtimens or»dinaires, qui ne jouissent d'aucun privilége.

»Le ministre de la marine a été prévenu de l'état des choses par M. le directeur général, »qui a fait valoir auprès de Son Excellence les principes qui légitiment les réclamations »des douanes.

»Son Excellence adoptant ces principes, et reconnoissant que tout navire de l'état qui, »au mépris des défenses faites de tout temps, se charge de marchandises, devient passible »des droits qui affectent les navires de commerce, a voulu commencer par déterminer les »titres dont un véritable navire de l'état doit être pourvu lorsqu'il fait le cabotage pour le »compte de la marine. Ce sont, d'une part, l'ordre spécial de service indiquant le lieu »d'où il part, et où il prend le chargement qu'il doit transporter pour la marine, et de

BULLETIN DES DOUANES.

RENVOIS A FAIRE AU CODE OU AU TARIF.

»l'autre une facture signée des administrateurs des ports, sur laquelle sont désignées la »nature et la destination du chargement.

»L'existence de ces pièces à bord des navires de l'état, employés au cabotage, doit »désormais prévenir tout abus et toute difficulté. Quand elles seront représentées sur la »demande des préposés, et que la cargaison sera conforme à la facture, le navire aura »droit à la franchise, d'après l'art. 3 de la loi du 27 vendémiaire an 2. (*Code*, B,103.)

»Mais si elles ne se trouvent pas à bord, les droits de navigation seront exigibles. Ils le »seroient même dans le cas où le navire seroit chargé de marchandises non indiquées sur »la facture, quoiqu'il eût également à bord les munitions navales expédiées par la marine, »attendu que le droit de tonnage est indivisible, et qu'on ne peut pas en affranchir le »navire pour les objets appartenans au gouvernement, et le soumettre en même temps aux »droits, pour ceux qui appartiennent à des particuliers.

»Dans le cas où il s'éleveroit encore dans quelque port des difficultés imprévues, l'em- »ployé supérieur de la douane n'en rendroit compte à M. le directeur général qu'après »avoir prévenu sur-le-champ le commissaire de marine, ou tout autre chef de l'arrondis- »sement maritime, lequel s'empresseroit sans doute d'interposer son autorité pour con- »traindre les commandans des navires de l'état à remplir leurs obligations.» (*Circulaire du 22 septembre 1819, émargée secrétariat général*, n° 520.)

11. Le crédit des droits auxquels le plomb est imposé à son introduction en France, sera porté à six mois au lieu de quatre. (*Décision du ministre des finances, du 26 février 1819.*)

CRÉDIT *des droits* sur le plomb.
CODE, du n° B,110, renvoyer à ce n° 11.

La circulaire qui a transmis cette décision porte ce qui suit :

« Le plomb se décompose et se transforme en céruse, en litharge, en minium, en »*mine-orange*, etc. Les fabricans de ces différentes matières ont exposé que leurs prépa- »rations exigent beaucoup de temps; qu'il ne leur en faut pas moins pour les placer dans le »commerce; que jusque là ils restent à découvert des droits qu'ils ont payés sur le plomb »brut, et que cette considération devoit déterminer à prolonger le crédit de ces droits.

»M. le ministre des finances a accueilli cette réclamation, *et a rendu la décision ci- »dessus.*

»Cette faveur ne pouvant concerner que les fabricans de l'une des espèces de décompo- »sitions dont le plomb est susceptible, il est juste de la soumettre aux mêmes règles que »celles observées pour les sucres bruts destinés à être raffinés. Ainsi, lorsque la fabrique »pour laquelle elle sera réclamée n'existera pas dans le lieu où résidera le receveur, à »qui le crédit sera demandé, il devra exiger un certificat du maire de la commune où cette »fabrique sera placée, visé par le sous-préfet de l'arrondissement, attestant qu'elle est en »pleine activité.

»Rien n'est d'ailleurs changé, quant à ce crédit, aux formes à observer pour celui des »autres droits, et les receveurs continueront à en être responsables, s'ils négligent les pré- »cautions ordonnées.» (*Circulaire du 20 mars 1819, émargée secrétariat général*, n° 479.)

Le quintal métrique de plomb n'est imposé à l'entrée qu'au droit de *cinq* francs par navires français, ou *sept* francs par navires étrangers. (D.-S.)

12. *Instruction administrative sur la perception des sommes qui se terminent par des fractions de centimes.*

PERCEPTION des fractions de centimes.
CODE, du n° B,117, renvoyer à ce n° 12.

« Les droits dont la quotité comporte des francs et des centimes, amènent dans la plupart »des calculs des sommes qui se terminent en fractions de centimes.

»Quoique de tout temps il ait été de règle que le fort denier appartient au trésor, M. le »directeur général des douanes a remarqué, par les acquits de paiement dont on lui a fait »l'envoi, que les bureaux agissent très-diversement à cet égard, ce qui l'oblige de rappeler, »pour la régularité et l'ensemble du service, que toute fraction de centime qui termine »une liquidation doit être élevée à la valeur de l'entier.

»Ainsi, par exemple, les droits de 26 kilogrammes de fromage, qui, à 13 francs 20 centimes »par *quintal métrique*, ne font, à la rigueur du calcul, que 3—43 $\frac{2}{10}$, seront amenés à la »somme ronde de 3—44, de même que l'administration des domaines a toujours dû

RENVOIS A FAIRE AU CODE OU AU TARIF.	BULLETIN DES DOUANES.

»percevoir en réalité 28 centimes pour le timbre, qui n'étoit, d'après le tarif, que de »27 centimes $\frac{1}{2}$.

»Il n'est dès lors pas loisible aux receveurs de compter ou de ne pas compter des fractions de centimes, et M. le directeur général recommande aux inspecteurs de forcer en »recette ceux qui méconnoîtroient le principe qu'il rappelle. » (*Circulaire manuscrite du* 26 *février* 1818.)

ACQUITS de paiement. Code, du n° B,117, renvoyer à ce n° 13.

13. *Instruction sur la rédaction des acquits de paiement.*

« M. le directeur général a remarqué qu'un grand nombre d'acquits de paiement se »délivrent aux redevables sans qu'on y ait inscrit le numéro sous lequel le montant en a »été porté en recette.

»Cette omission est trop grave pour être tolérée. C'est, en effet, une garantie essentielle »du service que l'apposition instantanée, sur les acquits délivrés aux redevables, du »numéro de la mise en recette. C'est au moyen de ce numéro que les chefs peuvent re»chercher à chaque instant s'il y a parfaite identité entre la somme dont il est donné »quittance et celle qui figure au registre. C'est au moyen de ce numéro que toute excuse »est ôtée à la mauvaise foi, et que toutes les occasions d'oubli sont évitées. Un acquit de »paiement sans numéro de recette, montre bien que le conducteur de la marchandise s'est »libéré, mais non qu'il y a eu perception légale; et cependant ce qu'il importe le plus, »c'est que toute somme comptée par le redevable soit, à la minute même et avant la déli»vrance de l'acquit, convertie en deniers publics par le fait de l'enregistrement. Les ins»pecteurs et sous-inspecteurs des deux services sont particulièrement responsables de l'oubli »de cette règle, qu'ils doivent prévenir par leurs avertissemens.

»L'omission dont se plaint M. le directeur général ne seroit pas plus excusable, alors »même qu'on ne la qualifieroit que de négligence; car, dans les formules imprimées sous »les yeux de l'administration, et dont tous les termes sont de rigueur, on trouve une »place réservée pour le numéro de recette; place que l'on ne peut habituellement omettre »de remplir sans s'accuser d'irréflexion ou de mauvais dessein. » (*Circulaire du* 24 *avril* 1819, *émargée secrétariat*, n° 487.)

MARQUE *de fabrique* de la Bonneterie française. Code, du n° B,134, renvoyer à ce n° 14.

14. Les marques de fabrication et numéros d'ordre dont l'apposition sur tous les tissus et tricots en coton ou en laine, fabriqués dans l'étendue du royaume, a été prescrite par les lois et ordonnances précédentes, notamment par les articles 3 et 7 de l'ordonnance du 8 août 1816, pourront, en ce qui concerne exclusivement les produits des fabriques de bonneterie, qui se vendent ordinairement par paquets de douze articles, n'être appliqués dorénavant qu'à raison d'une seule marque et d'un seul numéro par douzaine.

Il sera libre, en conséquence, au manufacturier de rassembler à l'avenir les objets de cette sorte, par lui fabriqués, en paquets de douze articles de même nature, et de les réunir sous un plomb ou cachet unique, portant l'empreinte de la marque qu'il aura adoptée, et scellant une étiquette sur laquelle sera inscrit le numéro d'ordre. L'empreinte ou le modèle de ce plomb ou cachet sera, conformément à l'article 4 de l'ordonnance du 8 août 1816, déposé à la sous-préfecture de l'arrondissement. (*Ordonnance royale du* 23 *septembre* 1818, *art.* 1.)

Formule d'apposition des marques. On passera dans chaque paire de bas, de chaussons, etc., un fil, dont les deux bouts réunis à ceux des onze autres paires, se trouveront enfermés sous un même plomb ou cachet, portant l'empreinte de la marque adoptée par le fabricant, de manière qu'en coupant, à chaque vente en détail d'une ou de plusieurs paires, le fil qui tient séparément chacune d'elles, le reste du paquet ou de la douzaine conserve la marque jusqu'à la vente de la dernière paire.

Tous les articles de bonneterie ci-dessus spécifiés seront soumis, immédiatement après leur fabrication, à la marque qui vient d'être indiquée, et ils ne pourront être mis dans le commerce qu'après avoir été revêtus de cette marque, sous peine, contre les contrevenans, d'être passibles des poursuites édictées par la loi du 21 avril 1818. (*Ordonnance royale du* 23 *septembre* 1818, *art.* 2.)

Quant aux articles du même genre actuellement existans dans le commerce, et qui se trouvent dépourvus de marques de fabrique, le délai pour l'apposition des marques d'origine est prorogé jusqu'au 1er janvier 1819, terme de rigueur. Les marques dont il s'agit ici pourront être les mêmes que celles qui ont été indiquées par l'article 1er de la présente ordonnance. (*Ordonnance royale du* 23 *sept.* 1818, *art.* 3.)

Les tulles et schals ou mouchoirs de cou, en laine, en coton, ou mélangés de ces deux matières, ou de soie, etc., n'étant pas, dans beaucoup de cas, susceptibles de recevoir une marque tissée, brodée ou imprimée, la marque de fabrique prescrite par l'article 1er de l'ordonnance du 8 août 1816, pourra être aussi suppléée, pour ces articles, par un plomb ou cachet apposé à chaque pièce, et scellant une étiquette sur laquelle sera inscrit le numéro d'ordre.

Ces plombs ou cachets devront présenter les indications prescrites par l'article 2 de l'ordonnance du 8 août 1816, et leur modèle ou empreinte sera de même déposé à la sous-préfecture de l'arrondissement. (*Ordonnance royale du* 23 *septembre* 1818, *art.* 4.)

Cette ordonnance a un cinquième article qui porte : *L'ordonnance du Roi du* 22 *juillet* 1818 *sera exécutée en tout ce qui n'est pas contraire aux dispositions des articles ci-dessus.*

Mais ce cinquième article est devenu sans objet, parce que l'ordonnance du 22 juillet 1818 a reçu son exécution en ce sens : que le délai du 1er octobre 1818, accordé par son article premier, s'est trouvé prorogé par l'article 3 ci-dessus, et que son article 2 n'a porté que ce qui suit :

« Il n'est rien changé d'ailleurs aux diverses formalités énoncées dans l'article 41 de la loi » du 21 avril 1818, lesquelles, à ladite époque du 1er octobre 1818, devront avoir été » remplies par tout fabricant, marchand ou détenteur de tissus français dépourvus jusqu'à » présent de marques de fabrique. » (*Ordonnance du* 22 *juillet* 1818, *art.* 2. — *Bulletin des lois*, n° 227.)

La circulaire qui a transmis l'ordonnance du 23 septembre 1818, après en avoir répété les dispositions aux employés des douanes, leur dit :

« La douane doit, quant à présent, se borner à veiller, de concert avec les autorités » locales, à ce qu'aucune expédition de tissus dépourvus de marque ne puisse s'effectuer » dans les bureaux.

» Quant aux recherches qui auroient uniquement pour objet de constater si les tissus sont » marqués, elles doivent être extrêmement rares : en effet, il ne faut jamais perdre de vue » que l'obligation de la marque ayant été établie surtout pour donner un premier indice de » l'origine française, on ne doit, hors le cas de circulation, chercher à s'assurer si cette » marque existe, que pour les tissus à l'égard desquels il existeroit, au contraire, des in- » dices de leur origine étrangère. Ce n'est ainsi qu'accidentellement, et pour des marchan- » dises déjà suspectées de contrebande, qu'il peut y avoir lieu de procéder pour simple » défaut de marque, conformément aux articles 42 et 44 de la loi du 21 avril 1818. » (*Code*, nos B,135 et B,144.) En ce qui concerne notamment l'art. 42, la bonne foi des » marchands ou détenteurs de tissus doit être prise en très-grande considération ; et pour » l'art. 44, s'il importe de poursuivre très-sévèrement les auteurs d'un crime tel que celui

RENVOIS A FAIRE AU CODE OU AU TARIF.	BULLETIN DES DOUANES.

»de faux, il est nécessaire aussi de ne se déterminer que sur la conviction parfaite de »l'origine étrangère, à raison de la gravité et des conséquences d'un procès-verbal qui »seroit rédigé en vertu de cet article.» (*Circulaire du* 19 *octobre* 1818, *émargée service actif*, n° 434)

«M. le ministre de l'intérieur a communiqué à M. le directeur général des douanes »l'instruction du 23 octobre 1818, qu'il a adressée à MM. les préfets, au sujet de l'or»donnance ci-dessus du 23 septembre 1818. Elle est parfaitement d'accord avec les disposi»tions de la circulaire n° 434 qui précède, mais elle contient de plus la solution de diverses »questions qui se sont élevées sur l'ensemble des lois et ordonnances relatives à la marque »de fabrique ou à la marque d'origine destinée à la suppléer dans certains cas. Les expli»cations dans lesquelles le ministre est entré à ce sujet serviront de règle aux directeurs de »douanes pour lever les doutes qui leur seroient soumis par les employés ou le commerce.» (*Circulaire manuscrite du* 31 *octobre* 1818.)

L'instruction ministérielle dont il est question dans cette circulaire manuscrite, trace d'abord à MM. les préfets l'analyse des dispositions de l'ordonnance du 23 septembre 1818, et s'exprime ensuite comme suit:

«Les observations suivantes, qui servent de réponses à diverses questions soumises à l'administration, s'appliquent également à cette même ordonnance (*du* 23 *septembre* 1818) et aux actes dont elle a été précédée.» (*On trouvera ces actes sous le* n° B,134 *du Code.*)

Première Question. Dans l'alternative que présentent les dispositions de l'article 2 de l'ordonnance du 8 août 1816, portant les mots : *de la ville ou de l'arrondissement*, et celles des instructions ministérielles du 20 août 1816, où on lit : *de la ville ou du département*, quel parti convient-il d'adopter ?

Réponse. Le mieux est de s'en tenir à ce qu'a prescrit le texte de l'ordonnance du 8 août 1816. (*Code, sous le* n° B,134.)

Ainsi, pour les articles qui sont susceptibles de recevoir une marque détaillée, tels que les pièces d'étoffe de laine ou de coton, le fabricant doit indiquer sur le chef : 1° le nom de la ville ou de l'arrondissement où la fabrication a eu lieu (1); 2° son nom ou tel chiffre ou signe qu'il déclarera choisir; à l'égard des objets de petite dimension, comme le sont en général les produits de fabriques de bonneterie, qui ne peuvent recevoir une telle estampille, il suffit que le fabricant indique sur la marque son nom, chiffre ou signe qu'il déclarera choisir. De là précisément résulte pour le fabricant la nécessité d'effectuer, au préalable, le dépôt de sa marque, afin qu'on puisse faire, en temps et lieu, les rapprochemens et confrontations nécessaires.

Deuxième Question. Le n° d'ordre exigé par l'article 1er de l'ordonnance du 8 août 1816, et par l'article 41 de la loi du 21 avril 1818 (*Code, sous le* n° B,134) doit-il être indistinctement apposé sur toutes les pièces ou coupons de tissus quelconques, de la nature de ceux dont l'entrée dans le royaume se trouve prohibée ?

Réponse. Le numéro d'ordre doit être apposé par le manufacturier, en même temps que la marque, sur toute espèce d'étoffes en coton ou en laine, qui se fabriqueront à l'avenir. Les marchands et détenteurs d'objets fabriqués existans actuellement en magasin, ne sont tenus, de leur côté, d'appliquer un numéro d'ordre que sur ceux desdits objets qui, portant la marque du fabricant, n'auroient pas encore de numéros, ou qui, portant un numéro, n'auroient pas la marque de fabrique; tant que la marque et le numéro du fabricant seront conservés, il n'y a pas lieu d'exiger d'eux un numéro particulier repris sur leurs registres d'entrée et de sortie.

Troisième Question. Des difficultés se sont élevées à l'occasion du dépôt fait par quelques marchands, de la marque par eux adoptée, laquelle consiste en une seule lettre de l'alphabet (un B, par exemple), sans aucun entourage ni accessoire qui lui imprime un caractère particulier. De telles marques peuvent-elles être approuvées et reçues par l'administration ?

Réponse. Il est bien évident que le but voulu par la loi seroit manqué, si, pour se conformer aux obligations qu'elle leur impose, les manufacturiers et les marchands se contentoient d'apposer aux produits de leurs fabriques et aux marchandises existans dans leurs magasins, une marque insignifiante, telle que celle qui vient d'être citée pour

(1) Toutefois, là où l'on auroit adopté de préférence le nom du département, on pourra, sans inconvénient, persister dans cet usage.

BULLETIN DES DOUANES.	RENVOIS A FAIRE AU CODE OU AU TARIF.

exemple. On a fait observer, dans la réponse à la première question, que le dépôt de la marque avoit pour objet de fournir à l'administration le moyen de faire, en temps et lieu, les rapprochemens et les confrontations nécessaires : ces vues ne seroient point remplies, si l'on admettoit pour signe distinctif une simple lettre moulée, qu'il est facile à tout le monde de contrefaire. On ne peut s'empêcher de remarquer, à ce sujet, que l'obstination de quelques personnes à ne pas vouloir adopter d'autre marque, donne lieu de les soupçonner de mauvaise foi, puisqu'elles semblent vouloir se ménager ainsi la faculté de nier la véritable provenance des marchandises qui viendroient à être saisies plus ou moins de temps après qu'elles seroient sorties de leurs magasins. (Voir, au surplus, à ce sujet, les dispositions bien formelles de l'article 3 de l'ordonnance du 8 août 1816.)

Quatrième Question. 1° Les tissus tout fil, sans mélange ; — 2° ou pure soie, sans mélange ; — 3° ou filoselle pure ; — 4° ou fil et laine mélangés ; — 5° ou fil et coton mélangés ; — 6° ou filoselle et coton mélangés, — sont-ils assujettis à la marque ?

Réponse. Il a été adressé, le 30 mai 1818, à MM. les préfets, une circulaire ministérielle contenant des instructions pour l'exécution de la loi du 21 avril précédent : les parties intéressées peuvent trouver dans ces instructions (auxquelles MM. les préfets ont dû donner la plus grande publicité) tous les éclaircissemens nécessaires sur l'objet de la question ci-contre. On a eu soin particulièrement d'y rappeler la nomenclature des marchandises prohibées. En fait de coton, de laine, et de soie ou filoselle, on n'a spécifié que les tissus et tricots de coton pur ; les tissus de coton mélangés de soie, de laine ou d'autres matières ; les tissus de laine et les tulles de soies et tissus, étoffes ou gazes, tant de soie que de fleuret, purs ou mélangés, qui seroient brochés ou mélangés, qui seroient brochés ou mêlés d'or ou d'argent faux : il résulte bien clairement que, parmi les sept articles mentionnés ci-dessus, les trois premiers sont seuls exempts de la marque ; les quatre autres, à cause du mélange de coton ou de laine, y sont assujettis.

Cinquième Question. Lorsque les marques d'origine française, déjà existantes sur les pièces, sont peu ou point lisibles, ou si les fabriques d'où elles sortent n'existent plus, faut-il estampiller de nouveau ?

Réponse. Si les marques sont peu lisibles, c'est au détenteur à apprécier la possibilité de les déchiffrer ; si elles ne le sont pas, il doit en placer d'autres à côté ; mais, que les manufactures existent encore ou non, la chose n'y fait rien ; la marque est bonne si elle est suivie d'un numéro d'ordre, l'une et l'autre lisibles ; les vérifications étant possibles dans cette supposition.

Sixième Question. Le numéro d'ordre exigé doit-il s'entendre par espèce ? ou bien chaque pièce ou coupon doit-il avoir un numéro différent, tant minutieux soit il ? Par exemple, si l'on a sept à huit cents mouchoirs imprimés, ou bonnets de même espèce, quoique de dessins un peu variés, est-on tenu d'établir un numéro différent pour chaque mouchoir (ce qui donneroit sept à huit cents numéros) ? ou bien peut-on numéroter d'un même numéro chacun, ces sept à huit cents mouchoirs ou bonnets isolés, de même espèce et laise ? ou bien enfin peut-on numéroter par douzaine ou paquet ?

Cette dernière interprétation est la plus naturelle, etc.

Réponse. On peut induire de la nouvelle ordonnance que, par analogie avec la bonneterie, les schals et mouchoirs aujourd'hui sortis des fabriques, et existans en magasin, peuvent être classés et numérotés par douzaines.

Septième Question. Comme, depuis le commencement de l'inventaire jusqu'à la fin, il surviendra nécessairement une différence en moins dans les magasins achalandés, faudra-t-il rectifier cette différence lors de la déclaration, et n'y porter que les quantités existantes ?

Réponse. Cette question paroît sans objet ; aucune des lois, ordonnances ou instructions ministérielles sur la matière n'a parlé de la déclaration dont il est ici question ; l'inventaire formé en exécution de l'article 41 de la loi du 21 avril 1818 est le seul acte que le détenteur des marchandises ait à produire lorsqu'il en est requis ; si les quantités qu'il énonce n'ont point été vendues, la représentation doit en être faite ; si elles n'existent plus dans le magasin, il doit en être fait mention, en sortie, au même inventaire ; et l'on continuera d'en agir ainsi jusqu'à l'épuisement des quantités inventoriées.

Huitième Question. Un marchand domicilié, voyageant quelquefois avec ses marchandises, sera-t-il tenu d'être porteur d'une expédition double de sa déclaration enregistrée ? ou devra-t-il simplement se munir d'une attestation municipale qui constate sa déclaration faite à temps et conforme aux lois ?

On souscrit, à Paris, rue Madame, nº 5, au prix de 6 francs pour 100 pages.

RENVOIS A FAIRE AU CODE OU AU TARIF.	BULLETIN DES DOUANES.

Réponse. On a vu, par la réponse qui précède, que la loi ne prescrit point de déclaration, mais bien un inventaire; il n'y a donc pas lieu de faire accompagner d'une déclaration les marchandises assujetties à la marque; seulement, d'après les lois générales, elles ne peuvent voyager sans une lettre de voiture et une facture régulière, indicatives de la marque et du numéro d'ordre. La lettre de voiture et la facture ne sont pas du reste nécessaires lorsque le marchand accompagne et transporte lui-même ses propres marchandises.

Neuvième Question. Est-il nécessaire d'apposer une marque sur les draps et casimirs belges, que le jury a déclarés pouvoir être vendus dans l'intérieur du royaume, en raison de leur importation antérieure au 30 mai 1814 ?

Réponse. Les marchandises de l'espèce, c'est-à-dire les draps et casimirs belges qui peuvent exister encore dans quelques magasins, et qui ont été importés en deçà des limites actuelles du royaume, au temps où le pays d'où ils tirent leur origine faisoit partie de la France, doivent porter non-seulement la marque du détenteur et le numéro d'ordre, mais une étiquette scellée de son cachet, qui constate que la mise en consommation a été permise par autorisation spéciale, et qui rappelle la date de cette autorisation. La même mention doit être faite sur le registre-journal ou sur l'inventaire; faute de ces précautions, le détenteur pourroit être considéré et poursuivi comme ayant apposé une marque d'origine sur des tissus étrangers.

Dixième Question. Les articles ci-après spécifiés, tous fabriqués en coton ou en laine, sont-ils sujets à la marque? On observe qu'il ne nous vient de l'étranger aucune de ces étoffes, savoir :

Pour la laine. Les silésies, castors, marocs, toiles à doublure, *idem* pour robes de juges, cadis, blécourts, serges, escots, alépine sommière, finettes, revêches, molleton, espagnolette, satin turc, prunelles, pannes, pluches, camelots, bourracans, tricots pour militaires, étamines et callemandes.

Pour le coton. Les finettes, futaines, toiles à doublure, reps, prunelles, printanières, nankins de Rouen, jaunes et autres couleurs, les draps, les satins, les croisés pour doublures, et les velours pour gilets.

Réponse. Il est possible qu'il ne vienne de l'étranger aucune des étoffes en laine ou en coton, mentionnées ci-dessus; cependant, comme la loi des douanes a prohibée généralement l'entrée de toute espèce de tissus et de tricots de coton pur (le nankin des Indes excepté), ainsi que les draps, casimirs, étoffes diverses de petite draperie, schals et autres tissus de laine (excepté les couvertures et le burail ou crépon de Zurich), il en résulte bien évidemment que les divers articles énoncés ci-dessus, qui peuvent se fabriquer au-dehors, et qu'on tenteroit d'introduire en France, seroient susceptibles d'y être saisis; les étoffes de ce genre qui ont été fabriquées dans le royaume, et celles qu'on pourra y fabriquer à l'avenir, doivent donc, aux termes de l'article 41 de la loi du 21 avril 1818, être assujetties à la marque indicative de leur origine.

Onzième Question. Doit-on aussi estampiller les petites coupes, $\frac{7}{8}$, $\frac{1}{4}$ et $\frac{1}{2}$ aune? On représente que l'accomplissement de cette formalité entraîneroit un temps considérable.

Réponse. Quant aux très-petites coupes dont il est ici question, le commerce sait que les agens de l'administration n'étendent point jusque-là leurs recherches; mais il est bien entendu qu'une telle tolérance ne peut faire prescription, et que ces mêmes agens seroient tenus de faire l'application rigoureuse de la loi, si la subdivision des pièces de tissus avoit pour objet de couvrir des opérations de contrebande.

»Il n'est pas besoin de faire remarquer que la plus grande partie des réponses qui précèdent, se rattachent à des questions d'un intérêt commun aux diverses provinces du royaume. Indépendamment de ces questions, il en a été soumis plusieurs autres qui concernent uniquement des intérêts de localités; elles font la matière d'explications données particulièrement à ceux qui les ont adressées.

»Une observation générale s'applique également au mode d'exécution des lois relatives à la repression de la contrebande : à en juger d'après divers rapports parvenus à l'administration, il y auroit lieu de croire que, dans quelques départemens, la loi du 21 avril 1818, en ce qui concerne l'apposition des marques, ne seroit point exécutée; il importe que, par les soins des autorités locales, le préfet fasse rappeler qu'indépendamment des peines auxquelles on s'expose lorsque les marchandises sont dépourvues de marques, on est encore responsable des dommages que peuvent éprouver les acquéreurs de ces marchandises, dans quelque lieu et à quelque époque que la contravention soit constatée.

Enfin, les instructions relatives à l'exécution de cette même loi doivent être d'autant plus généralement répandues, que, suivant d'autres rapports, des agens de contebande auroient cherché à induire en erreur des marchands établis dans les campagnes; ils auroient livré à ceux-ci, et livreroient encore des tissus prohibés, en leur annonçant qu'ils peuvent, sans inquiétude, les mettre en consommation après les avoir revêtus des marques prescrites; ils seroient ainsi parvenus à tromper la crédulité de ces marchands, en donnant une fausse interprétation à la loi dont il s'agit. Une telle circonstance fera juger aux préfets de la nécessité d'éclairer, sur la nature de leurs obligations, tous ceux de leurs administrés qu'intéressent plus ou moins les détails qui précèdent. (*Circulaire du ministre de l'intérieur aux préfets, du 23 octobre 1818.*)

15. A compter du 1er octobre 1819, tous les entrepreneurs de filatures de coton, établis dans les divers départemens du royaume, seront tenus de composer, d'un fil de *cent mètres* de longueur, l'échevette des fils par eux fabriqués, et de former l'écheveau de dix de ces échevettes, en sorte que la longueur totale dudit fil composant l'écheveau soit de mille mètres. (*Ordonnance royale du 26 mai 1819, art. 2.*)

MARQUE *de fabrique* des Cotons filés en France. Code, du n° B,134, renvoyer à ce n° 15.

Pour l'accomplissement de ces dispositions, lesdits entrepreneurs devront adopter de nouveaux instrumens de dévidage, ou du moins faire à ceux dont ils se servent aujourd'hui les changemens convenables, de telle sorte qu'à l'avenir leurs établissemens soient pourvus de dévidoirs hexagones de 1428 mètres $\frac{4}{7}$ de développement, auxquels sera adaptée une roue ou compteur de soixante-dix dents. (*Ordonnance royale du 26 mai 1819, art. 3.*)

A dater de la même époque du 1er octobre prochain, tous les cotons filés, provenant de fabriques françaises seront étiquetés, suivant leur degré de finesse, d'un numéro indicatif du nombre d'écheveaux nécessaires pour former le poids d'une livre métrique ou demi-kilogramme: ainsi, en conservant la mesure métrique et la division décimale, l'écheveau de coton filé au n° 1 devra peser 0,500 grammes; le même au n° 10, 0,050 grammes; le même au n° 100, 0,005 grammes, et ainsi de suite. (*Ordonnance royale du 26 mai 1819, art. 4.*)

La vente des cotons filés aura lieu par paquets de cinq ou de dix livres métriques, suivant l'usage déjà établi; chacun de ces paquets, en sortant de la presse, et avant qu'on le recouvre de l'enveloppe accoutumée, devra être entouré d'une bande de papier immédiatement appliquée sur les écheveaux, et empreinte de la marque du fabricant, ainsi que d'un numéro d'ordre destiné à servir de renvoi aux registres; les deux bouts de cette bande seront réunis sous un seul et même cachet. (*Ordonnance royale du 26 mai 1819, art. 5.*)

Il n'est prescrit aucun poids ni aucun mode particulier d'emballage pour les cotons livrés directement par les filatures aux entrepreneurs de tissage, soit en chaînes ourdies, soit simplement en bobines; mais les colis renfermant ces sortes de coton devront, quelle que soit leur contenance, être fermés par une bande, corde ou ficelle, croisée, dont deux bouts seront réunis sous un plomb ou cachet portant l'empreinte du fabricant et son numéro d'expédition. (*Ordonnance additionnelle du 16 juin 1819.*)

RENVOIS A FAIRE AU CODE OU AU TARIF.	BULLETIN DES DOUANES.

A cet effet, chaque entrepreneur de filature de coton devra, avant l'époque du 1er octobre, effectuer à la sous-préfecture de son arrondissement le dépôt de deux empreintes ou modèles de la marque par lui adoptée, lesquels recevront la destination indiquée par l'article 4 de l'ordonnance du 8 août 1816 (*Code, sous le* n° B,134); il devra aussi, pour le choix de cette marque et pour les vérifications qui la concernent, se conformer aux dispositions indiquées dans les articles 2 et 3 de la même ordonnance. (*Ordonnance royale du* 26 *mai* 1819, *art.* 6.)

Tout entrepreneur de filature, commerçant, fabricant de tissus, ou autre détenteur, à titre quelconque, entre les mains duquel existent des cotons filés, fabriqués d'après les divers modes actuellement en usage, sera tenu, avant ladite époque du 1er octobre prochain :

1° D'apposer à chaque paquet de cette sorte de coton, suivant la manière indiquée dans l'article 5 ci-dessus, un numéro d'ordre suivi, et la marque distinctive qu'il aura adoptée pour désigner l'origine française;

2° De reprendre et d'écrire sur son registre-journal tous les paquets ainsi marqués par lui à l'extraordinaire, faisant mention exacte de la marque et des numéros d'ordre sur ledit registre, qui sera par lui arrêté à la fin de l'inventaire, daté et signé.

Pour ceux qui n'ont point de registre-journal, il y sera suppléé par un inventaire sur feuilles volantes, de la manière et suivant les formes qui se trouvent indiquées au dernier paragraphe de l'article 41 de la loi du 21 avril 1818. (*Ordonnance royale du* 26 *mai* 1819, *art.* 7.)

Conformément aux dispositions de l'art. 42 de la même loi, les cotons filés qui, après l'expiration du terme ci-dessus fixé (1er octobre 1819), seront trouvés dépourvus de la marque de fabrique d'origine, seront saisis pour ce seul fait; et lors même qu'après l'examen, le jury désigné dans ledit article les déclareroit d'origine française, le propriétaire ou détenteur ne pourra les recouvrer qu'en payant une amende de six pour cent de la valeur, telle que ledit jury l'aura estimée et déclarée. (*Ordonnance royale du* 26 *mai* 1819, *art.* 8.)

Les articles *premier* et *neuvième* de cette ordonnance ont reçu leur exécution; ils portoient;

Art. 1. « Le terme que l'ordonnance du 12 décembre dernier avoit assigné au 1er juillet » prochain pour l'adoption définitive *du nouveau mode de dévidage et d'enveloppe* des » cotons filés, prescrit par l'article 46 de la loi du 21 avril 1818, est prorogé de trois autres » mois, et demeure en conséquence irrévocablement fixé au 1er octobre de l'année courante.

Art. 9. » Le ministre de l'intérieur fera publier, en même temps que la présente, les » instructions nécessaires, tant pour faciliter aux fabricans la formation des échevettes de » fil, suivant la longueur déterminée par l'article 2 ci-dessus, que pour établir la concor- » dance entre les numéros qui ont indiqué jusqu'à présent le degré de finesse des fils, et » ceux qui doivent l'indiquer à l'avenir. »

Cette ordonnance a été transmise aux douanes par une circulaire indicative de *celles des dispositions qui concernent directement les douanes*, savoir :

« Ce à quoi *les employés* doivent s'attacher avant tout, c'est à se faire une juste idée des » signes auxquels on reconnoîtra que les cotons sont pliés et étiquetés conformément à » l'ordonnance.

» Ainsi, chaque échevette devra avoir 100 mètres de longueur.

» Chaque écheveau devra se composer de dix de ces échevettes.

» Les écheveaux seront mis en paquet de cinq ou de dix livres métriques (ou demi-kilo- » gramme), et le nombre d'écheveaux, plus ou moins grand, qui entrera dans une livre,

BULLETIN DES DOUANES.	RENVOIS A FAIRE au Code ou au Tarif.

»déterminera, comme aujourd'hui, le numéro appellatif de chaque espèce; en sorte que »la livre se composant de dix écheveaux seulement sera du n° 10; la livre se composant »de soixante écheveaux du n° 60, et ainsi de suite.

»Chaque paquet sera revêtu, en dessous de l'enveloppe, d'une marque et d'un numéro »de fabrique, appliqués sur une bande de papier, dont les deux bouts seront réunis par »un cachet.

»On aura donc à reconnoître, en cas de doute, que sous l'enveloppe des cotons en »paquets se trouvent les indications ci-dessus en coïncidence avec les factures et certificats »d'origine qui accompagnent la marchandise; de plus, que les écheveaux comprennent »dix échevettes, et que chaque échevette porte 100 mètres de longueur; ce qui se vérifie »avec facilité en mesurant d'abord le contour d'une échevette, et en le multipliant ensuite »par le nombre de fils.

(*La circulaire renferme ici trois paragraphes que je crois devoir supprimer parce que l'application qu'ils prescrivoient a été interdite par l'ordonnance du 1er décembre* 1819 : *voir les nouvelles mesures sous le* n° 16.)

»L'ordonnance du 16 juin 1819, insérée au Bulletin des lois, n° 287, *et placée ci-»dessus entre les articles* 5 *et* 6 *de celle du* 26 *mai*, excepte du régime dont il s'agit les »cotons livrés directement par les filatures aux entrepreneurs de tissage, soit en chaînes, »soit en simples bobines, mais veut aussi que les colis renfermant ces cotons soient fermés »par une bande, corde ou ficelle croisée, dont les deux bouts soient réunis sous un plomb »ou cachet portant l'empreinte du fabricant et son numéro d'expédition.» (*Circulaire du* 30 *août* 1819, *émargée Secrétariat général*, n° 516.)

Il résulte de l'ordonnance qui précède, que celle du 12 décembre 1818 est devenue sans objet, comme celle du 22 juillet même année : ainsi sont également annulées les circulaires des 10 août 1818, cotée n° 415, et 7 janvier 1819, cotée n° 455. (D.-S.)

Nota. Les pages 15 et 16, qui précèdent celle-ci, étoient imprimées lorsque l'ordonnance du 26 mai, qui s'y trouve, a reçu les modifications qui vont suivre; ainsi, il faudra ne s'arrêter aux dispositions consignées dans ces pages qu'après s'être assuré qu'elles n'ont pas été changées par l'ordonnance suivante.

COTONS FILÉS. Nouveau mode de dévidage.

Bulletin, du n° 15, qui précède, renvoyer à ce n° 16.

16. Il sera accordé un nouveau délai, jusqu'au 1er mars de l'année 1820, pour l'adoption définitive du nouveau mode de dévidage et d'enveloppe des cotons filés, tel qu'il a été déterminé par l'art. 2 de l'ordonnance du 26 mai 1819. (*Ordonnance royale du 1er décembre* 1819, *art.* 1.)

Les saisies exécutées jusqu'à ce moment, en vertu de l'art. 8 de cette ordonnance, seront annulées, ainsi que toutes poursuites auxquelles elles auront donné lieu; les cotons filés seront remis aux parties sans le paiement de l'amende déterminée par cet article.

Toutefois, cette disposition ne peut s'appliquer aux cotons filés qui, ayant été saisis pour défaut de marque et d'enveloppe, seroient suspects d'origine étrangère et par suite reconnus pour tels. (*Ordonnance royale du 1er décembre* 1819, *art.* 2.)

Il n'est prescrit aucun mode particulier de ligature pour les dix échevettes dont la réunion doit composer l'écheveau de mille mètres. Chaque fabricant sera libre, soit de réunir, par une seule ligature lâche, les fils formant ledit écheveau, soit de le diviser en deux parties égales, soit enfin de passer un fil, ou chaîne, qui sépare distinctement l'écheveau en dix échevettes. (*Ordonnance royale du 1er décembre* 1819, *art.* 3.)

Les modifications de l'art. 3 de ladite ordonnance du 26 mai, le numéro indiquant la finesse du fil, à la mesure métrique, pourra suppléer le *numéro d'ordre* dont il est question dans cet article. Les entrepre-

On souscrit, à Paris, rue Madame, n° 5, au prix de six francs pour 100 pages.

neurs de filatures sont également dispensés de l'obligation d'entourer chaque paquet d'une bande de papier immédiatement appliquée sur les écheveaux, et de réunir sous un seul cachet les deux bouts de cette bande; seulement ils seront tenus d'appliquer une étiquette portant leur marque collée ou cachetée sur une des cordes qui servent de lien au paquet, de manière que cette corde ne puisse se détacher sans détacher l'étiquette. (*Ordonnance royale du* 1er *décembre* 1819, *art.* 4.)

Les dispositions transitoires de l'ancien système au nouveau, qu'avoit déterminées l'art. 7 de l'ordonnance du 26 mai, demeurent modifiées ainsi qu'il suit :

Tout entrepreneur de filature, commerçant, fabricant de tissus, ou autre détenteur, à titre quelconque, entre les mains duquel existent des cotons filés, fabriqués d'après les divers modes actuellement en usage, sera tenu, avant ladite époque du 1er mars 1820,

1° D'apposer à chaque paquet de cette sorte de coton, suivant la manière indiquée dans l'article qui précède, une étiquette collée ou cachetée, portant la marque et le numéro du fil;

2° De reprendre et d'écrire sur son livre d'entrée et sortie des matières, tous les paquets ainsi marqués à l'extraordinaire, dont l'état sera par lui arrêté sur ledit registre, daté et signé.

Pour ceux qui n'auront point de registre, il pourra y être suppléé par un inventaire ou état, sur feuille volante, déposé à la mairie de leur commune, et, pour Paris, à la préfecture de police. (*Ordonnance royale du* 1er *décembre* 1819, *art.* 5.)

Seront dispensés de l'application de bande, corde ou ficelle, ainsi que du plomb ou cachet, les colis, balles ou caisses désignés par l'art. 1er de l'ordonnance du 16 juin 1819. (*Ordonnance royale du* 1er *décembre* 1819, *art.* 6.)

Toutes les dispositions en général concernant le nouveau système de dévidage et de numérotage à la mesure métrique, des cotons filés, ainsi que le mode d'enveloppe des paquets, ne seront rigoureusement applicables qu'à ceux desdits cotons filés qui sont livrés au commerce en *écru*, et dont le degré de finesse est au-dessus de seize mille mètres, correspondant au numéro 20, à peu près, de l'ancien écheveau de 650 aunes. (*Ordonnance royale du* 1er *décembre* 1819, *art.* 7.)

L'administration des douanes a adressé cette ordonnance dans ses bureaux par une circulaire portant ce qui suit :

«Les directeurs de douanes feront aux employés de leur direction, la recommandation »expresse de s'abstenir jusqu'au 1er mars 1820, de toute recherche relative à la manière »dont les cotons filés seroient dévidés, numérotés ou enveloppés; de s'attacher uniquement à l'examen de l'origine des cotons, et de consulter, en cas de doute, soit un conseil »de prud'hommes, soit un comité d'arts et manufactures, ou, à défaut, un filateur bien »connu, avant de procéder à saisie.

»Les choses se trouvant ainsi replacées, sous ce rapport, dans l'état où elles étoient antérieurement au 1er octobre 1819, délai indiqué par l'ordonnance du 26 mai, il s'ensuivra, »aux termes de l'article 2 de celle du 1er décembre 1819, que toutes les saisies opérées jus»qu'à ce jour, non pour présomption d'origine étrangère, mais pour simple absence de »l'une des formalités prescrites, seront annulées. Les directeurs devront, en conséquence, »prescrire la main-levée immédiate de ces saisies, sous la seule condition du paiement des »frais, et ils adresseront le plus tôt possible, sous le timbre du *Contentieux*, l'état des affaires

»qu'ils auront terminées en conformité de cet ordre.» (*Circulaire du* 17 *décembre* 1819, *timbrée Service actif*, n° 536.)

17. *Insturctions relatives* 1° *au prélèvement, à la description et à l'envoi à M. le directeur général des échantillons de tissus saisis dans l'intérieur;* 2° *à l'expédition de la totalité desdites marchandises sur la douane de Paris.*

TISSUS SAISIS *dans l'intérieur.* — Leur envoi à Paris.

CODE, du n° B,137, renvoyer à ce n° 17.

Ces instructions ont été données par les quatre circulaires suivantes :

Première. — « Il est de principe général que les soumissions relatives aux acquits à caution »ne doivent être annulées qu'après qu'on s'est assuré de la vérité des certificats de décharge, »et la loi du 22 août 1791, titre 3, art. 10 (*Code*, *sous le* n° D,181.), accorde à cet effet »un délai de quatre mois.

»Cette formalité se trouve naturellement remplie pour les acquits à caution destinés à »assurer le transport à Paris des marchandises provenantes de saisies faites en vertu du »titre 6 de la loi du 28 avril 1816, puisque ces acquits étant renvoyés aux directeurs avec les »décisions du jury sur les marchandises qu'ils avoient accompagnées, sont par cela suffi- »samment reconnus dûment déchargés ; mais la même certitude n'existe pas jusqu'à présent »à l'égard des acquits à caution délivrés à la douane de Paris pour le retour de ces mar- »chandises aux lieux de dépôt primitif.

»Pour éviter les abus que la continuation d'un pareil ordre de choses pourroit entraîner, »les receveurs retiendront les acquits qui ont assuré le retour des marchandises soumises au »jury, et les remettront dûment déchargés à leur directeur, afin qu'il puisse les renvoyer »à M. le directeur général, en accusant réception de la décision du jury et des autres »pièces de chaque affaire.

»M. le directeur général rappelle d'ailleurs les dispositions des circulaires des 7 janvier, »6 avril, 5 août et 6 septembre 1817, relatives à la description des tissus et au mode de »prélèvement des échantillons. (*Ces circulaires sont au Code sous le* n° B,137.)

»La loi du 21 avril 1818 voulant, article 42 (*Code*, B,135.), que le propriétaire d'une »marchandise reconnue française, soit passible d'une amende, si elle est dépourvue de »marque de fabriques nationales, et que, dans le cas contraire, article 45 (*Code* B,145.), »il lui soit payé une indemnité, il est aujourd'hui de la plus indispensable nécessité que »toutes les marques dont les tissus sont revêtus, ou la mention expresse de l'absence de ces »marques, soient exactement relatées dans les procès verbaux : on devra en outre, pour »faciliter l'examen du jury, former des liasses séparées de chaque sorte de tissus, suivant »qu'ils sont revêtus ou dépourvus de marques de fabriques françaises.» (*Circulaire du* 26 *février* 1819, *émargée Contentieux*, n° 469.)

NOTA. Cette circulaire a un dernier paragraphe qui prescrit aux directeurs d'indiquer la date des approbations de répartition : cette matière étant étrangère à celle traitée ici, j'ai cru devoir reporter ce paragraphe à l'article Répartition ; ainsi il n'en sera question qu'à la mise à jour du Livre A. (D.-S.)

Seconde. — « La circulaire ci-dessus du 26 février rappelle celles de l'année 1817, rela- »tives au mode de prélèvement et de transmission des échantillons des tissus, cotons filés »et bonneteries saisis dans l'intérieur en vertu du titre 6 de la loi du 28 avril 1816. (*Au* »*Code*, *du* n° B,134 *au* n° B,152.)

»Quelques observations que le ministre de l'intérieur a adressées à M. le directeur général »à ce sujet au nom du jury, le mettent dans le cas d'y ajouter, en les rappelant, les nou- »velles dispositions que voici :

1° »On devra toujours exactement spécifier, dans les procès verbaux, le canton, »l'arrondissement et le département dans lesquels se trouve le lieu des saisies.

2° »Lorsque ces procès verbaux auront été rédigés avec toutes les précautions indiquées »par ses précédentes lettres, il faudra avoir soin de n'employer que de la cire d'une »ténacité convenable, tant sur les procès verbaux que sur les enveloppes des colis, »attendu que quand on se sert de cire composée de résine commune, les empreintes des »cachets se trouvent souvent partiellement et même totalement enlevées, ce qui met »le jury dans l'impossibilité de se conformer à l'article 64 de la loi. (*Code*, B,140.)

3° »Lorsque les colis renfermant les marchandises et les paquets d'échantillons auront

RENVOIS A FAIRE AU CODE OU AU TARIF.	BULLETIN DES DOUANES.

»été ainsi fermés, et qu'on aura solidement fixé sur chacun une note indicative de la »date et du lieu de la saisie, du nom du prévenu, etc., si les paquets d'échantillons »ne sont pas d'un volume assez petit pour être annexés à la lettre de transmission du »procès verbal et envoyés par la poste, il sera nécessaire de les revêtir d'un emballage »et d'une seconde enveloppe, et de les expédier toujours par acquit à caution pour »la douane de Paris. L'acquit à caution qui fera mention de ce double emballage, »devra être revêtu du même cachet du bureau que celui qui aura été apposé sur la »seconde enveloppe du paquet, et la lettre d'envoi du procès verbal en indiquera la »date et le numéro.

»Les directeurs donneront les instructions nécessaires pour l'exécution des dispositions »contenues en la présente, et préviendront tous les préposés de leur direction que s'ils »omettoient quelques-unes des formalités exigées par le jury, M. le directeur général se ver- »roit forcé de renvoyer les pièces de l'affaire pour les faire régulariser, ce qui entraîneroit une »perte de temps considérable, et ce qui, en augmentant les frais à la charge de la saisie, »diminueroit d'autant le produit à répartir.» (*Circulaire du* 10 *avril* 1819, *émargée Contentieux*, n° 485.)

Troisième. — «Son excellence le ministre de l'intérieur, en faisant remarquer que depuis »quelque temps le jury se trouvoit embarrassé pour fixer son opinion sur l'origine des mar- »chandises saisies en deçà du rayon des douanes frontières, par application du titre 6 de »la loi du 28 avril 1816, à raison de l'exiguité des échantillons qui lui sont adressés, ou de »l'insuffisance de ces échantillons, quelle que soit leur grandeur, a manifesté le désir que »ces marchandises pussent être dorénavant soumises en totalité au jury.

»En conséquence, et afin d'éviter des frais de transport inutiles pour le renvoi aux lieux »de dépôt primitif, des marchandises envoyées à Paris, son excellence a arrêté qu'à l'a- »venir il ne seroit plus prélevé que des échantillons très-exigus, et de *nulle valeur*, qui »seroient toujours transmis à M. le directeur général dans la forme ordinaire, et que les »marchandises mêmes seroient simultanément expédiées pour la douane de Paris, suivant »le mode tracé par la circulaire du 5 août 1817. (*Au code sous le* n° B, 137.)

»Le ministre a, en même temps, invité le jury, à qui le tout sera soumis, à mettre, après »son examen, les échantillons et les marchandises sous des enveloppes séparées, et il a dé- »cidé que les échantillons seroient seuls renvoyés avec les décisions du jury, et que les mar- »chandises resteroient provisoirement déposées à la douane de Paris, jusqu'à ce qu'il en »fût ultérieurement disposé pour la vente à charge de réexportation.

»Cette mesure, qui a pour objet d'éviter les frais de retour des marchandises aux lieux »de dépôt primitif, aura encore l'avantage d'épargner ceux de transport aux bureaux fron- »tières, et d'augmenter les produits à répartir, attendu que les ventes se feront le plus gé- »néralement à Paris, où l'expérience a démontré qu'elles étoient beaucoup plus productives.» (*Circulaire du* 30 *août* 1819, *adressée par M. le directeur général des douanes à MM. les préfets de départemens.*)

Quatrième. — «Les instructions qui ont eu pour objet l'exécution du titre 6 de la loi du »28 avril 1816, ont établi en principe que, dans les villes où il n'existe point de bureau, »les préposés doivent se borner à rechercher la fraude, et à conduire les marchandises ar- »rêtées devant un des fonctionnaires publics, à qui cette loi, article 62, a exclusivement »conféré le soin de rédiger le procès verbal qui doit constater la contravention.

»Conformément au même principe, les préposés doivent également se borner, pour tout »ce qui suit le transport des marchandises au lieu où le dépôt en est ordonné, à seconder les »autorités locales dans l'exercice des fonctions spéciales qui leur ont été confiées.

»Rien, à cet égard, n'est changé; mais quelques modifications ayant été apportées dans »le mode à suivre par les autorités locales, pour le prélèvement des échantillons, M. le di- »recteur général a pensé que les préposés du service d'observation devoient être informés »des nouvelles dispositions qui ont été prises, et que fait connoître la circulaire adressée à »MM. les préfets, et dont copie est ci-dessus.

»Considérant d'ailleurs que le jury trouve insuffisans les échantillons qu'on lui soumet »aux termes de la loi, et qu'il demande toujours que la totalité des marchandises lui soit »représentée, M. le directeur général a pensé aussi que, pour éviter tous retards, il était »nécessaire d'étendre l'effet de ces nouvelles dispositions aux saisies effectuées dans la ligne

BULLETIN DES DOUANES.	RENVOIS A FAIRE AU CODE OU AU TARIF.

»même des douanes, en exécution du titre 6 de la loi du 28 avril, et à celles faites dans les »villes de l'intérieur où il y a bureau.

»En conséquence, dans tous les cas de saisie de cette espèce, il conviendra, après avoir »toujours prélevé des échantillons, mais minimes et de nulle va'eur, qui seront transmis »dans la forme déterminée par la circulaire n° 485, d'expédier, en outre, la totalité des »marchandises pour la douane de Paris.

»Le dernier paragraphe de la circulaire à MM. les préfets, porte que, généralement, les »marchandises ainsi expédiées pour la douane de Paris, seront conservées pour y être »vendues après que la confiscation en aura été prononcée; mais cette mesure qui a sur- »tout pour objet d'éviter des frais de retour et d'obtenir aussi des ventes plus avantageuses, »ne sera point préjudiciable aux employés supérieurs qui dirigent le service; l'intention »de M. le directeur général étant que le premier dépositaire et le receveur de Paris soient »seuls admis avec eux au partage de la part de chef, toutes les fois qu'il y aura interven- »tion de préposés aux saisies.

»Le directeur devra au surplus rendre un compte exact et détaillé des circonstances »de chaque affaire de cette nature, et adresser, en même temps, la copie du procès ver- »bal par lettre timbrée, *Contentieux, titre 6 de la loi du 28 avril* 1816, toutes les fois que »des employés de leur direction auront, pour contravention à ce titre 6, saisi dans le rayon »(ce qui ne doit être que lorsqu'il n'existe aucune autre contravention aux lois ordinaires »de douanes), ou qu'ils auront conduit devant l'autorité locale des marchandises qu'ils au- »roient arrêtées dans l'intérieur.

»Les préposés veilleront à ce que les doubles emballages, mis aux ballots expédiés pour »Paris, soient toujours garnis de paille et revêtus d'une bonne toile neuve, dont les cou- »vertures ne correspondent pas avec celle de l'enveloppe intérieure, et à ce que les cordes »à l'extrémité desquelles doivent être apposés les mêmes cachets que ceux en marge des »acquits à caution, soient passées dans les coutures de cette toile neuve, de telle sorte qu'il »soit impossible de les faire glisser.» (*Circulaire du* 26 *novembre* 1819, *émargée Contentieux*, n° 535.)

NOTA. *Les dispositions consignées sous les nos 2 à 17 de ce* BULLETIN, *comprennent tous les changemens apportés au Livre* B *du* CODE *des douanes, depuis l'époque de son impression jusqu'à la date du 1er mars 1820.*

---

18. *Interprétation administrative de l'article* 58 *de la loi du* 21 *avril* 1818.

AVARIES des marchandises naufragées.
CODE, du n° C,8, renvoyer à ce n° 18.

Cette interprétation a été donnée dans les termes suivans :

« L'article 58 de la loi du 21 avril 1818 (*Code*, n° C,8.) veut qu'il ne soit accordé de »refaction de droits pour cause d'avaries, que dans les ports désignés par l'article 22 de »celle du 28 avril 1816. (*Code*, B,38.)

»Cette disposition a pour but d'empêcher qu'on ne fasse arriver des marchandises soi- »disant avariées, dans de petits ports où un service peu nombreux pourroit, ainsi que le »défaut des connoissances nécessaires, offrir plus de facilités aux abus. Elle n'est par »conséquent applicable qu'aux importations ordinaires du commerce; et la raison dit qu'on »ne peut s'en prévaloir quand il s'agit de choses naufragées sur nos côtes, où elles ne »parviennent que fortuitement. Ces sortes d'importations sont indépendantes de toute »volonté; elles dérivent d'événemens malheureux, dont on doit s'appliquer à ne pas aggra- »ver l'effet par des restrictions que la loi ne commande pas impérieusement.

»D'après ces principes, la vente des marchandises naufragées doit pouvoir se faire au »bureau le plus voisin des lieux de sauvetage, quoique celui-ci ne soit pas au nombre de »ceux dénommés en l'article 22 de la loi du 28 avril 1816, ce qui n'empêche pas qu'on »n'applique en ce bureau toutes les dispositions qui, d'après la loi du 21 avril 1818, »doivent régulariser la vente des marchandises avariées, et qu'on n'y accorde, dans la »forme ordinaire, les réductions de droits proportionnelles à l'avarie.

On souscrit à Paris, rue Madame, n° 5, au prix de six francs pour 100 pages.

RENVOIS A FAIRE AU CODE OU AU TARIF.	BULLETIN DES DOUANES.

« Les directeurs devant au reste être avertis, sans retard, des sauvetages qui ont lieu, » ont à pourvoir, selon les circonstances, à la sûreté du service, en détachant, sur le » point où la vente doit s'opérer, des employés capables de la faire réussir. » (*Circulaire du* 18 *août* 1818, *émargée Secrétariat général*, n° 417.)

Si l'article 58 de la loi du 21 avril 1818 ne portoit pas que, « *Nulle réduction de droits* » *ne peut être accordée*, A QUELQUE TITRE QUE CE SOIT, *ailleurs que dans les ports* » *désignés par l'article* 22 *de la loi du* 28 *avril* 1816, » j'opinerois certainement pour qu'on n'aggravât pas, par des restrictions, le malheur du naufrage; mais ces mots, *à quelque titre que ce soit*, n'ont pas pu être insérés dans la loi pour recevoir une application contraire à leur signification grammaticale; et dès lors l'exception prescrite par la circulaire n° 417 doit me paroître, à la fois, une violation de cet article 58, et une usurpation du pouvoir de la législature.

Je n'entends parler ici que *principes*, et ce n'est pas du tout que je veuille soutenir le système du titre *Avaries*, de la loi du 21 avril 1818, car je le trouve vicieux, et déjà j'ai essayé, dans la note du n° C,8 du Code, de démontrer combien il est incomplet... (D.-S.)

PROVISIONS *de bord* des navires étrangers.

CODE, du n° C,10, renvoyer à ce n° 19.

19. Les vivres et provisions déclarés pour la consommation de l'équipage d'un bâtiment étranger peuvent-ils être embarqués en exemption des droits de sortie?

Le titre 8 de la loi du 22 août 1791 prononce *en son article premier*, que les capitaines étrangers acquitteront les droits de sortie pour les vivres et provisions embarqués sur leurs navires (CODE : C,12); *et en son article deux*, que les bâtimens français jouiront de l'exemption de tous droits lorsque les vivres et provisions seront uniquement destinés à la consommation des équipages et passagers. (CODE : C,13.)

Le titre 2 de la loi du 4 germinal an 2 est venu dire ensuite que, « les vivres et provi- » sions embarqués sur bâtimens expédiés pour l'étranger seront soumis aux lois et tarifs de » sortie, pour toute quantité qui excédera le nécessaire. » (CODE : C,10.)

Cette dernière loi, en se servant de l'expression bâtimens expédiés pour l'étranger, *a-t-elle voulu étendre aux bâtimens étrangers la faveur accordée aux bâtimens français?* ou bien *a-t-elle seulement cherché à prévenir les abus que pouvoient commettre des navires français, par une exportation en franchise, d'une quantité de vivres hors de proportion avec les besoins de l'équipage?*

Je suis porté à penser que l'expression de la loi du 4 germinal ne doit pas être entendue dans le sens que les bâtimens étrangers peuvent jouir de l'exemption accordée aux nationaux, parce que le législateur n'auroit pas dit, en parlant de navires étrangers, *bâtimens expédiés*, mots qui supposent l'équipement d'un navire pour le faire partir, et qui conséquemment ne peuvent se rapporter à des bâtimens étrangers qui sont tout équipés avant d'arriver... D'ailleurs, la loi auroit nécessairement assujetti la franchise à la condition de réciprocité; et comme elle ne l'a pas fait, il y a lieu de croire, par les deux motifs qu'elle n'a voulu renouveler l'exemption que pour les vivres embarqués sur bâtimens français allant à l'étranger, en assujettissant toutefois la contestation de la quantité nécessaire, à la décision des juges qui doivent connoître des matières de douanes; décision que la loi du 22 août 1791 avoit dévolue aux tribunaux de commerce. Ainsi, dans mon opinion, les bâtimens étrangers doivent les droits, et l'administration avoit elle-même jugé, le 20 floréal an 10, que l'immunité n'étoit applicable qu'aux seuls bâtimens français. (CODE, sous le n° C,10)... La douane étoit encore de cet avis le 16 septembre 1819; mais, le 11 octobre suivant, elle en a changé.... (D.-S.)

Voici les décisions administratives de 1819:

LETTRE CONTRE. — « Vous m'avez adressé, le 28 août dernier, les renseignemens que je vous » avois demandés le 11 du même mois, relativement à la réclamation formée par M. Bazin, » courtier de navires à Caen, contre des droits de sortie appliqués aux provisions de bord du » navire étranger *Ma belle Marie*.

» Je n'ai point accueilli la réclamation de M. Bazin; mais comme elle n'eût peut-être pas » eu lieu si les employés qui ont délivré l'acquit de paiement y eussent, comme ils le doivent » toujours, relater le titre de la perception, j'en prends occasion de vous inviter à leur rap-

»peler cette importante obligation constamment recommandée et que l'on néglige trop sou»vent.» (*Lettre du* 16 *septembre* 1819.)

Lettre pour. — «MM. Bazin et Mangou, courtiers royaux à Caen, se plaignent de ce »que la douane de cette ville assujettit au paiement des droits de sortie, les objets d'appro»visionnement que le capitaine et les passagers emportent avec eux pour leur usage dans »la traversée. Ils m'adressent, à l'appui de leur réclamation, l'acquit de paiement ci-joint, »relatif au paquebot l'Elisabeth allant à Southampton. Cet acquit ne s'élève, pour huit »articles dont il est composé, qu'à 2 fr.; ce qui indique suffisamment qu'il ne s'agissoit que »de petites quantités de provisions évidemment destinées aux besoins de la traversée.

»L'article 1er du titre 8 de la loi du 22 août 1791 assujettissoit, il est vrai, aux droits de »sortie les provisions de bord des navires étrangers, et réservoit l'immunité à ceux de notre »nation.

»Mais cet ordre de choses a été modifié par la loi du 4 germinal an 2, et, d'après l'ar»ticle 13 du titre 2, les vivres embarqués sur tout navire français ou étranger, ne doivent »les droits, ou ne sont sujets aux prohibitions, que pour les quantités qui excèdent le néces»saire. Ainsi, les paquebots étrangers doivent, comme ceux français, jouir de l'exemption »des droits de sortie, lorsqu'il est constant que les quantités et espèces de provisions qu'on »y embarque sont en juste proportion avec le nombre, l'état des passagers et la durée pos»sible de la traversée. Je vous prie de donner des instructions, dans cet objet, à la douane »de Caen, et d'en prévenir MM. Bazin et Mangon.» (*Lettre du* 11 *octobre* 1819.)

20. *Faculté accordée aux consuls espagnols, prussiens, portugais, sardes et suédois d'intervenir dans les affaires de bris et naufrages.*

SAUVETAGE des marchandises naufragées. Code, du n° C,44, renvoyer à ce n° 20.

« Les consuls étrangers établis dans nos ports ont pour principal mission de protéger le »commerce de leurs compatriotes, et d'aider ceux-ci en toutes circonstances, ainsi que l'ont »déjà reconnu les circulaires nos 213 et 340 (*Code, sous le* n° B,45), qui admettent leur »intervention pour la remise du manifeste et la traduction des pièces en langue étrangère.

»Mais cette intervention n'est, dans aucun cas, plus naturelle, ni plus utile, que lorsque, »par suite du naufrage d'un bâtiment, il s'agit de constater la cause de l'événement, de »reconnoître l'espèce et la quantité des marchandises sauvées, de veiller à leur conserva»tion, et d'assurer ainsi les intérêts des propriétaires, qui, alors, n'ont pas seulement »besoin d'être protégés, mais encore d'être représentés comme absens et comme mineurs.

»Aussi l'ordonnance de la marine établit-elle, d'une manière positive, les devoirs qu'à »cet égard nos propres consuls doivent remplir à l'étranger.

»Il sembleroit dès lors que, par le seul fait de leur installation, et par un droit inhérent »à leur qualité, les consuls des puissances étrangères, qui résident en France, peuvent »procéder au sauvetage de leurs nations.

»Cependant l'exercice de ce droit reste subordonné à la réciprocité, et l'administration »est tenue d'attendre, pour le reconnoître, qu'elle reçoive une détermination particulière »du gouvernement, d'après la certitude acquise par lui que le même privilége se confère »pleinement à nos consuls dans chacun des états qui le réclament chez nous.

»C'est ce qui résulte des explications que son excellence le ministre des affaires étran»gères a transmises à M. le directeur général des douanes, le 6 août 1818.

»Ainsi, il va rappeler ceux des consuls étrangers qui sont, d'après ces principes, mis en pleine jouissance du droit d'intervenir dans les naufrages.

»Ce sont d'abord les consuls espagnols, qui ont non-seulement le droit d'intervenir, »mais celui de diriger, comme première autorité, les opérations du sauvetage, et ce, aux »termes de l'article 9 du titre 1er de la loi du 15 août 1791, qui s'exprime de la manière »suivante: *Dans les cas de bris et naufrages des bâtimens espagnols, les juges de paix se »retireront, à la première réquisition des consuls d'Espagne, auxquels ils abandonneront »les soins du sauvetage, en conformité des traités.* » (Au Code, sous le n° C,44.)

«Les consuls prussiens ont obtenu le simple droit d'intervenir, et, à cet égard, la circu»laire du 10 novembre 1816 contient des développemens auxquels M. le directeur général »se réfère. (*Au Code, sous le* n° C,44.)

« Une décision du 24 février 1818 a étendu aux consuls portugais les mêmes dispositions »relatives aux consuls prussiens.

RENVOIS A FAIRE AU CODE OU AU TARIF.	BULLETIN DES DOUANES.

» Enfin, par décision du 25 mai 1818, les ministres de la marine et des affaires étrangères » ont consacré, en faveur des consuls de Sardaigne, la faculté de procéder eux-mêmes au » sauvetage des bâtimens de leur nation, lorsqu'il leur arrive de naufrager sur nos côtes.

» C'est donc, dans l'état actuel des choses, aux seuls consuls espagnols, prussiens, » portugais et sardes qu'est réservé le droit d'intervenir dans les sauvetages.

» Mais leur intervention n'exclut en aucune manière celle des préposés des douanes, qui » restent en droit de faire tout ce que rappelle la circulaire du 10 novembre 1816. (*Au » Code, sous le* n° C,44.) En effet, les consuls désignés ne font que remplacer les agens » de la marine, en concurrence desquels les douanes ont toujours agi pour la garantie des » droits du trésor. » (*Circulaire du 27 août 1818, émargée Secrétariat général*, n° 423.)

« Le gouvernement suédois a demandé que ses consuls fussent admis, comme ceux » d'Espagne, à représenter, en cas d'absence, les gens de leur nation propriétaires des choses » naufragées, et par conséquent pussent en requérir la remise sans être tenus de produire » un pouvoir spécial.

» Le ministre de la marine a prévenu M. le directeur général, par sa lettre du 15 février » 1820, que les consuls de France en Suède, jouissant à cet égard d'une entière réciprocité, » il est juste de consentir à cette intervention, qui sera, au reste, sans inconvénient, » puisqu'il est entendu qu'elle ne préjudiciera en rien, soit au paiement des frais de sauve- » tage, soit aux droits dévolus tant aux sauveteurs qu'aux préposés des douanes dont le » concours est obligé.

» En conséquence, on tiendra pour règle que les consuls suédois sont admis à suivre le » sauvetage des navires de leur pays, aux mêmes titres et conditions que les consuls de » Prusse, de Portugal et de Sardaigne. (*Circulaire du 28 février 1820, émargée Secréta- » riat général*, n° 550.)

ARMES importées.
CODE, du n° C,54 renvoyer à ce n° 21.

21. *Instructions données par l'administration relativement à l'importation et à l'exportation des armes.*

1° *Importation des armes.*

« La circulaire du 23 juillet 1817 a chargé les directeurs de douanes de donner sans » délai, à chacun de messieurs les préfets, l'avis des expéditions d'armes importées, qui, » des bureaux de leur direction, se dirigeoient sur son département.

» Cette mesure n'a pas répondu à l'attente du ministre....., qui l'avoit ordonnée. La » plupart des préfets ont refusé, comme n'étant point affranchies, les dépêches des direc- » teurs des douanes, et n'ont continué à être instruits de la circulation des armes qu'après le » temps où leur intervention auroit pu être utile.

» D'après ce que M. le directeur général a exposé à ce sujet au même ministre, S. Ex. » lui a fait connoître, par sa lettre du 29 juin 1818, qu'afin de prévenir le retour des dif- » ficultés auxquelles pourroit encore donner lieu le non affranchissement des lettres adres- » sées aux préfets, elle adopte volontiers la mesure proposée de lui faire tenir directement, » par les directeurs de douanes, l'avis de toutes les importations d'armes, pour quelque » lieu que ce soit de l'intérieur. Ce mode aura l'avantage de prévenir les retards et les mé- » prises, et de mettre Son Exc. immédiatement en mesure de prendre les décisions que les » circonstances peuvent réclamer.

» En conséquence, ces directeurs adresseront désormais les avis relatifs aux armes à » *M. le directeur général de la police.*

» Il est entendu que la présente ne déroge pas plus que celle du 23 juillet 1817, à ce » qui concerne les rapports avec l'administration, et que les directeurs ont toujours à satis- » faire aux instructions données le 27 novembre 1817. » (*Circulaire du 6 juillet 1818, émargée Secrétariat général*, n° 406.)

On trouvera les circulaires des 23 juillet et 27 novembre 1817 à la page 225 du Code: c'est par erreur typographique que celle du 27 y est indiquée sous la date du 17.

L'instruction ci-dessus porte dans son texte que les avis relatifs aux armes seront adressés au ministère de la police générale; mais ce ministère qui, postérieurement à la circulaire, avoit été réuni au département de l'intérieur, est aujourd'hui une *direction générale*; et c'est donc au directeur général de la police qu'il convient d'adresser les avis relatifs aux armes. (D.-S.)

BULLETIN DES DOUANES.	RENVOIS A FAIRE AU CODE OU AU TARIF.

2° *Exportation des armes.*

« Le ministre de la guerre a marqué à M. le directeur général, par sa lettre du 26 » février 1818, que celui de la marine étant actuellement appelé à juger de l'armement » nécessaire aux bâtimens de commerce, il a été convenu entre eux que ce dernier délivre- » roit désormais les permis d'exportation pour les canons et armes de guerre qui leur sont » destinés.

ARMES exportées. CODE, du n° C,69, renvoyer à ce n° 21.

» Quant aux armes qui font l'objet de spéculations commerciales, elles restent sous le » régime auquel elles ont été précédemment assujetties.

» Ainsi, celles de luxe ou de chasse continueront à être exportées sur des certificats de » visite des officiers d'artillerie; et celles de modèle ou calibre de guerre, sur les permis » de sortie délivrés par le ministre de ce département. » (*Circulaire manuscrite du 6 mars* 1818.)

22. §. 1. *De l'importation du Salpêtre étranger.*

SALPÊTRE. CODE, des n°s C,80 et suivans, renvoyer à ce n° 22.

Le salpêtre exotique paiera, à son entrée dans le royaume, sur chaque quintal de matière brute, quel que soit son degré de pur, un droit de soixante-douze francs cinquante centimes par navire français, et soixante-dix-huit francs cinquante centimes par navire étranger. Il ne sera perçu aucun droit particulier à raison du sel marin qui pourra s'y trouver contenu.

Au moyen de ce droit, l'importation dudit salpêtre sera libre et permise par tous les ports ouverts aux marchandises qui paient vingt francs et plus par quintal métrique. (*Loi du* 10 *mars* 1819, *art.* 1.)

§ 2. *De la fabrication du Salpêtre en France.*

La fouille provisoirement maintenue par l'article 4 de la loi du 13 fructidor an 5, cessera d'avoir lieu, si ce n'est en traitant de gré à gré avec les propriétaires. (*Loi du* 10 *mars* 1819, *art.* 2.)

La fabrication du salpêtre indigène, par tous les procédés qui n'exigeront point l'emploi des matériaux de démolition réservés à l'état par la loi, sera libre; et les salpêtres provenans de ladite fabrication pourront être librement versés dans le commerce. (*Loi du* 10 *mars* 1819, *art.* 3.)

La fabrication du salpêtre, même avec les matériaux de démolition que la loi réserve à l'état, sera permise, en traitant de gré à gré avec les propriétaires, dans tous les lieux situés hors de la circonscription des salpêtrières royales, telle qu'elle sera déterminée par une ordonnance du Roi, insérée au Bulletin des lois.

Seulement les fabricans qui voudront user de ladite faculté, seront tenus de se munir d'une licence, qui leur sera délivrée moyennant un droit fixe de vingt francs, qui dispensera de la patente. (*Loi du* 10 *mars* 1819, *art.* 4.)

La fabrication du salpêtre avec les matériaux de démolition continuera d'avoir lieu dans les circonscriptions de salpêtrières royales, soit au compte de l'état, soit par entreprise, en vertu d'une commission de salpêtrier donnée par le Roi, et sous la condition de livrer à la direction générale des poudres le produit brut et intégral de ladite fabrication, jusqu'à ce que chaque salpêtrier commissionné ait entièrement rempli les demandes qui lui auront été faites par le gouvernement.

On souscrit, à Paris, rue Madame, n° 5, au prix de six francs pour 100 pages.

RENVOIS A FAIRE AU CODE OU AU TARIF.	BULLETIN DES DOUANES.

La commission royale déterminera, en outre, l'arrondissement dans lequel le salpêtrier qui en sera porteur pourra exercer le privilége de l'état, le temps de ladite concession, les limites dans lesquelles il sera tenu de tenir la fabrication, le prix du salpêtre, ou le mode suivant lequel ce prix sera établi. (*Loi du* 10 *mars* 1819, *art.* 5.)

Dans tout ce qui n'est pas contraire à la présente loi, l'exercice dudit privilége continuera d'avoir lieu, sous les restrictions et de la manière déterminées par les lois antérieures.

Néanmoins, et lorsque les propriétaires auront, conformément à l'article 2 de la loi du 13 fructidor an 5, fait à leur municipalité la déclaration de leur intention de démolir, ils pourront disposer librement de leurs matériaux de démolition, si, dans les dix jours de la démolition commencée, les salpêtriers commissionnés ne se sont pas présentés pour en faire l'enlèvement et user du droit qui leur est réservé. (*Loi du* 10 *mars* 1819, *art.* 6.)

Code, du n° C,319, renvoyer à ce paragraphe du n° 22.

§ 3. *De l'impôt du Salpêtre fabriqué en France.*

Les fabricans libres ou par licence, et les salpêtriers commissionnés, seront tenus, sous les peines de droit, d'acquitter l'impôt établi sur le sel marin, jusqu'à concurrence des quantités dudit sel contenues dans le salpêtre de leur fabrication, et de souffrir les exercices prescrits par les lois pour assurer la perception dudit impôt.

Lesdites quantités seront déterminées par expertise ou par abonnement avec la régie des contributions indirectes, sans néanmoins que ladite régie puisse exiger au delà de deux et demi pour cent du salpêtre brut que les salpêtriers commissionnés livreront en cet état à la direction générale des poudres, ni de quinze pour cent du salpêtre brut que fabriqueront les salpêtriers libres ou par licence, moyennant quoi lesdits fabricans pourront opérer le raffinage dudit salpêtre, sans être soumis à aucun nouveau droit. (*Loi du* 10 *mars* 1819, *art.* 7.)

Les fabriques au compte de l'état acquitteront l'impôt du sel dans les proportions ci-dessus déterminées, et pourront s'en libérer moyennant remise à la régie des contributions indirectes, du sel marin provenant de leur fabrication, ou submersion dudit sel en présence des agens de la régie. (*Loi du* 10 *mars* 1819, *art.* 8.)

Code. Annoter à la page 401, qu'il existe une prime à la sortie des Acides, et renvoyer à ce n° 22.

§ 4. *De la concession d'une prime à la sortie des acides de Salpêtre.*

Il sera accordé à la sortie des acides sulfurique et nitrique, une prime d'exportation équivalente à l'augmentation que produit, sur les prix de fabrication de ces acides, le droit dont l'importation du salpêtre étranger est frappée en vertu de la présente loi. (*Loi du* 10 *mars* 1819, *premier paragraphe de l'art.* 9.)

Tarif. Produits du Salpêtre.

§ 5. *De l'augmentation des droits à l'entrée des produits étrangers du Salpêtre.*

Les droits imposés à l'entrée sur les produits étrangers seront augmentés dans la proportion dans laquelle le salpêtre est employé dans ces produits, et dans celle de l'augmentation des droits sur les salpêtres exotiques résultant de la présente loi. (*Loi du* 10 *mars* 1819, *second paragraphe de l'art.* 9.)

La circulaire qui a transmis la loi ci-dessus dans les bureaux de douanes, porte ce qui suit :

« Les nouveaux droits sur le salpêtre, fixés par l'art. 1er, pourront être perçus dans tous les » ports que les articles 20 de la loi du 28 avril 1816, 9 de la loi du 27 mars 1817, et 48 de » la loi du 21 avril 1818 (*Code*, n° B, 34), ont ouverts à l'importation des marchandises » payant plus de 20 fr. par cent kilogrammes.

» Il n'est pas besoin de faire remarquer que les termes de l'article dont il s'agit emportent » l'exclusion absolue de toute importation par terre.

» Quoique les salpêtres fussent frappés de prohibition locale par l'arrêté du 27 pluviôse » an 8 (*Code*, C,81), on a toujours pu les admettre en entrepôt réel, aux termes de la loi » du 13 fructidor an 5 (*Code*, C,80). Cette faculté est d'autant moins contestable aujour- » d'hui, qu'il n'y a plus à l'entrée de cette matière d'autres restrictions que celles qui af- » fectent toute espèce de marchandises taxées à plus de 20 francs.

» Ainsi, on n'a plus à exiger que les importateurs de salpêtres justifient qu'ils sont fabri- » cans de soude ou d'acides, ni à faire garantir l'envoi en fabrique par des acquits-à- » caution.

» M. le directeur général transmettra séparément les ordres qui émaneront pour l'exé- » cution de l'article 9 de la nouvelle loi, par lequel on promet des primes de sortie aux » produits chimiques, dont le salpêtre est la base. Quant à la surtaxe que ces mêmes pro- » duits doivent subir à l'entrée, en vertu de cet article, la quotité en sera déterminée par la » prochaine loi des douanes, ou, s'il y a lieu, par une ordonnance de Sa Majesté; enfin, » les articles 1 et 9 de la nouvelle loi sont les seuls qui appellent directement le concours » de l'administration des douanes. » (*Circulaire du* 15 *mars* 1819, *émargée Secrétariat général*, n° 477.)

Les ordres d'exécution de l'article 9 de la loi ci-dessus ont été donnés, avec d'autres dispositions sur le tarif, par une ordonnance royale du 11 août 1819.... Je vais les extraire de cette ordonnance en suivant l'ordre tracé par la loi, c'est-à-dire, en commençant par la prime accordée aux acides; et je présenterai à la suite sa fixation des droits sur les produits étrangers du salpêtre :

PRIMES. « Conformément à la loi du 10 mars 1819, il sera accordé pour l'exportation » des acides nitrique et sulfurique, une prime réglée de la manière suivante :

» Pour les premiers. . . . . 53 » } pour 100 kilog. net.
» Pour les seconds. . . . . 3 50 }

» Pour obtenir ces primes, les acides devront être expédiés directement des fabriques » françaises sur l'un des bureaux désignés en l'ordonnance . . . . relative aux tissus de » coton, et ce, avec des certificats d'origine, confirmés par les autorités locales. » (*Ordonnance royale du* 11 *août* 1819, *art.* 4.)

Les circulaires relatives aux primes des acides s'expriment comme suit:

Première. — « La prime de sortie établie par l'art. 4 de la nouvelle ordonnance, est une » conséquence de la loi sur les salpêtres. Si elle vient à être réclamée dans un des bureaux » spécialement désignés, on devra mettre beaucoup de soin à reconnaître l'espèce et le degré » des acides, afin de prévenir des abus que ce genre de produit pourroit favoriser si les » douanes n'étoient pas attentives. » (*Extrait de la circulaire du* 15 *août* 1819, *émargée Secrétariat général*, n° 514.)

Seconde. — « Les primes que l'administration des douanes paie pour la sortie de diverses » marchandises, ont toutes été établies dans la vue de neutraliser le mauvais effet qu'au- » roit, relativement à l'exportation, le droit d'entrée qui affecte certains produits bruts. » Elles sont, à proprement parler, des remboursemens de droits ou *drawbacks*, plutôt que » des gratifications.

» Aussi ne les alloue-t-on qu'au vu de la quittance des droits d'entrée. Si les sucres, les » tissus et les fils de coton sont affranchis de cette règle, c'est parce que la matière qui a » servi à la fabrication, n'a pu venir que de l'étranger, et a nécessairement subi l'applica- » tion du tarif d'entrée.

» Il résulte de cette remarque, que la prime fixée par l'ordonnance du 11 août 1819,

» pour les acides sulfurique et nitrique, ne doit s'appliquer qu'à ceux fabriqués avec du » nitre étranger qui a payé les nouveaux droits.

» En effet, la loi du 10 mars 1819 n'a, par son art. 9, établi une prime de sortie en » faveur de ces acides, que pour compenser la surtaxe dont cette même loi frappe le sal- » pêtre étranger.

» Il ne sera donc délivré de certificats de sortie aux fins du paiement de la prime, que » pour les acides qu'on justifie avoir été fabriqués avec du salpêtre étranger, importé aux » droits du tarif actuellement en vigueur.

» Les quittances des droits qui devront être produites à cet effet, seront jointes aux passa- » vans et certificats de sortie qu'on doit adresser pour ordonnancer les paiemens.

» M. le directeur général prendra occasion de la présente pour recommander aux bu- » reaux par lesquels les acides peuvent s'exporter avec jouissance de la prime, de donner » une attention suivie à la reconnoissance des acides, afin de prévenir l'abus qui consiste- » roit à ne faire sortir que des liquides sans valeur, aigris par la simple addition de matières » quelconques.

» Outre le moyen indiqué par le tarif, on peut s'assurer que le liquide présenté est réel- » lement un acide minéral concentré, en versant, dans une petite quantité de cet acide, » quelques gouttes d'eau, qui produisent à l'instant même une vapeur blanche.

» Ces acides très-corrosifs désorganisent sur-le-champ les matières animales et végétales.

» Ces effets étant communs aux deux acides nitrique et sulfurique, il reste à distinguer » l'un de l'autre; ce qui est facile : L'acide sulfurique est inodore et de consistance oléagi- » neuse; d'où lui étoit venu le nom d'*huile de vitriol.* L'acide nitrique est, au contraire, » odorant et plus limpide; il a pour caractère particulier de tacher la peau de jaune.

» M. le directeur général se borne à ces indications vulgaires, quoiqu'il y en ait une in- » finité d'autres plus sûres encore, mais qui ne sont faciles à reconnoître que dans les labo- » ratoires de chimie. » (*Circulaire du* 12 *février* 1820, *émargée Secrétariat général,* n° 547.)

La prime n'est effectivement due qu'aux acides produits par du salpêtre importé depuis la loi du 10 mars 1819, mais n'est-ce pas s'en apercevoir un peu tard ? (D.-S.)

DROITS SUR LES PRODUITS DU SALPÊTRE. « Les droits d'entrée » seront, à l'égard des marchandises dénommées au présent ar- » ticle, établis ou modifiés de la manière suivante :

			SUR 100 KILOGRAMM.			
			PAR NAVIRES FRANÇAIS.		PAR NAVIRES ÉTRANGERS et par terre.	
			fr.	c.	fr.	c.
» DÉRIVÉS DU » SALPÊTRE dont » les droits doi- » vent être aug- » mentés en vertu » de la loi du 10 » mars dernier.	Acides. . .	Sulfurique. . . . . *Droits actuels.*	41	«	45	10
		Muriatique. . . . . . *Droits actuels.*	62	«	67	60
		Nitrique.	90	60	98	60
	Alun. . . .	Fin et rosé, dit de Rome.	33	70	36	80
		Ordinaire de toute espèce.	28	70	31	30
		Brûlé et calciné.	89	40	97	20
	Soude de toutes espèces.		11	50	12	60
	Natron.		6	50	7	10

(*Ordonnance royale du* 11 *août* 1819, *dernier paragraphe de l'art.* 1er)

La circulaire qui a transmis l'ordonnance ci-dessus s'exprime, relativement à *ses dérivés* du salpêtre, dans les termes suivans :

« L'un des articles de la loi relative à l'importation des salpêtres porte qu'on modifiera » les droits de ces matières en raison de la quantité de salpêtre contenue en chacune d'elles, » et de plus, qu'on accordera une prime de sortie aux acides.

» C'est pour obéir à ces dispositions qu'on change le tarif des acides, des sulfates et des » soudes y compris le natron.

» On n'a pas, pour l'entrée, étendu ces changemens aux acides sulfurique et muriatique, » attendu que le droit actuel, en égalant la valeur, se trouve déjà hors de toute proportion » avec la taxe de tous les autres produits chimiques. » (*Extrait de la circulaire du* 15 *août* 1819, *émargée Secrétariat général,* n° 514.)

Le tableau ci-dessus, des *droits sur les produits du salpêtre*, est la représentation exacte de celui qui se trouve figuré dans l'ordonnance; ainsi les accolades de ce tableau indiquent que l'*acide muriatique*, les *aluns*, les *soudes*, et le *natron* sont des *dérivés* du salpêtre....

J'ouvre le dictionnaire de l'Académie, et j'y vois que le mot *dérivé* ne peut être pris substantivement qu'alors qu'on s'en sert en termes de grammaire... Donc l'application du substantif *dérivé* aux produits chimiques en question, ne pourroit pas être tolérée, alors même que ces produits se retireroient *directement* du salpêtre....

Je consulte les différens traités de chimie, et j'y vois que le salpêtre, bien loin d'être la matière directe, n'est pas même un des ingrédiens de la composition de l'Acide muriatique, des Aluns, ni des Soudes; et quant au Natron, j'ai dit quelque part que celui répandu dans le commerce se récolte dans les lacs situés à l'ouest du Delta, où il se forme naturellement par la transsudation des eaux, qu'on en trouve aussi en Hongrie, et que c'est en un mot du sel marin mêlé au carbonate de chaux; production tout-à-fait naturelle et qui, conséquemment, n'est pas un *produit* susceptible d'être *augmenté dans la proportion dans laquelle le salpêtre est employé dans ce produit.* (Locution du dernier paragraphe de la loi ci-dessus, du 10 mars 1819)... Donc ce n'est pas, comme le dit la circulaire transmissive de l'ordonnance, *pour obéir aux dispositions* de cette loi *qu'on a changé le tarif des... sulfates et des soudes y compris le natron;* car la loi du 10 mars est uniquement relative au salpêtre, et ne peut conséquemment atteindre les produits qui ne contiennent pas de salpêtre : or, il est *de fait* que le salpêtre n'entre ni dans l'Acide muriatique, ni dans les Aluns, ni dans les Soudes, et encore moins, s'il étoit possible, dans le Natron, qui, d'ailleurs, n'a pas les principes constituans du salpêtre.

Le salpêtre est employé 1° dans la fabrication de la poudre; 2° dans la formation des artifices, et en général dans tous les moyens propres à fournir du feu, tels que mèches, amadou, etc.; 3° dans des préparations pharmaceutiques; 4° pour la salaison des viandes; 5° dans la fabrication des acides nitrique et sulfurique.

Ainsi il n'y a, parmi les produits dénommés dans l'ordonnance, que l'acide nitrique et l'acide sulfurique qui soient effectivement passibles de la loi du 10 mars. Pour obtenir cent kilogrammes d'acide nitrique, on emploie de 80 à 100 kilogrammes de salpêtre; on n'en consomme que de 7 à 8 kilogrammes dans la fabrication de cent kilogrammes d'acide sulfurique.

Or, les droits fixés par l'ordonnance ne sont pas en harmonie avec les quantités de salpêtre consommées... Pour qu'ils le fussent, il faudroit que la surtaxe des acides eût été calculée dans la proportion exacte de l'augmentation des droits du salpêtre qui, de 13 francs, ont été portés à 72 fr. 50 cent.; ce qui donne 59 ½ centimes pour chaque kilogramme de salpêtre employé. Ainsi l'Acide nitrique imposé, avant la nouvelle loi à 41 francs, devroit payer, d'après l'emploi moyen du salpêtre, 94 fr. 55 centimes; et l'Acide sulfurique, également taxé à 41 francs, devroit acquitter 45 fr. 47 centimes, à leur importation par navire français; car enfin, la loi du 10 mars ne porte pas, comme l'annonce encore la circulaire transmissive de l'ordonnance, *qu'on modifiera les droits des produits étrangers du salpêtre :* elle porte, au contraire, que *les droits imposés à l'entrée de ces produits seront augmentés dans la proportion de l'augmentation des droits sur le salpêtre importé :* MODIFIER, c'est modérer, adoucir; AUGMENTER, c'est accroître, agrandir : donc la circulaire prête à la loi, l'inverse de ce qu'elle dit...

Je crois cette note dans l'intérêt de la loi et des fabriques nationales : c'est du moins ce motif qui m'a déterminé à la faire. (D.-S.)

23. Modifications du régime des subsistances.

§ 1. *Conditions de l'importation des grains et farines.*

GRAINS ET FARINES *à l'importation.*
Dispositions nouvelles à ajouter au Code.

Le droit permanent de cinquante centimes par quintal métrique, établi par la loi du 28 avril 1816 sur les grains et farines importés de l'étranger, est converti en un droit, également permanent, d'un franc vingt-cinq centimes par hectolitre de grains, et de deux francs cinquante centimes par quintal métrique de farines.

Ce droit sera réduit à vingt-cinq centimes par hectolitre de grains,

RENVOIS A FAIRE au Code ou au Tarif.	BULLETIN DES DOUANES.

et à cinquante centimes par quintal métrique de farines, lorsque l'importation aura lieu par navires français. (*Loi du* 16 *juillet* 1819, *art.* 1.)

Lorsque le prix des blés-fromens indigènes sera descendu au taux de vingt-trois francs dans les départemens compris dans la première classe établie par l'ordonnance du 14 décembre 1814, rendue en exécution de la loi du 2 décembre même année, à celui de vingt-un francs dans les départemens compris dans la seconde classe, à celui de dix-neuf fr. dans les départemens compris dans la troisième, les blés-fromens étrangers importés dans ces départemens paieront, indépendamment du droit permanent, un droit supplémentaire d'un franc par hectolitre, sans distinction de pavillon. (*Loi du* 16 *juillet* 1819, *art.* 2.)

Lorsque le prix des blés-fromens indigènes sera descendu au-dessous des taux mentionnés dans l'article précédent, chaque franc de diminution donnera lieu, indépendamment du droit permanent et du droit supplémentaire réglé par l'article 2, à un nouveau droit supplémentaire d'un franc par hectolitre, et également sans distinction de pavillon. (*Loi du* 16 *juillet* 1819, *art.* 3.)

Dans les cas prévus par les articles 2 et 3, le quintal métrique de farine de grains venant de l'étranger paiera, indépendamment du droit permanent, le triple des droits supplémentaires imposés sur l'hectolitre de grains. (*Loi du* 16 *juillet* 1819, *art.* 4.)

Lorsque le prix des blés-fromens indigènes sera tombé au-dessous de vingt francs dans les départemens compris dans la première classe établie par l'ordonnance du 14 décembre 1814, au-dessous de dix-huit francs dans les départemens de la seconde classe, et au-dessous de seize francs dans les départemens de la troisième classe, toute introduction de blés et de farines de blés étrangers, pour la consommation nationale, sera prohibée dans lesdits départemens. (*Loi du* 16 *juillet* 1819, *art.* 5.)

Pour l'exécution des dispositions portées aux articles 2, 3, 4 et 5, le ministre de l'intérieur fera dresser et arrêtera, à la fin de chaque mois, un état des prix moyens des grains vendus sur les marchés qui seront ci-après désignés : cet état sera publié au bulletin des lois, le 1er de chaque mois, il servira, pendant le mois de sa publication, à percevoir, s'il y a lieu, les droits supplémentaires établis par les articles 2, 3 et 4, et à l'exécution de l'article 5. (*Loi du* 16 *juillet* 1819, *art.* 6.)

Pour l'établissement et l'application des prix moyens mentionnés en l'article précédent, les départemens frontières compris dans les trois classes déterminées par l'article 2 de la loi du 2 décembre 1814, et par l'ordonnance du 14 du même mois, seront divisés en sections, conformément au tableau annexé à la présente loi. (*Loi du* 16 *juillet* 1819, *art.* 7.)

Il sera établi un prix moyen pour chacune de ces sections; ce prix se réglera sur les mercuriales des deux premiers marchés du mois courant et du dernier marché du mois précédent : ces mercuriales seront celles des marchés régulateurs indiqués, pour chaque section, sur le tableau annexé à la présente loi. (*Loi du* 16 *juillet* 1819, *art.* 8.)

BULLETIN DES DOUANES.

§ II. *Nouvelles règles de la suspension de sortie des grains et farines.*

A l'avenir, les prix moyens arrêtés et publiés, conformément à la présente loi, serviront à régler la suspension de l'exportation dans les différentes sections indiquées au tableau qui y est annexé. Ils remplaceront ceux qui devoient être dressés en exécution des articles 6 et 7 de la loi du 2 décembre 1814, lesquels sont abrogés. (*Loi du* 16 *juillet* 1819, *art.* 9.)

§ III. *Conditions de l'importation des menus-grains.*

Les dispositions des articles 2, 3 et 4 de la présente loi, seront applicables aux seigles, maïs, et aux farines de seigle et de maïs, lorsque le prix en sera descendu à dix-sept francs l'hectolitre dans les départemens de la première classe, à quinze francs dans les départemens de la seconde classe, à treize francs dans les départemens de la troisième classe.

Chaque franc de diminution dans ces prix donnera lieu aux droits supplémentaires établis par l'article 3.

La prohibition portée par l'article 5 sera applicable aux seigles, maïs, et aux farines de seigle et de maïs, lorsque le prix de ces grains sera descendu au-dessous de quatorze francs dans les départemens de la première classe; au-dessous de douze francs dans les départemens de la seconde classe; au-dessous de dix francs dans les départemens de la troisième classe.

Les mêmes dispositions des articles 2, 3, 4 et 5 pourront être étendues, par des ordonnances royales, à l'orge et autres grains non dénommés ci-dessus. (*Loi du* 16 *juillet* 1819, *art.* 10.)

§ IV. *Maintien des conditions de la réexportation des grains et menus-grains.*

Il n'est rien changé aux dispositions des lois et réglemens qui autorisent l'entrepôt réel des grains étrangers dans les ports du royaume: cette autorisation est étendue aux villes de Strasbourg, Sierck, Thionville, Charleville, Givet, Lille et Valenciennes.

La réexportation des grains entreposés ne pourra, dans aucun cas, être gênée ni interdite, sous quelque prétexte que ce soit. (*Loi du* 16 *juillet* 1819, *art.* 11.)

§ V. *Autorisation de modifier la classification des départemens régulateurs de la sortie des grains.*

Le gouvernement est autorisé à modifier, dans l'intervalle des sessions, le tableau annexé à la présente loi, sauf à faire approuver ces modifications à la première session qui suivra. (*Loi du* 16 *juillet* 1819, *art.* 12.)

Tableau *de la division en sections des trois classes de départemens établies par la loi du* 2 *décembre* 1814, *relative à l'exportation des Grains, Farines et Légumes, et par l'ordonnance du* 18 *du même mois.*

SECTIONS.	DÉPARTEMENS DE LA 1re CLASSE.	MARCHÉS RÉGULATEURS.	CONDITIONS DE L'EXPORTATION.
1re. . . .	De la Gironde, des Landes, des Basses-Pyrénées, des Hautes-Pyrénées, de l'Arriège et de la Haute-Garonne.	Marans, Bordeaux, Toulouse.	L'exportation ne peut être permise dans ces départemens *de première classe*, que quand le blé-froment est au-dessous de *vingt-trois* fr. l'hectolitre.
2e.	Des Pyrénées-Orientales, de l'Aude, de l'Hérault, du Gard, des Bouches-du-Rhône, du Var, des Basses-Alpes, des Hautes-Alpes, de l'Isère, de l'Ain, du Jura et du Doubs.	Toulouse, Marseille, Arles, Lyon.	

RENVOIS A FAIRE AU CODE OU AU TARIF.

GRAINS à l'exportation.
Code, supprimer les nos C,99 à C,101, et renvoyer à ce no 23.

MENUS GRAINS à l'importation.
Disposition nouvelle à ajouter au Code.

RÉEXPORTATION des Grains entreposés.
Code, des nos C,111 à C,113, renvoyer à ce no 23.

Code, supprimer la note du no C,101, et renvoyer au tableau ci-contre.

RENVOIS A FAIRE au Code ou au Tarif.	BULLETIN DES DOUANES.

SECTIONS.	DÉPARTEMENS DE LA 2e CLASSE.	MARCHÉS RÉGULATEURS.	CONDITIONS DE L'EXPORTATION.
1re. . . .	Du Haut-Rhin et du Bas-Rhin.	Mulhausen, Strasbourg.	L'exportation ne peut être permise dans ces départemens *de seconde classe*, que quand le blé-froment est au-dessous de *vingt et un* francs l'hectolitre.
2e.	Du Nord, du Pas-de-Calais, de la Somme, de la Seine-Inférieure, de l'Eure et du Calvados. . .	Bergues, Arras, Roye, Soissons, Paris, Rouen.	
3e.	De la Loire-Inférieure, de la Vendée et de la Charente-Inférieure.	Saumur, Nantes, Marans.	
—	DÉPARTEMENS DE LA 3e CLASSE.	—	
1re. . . .	De la Moselle, de la Meuse, des Ardennes et de l'Aisne.	Metz, Verdun, Charleville, Soissons.	L'exportation ne peut être permise dans ces départemens *de troisième classe*, que quand le blé-froment est au-dessous de *dix-neuf* francs l'hectolitre.
2e.	De la Manche, d'Ille-et-Vilaine, des Côtes-du-Nord, du Finistère et du Morbihan.	Saint-Lô, Paimpol, Quimper, Hennebon, Nantes.	

La circulaire qui a transmis dans les bureaux de douanes la loi qui précède, s'est exprimée comme suit :

» La loi, . . . qui établit le régime des grains à l'importation, d'après un système nouveau » qui aura l'avantage de répondre simultanément aux besoins de l'agriculture et des con- » sommateurs, . . . a été insérée le 17 juillet 1819 au Bulletin des lois, n° 294. . .

» Jusqu'à ce que les directeurs aient reçu la notification des prix moyens arrêtés par le » ministre de l'intérieur, conformément à l'article 6 de la nouvelle loi, ils n'auront autre » chose à faire que de percevoir le droit permanent établi par l'article 1er, ainsi qu'il suit :

		fr.	cent.	
» Grains importés par navires français.		»	25	(l'hectolitre.)
— —	par navires étrangers.		1	25	(*Idem.*)
» Farines importées par navires français.		»	50	(les 100 kilog.)
— —	par navires étrangers.		2	50	(*Idem.*)

» Le taux des prix moyens qui leur seront légalement notifiés, déterminera successive- » ment les augmentations de droits applicables jusqu'au moment où la prohibition absolue » pourra résulter de l'article 5.

» Il est essentiel d'observer que ces augmentations successives frapperont uniformément » sur ce qui viendra par navires français ou par navires étrangers, et que dans tous les » cas, la prime pour la navigation nationale restera fixée à la différence qui existe dès à » présent entre les droits permanens indiqués ci-dessus.

» L'état annexé à la loi fait enfin connoître à quelles classes appartiennent le départe- » ment ou les parties de départemens que chaque direction couvre. Il guidera les direc- » teurs dans les ordres à donner suivant les localités pour l'exécution des arrêtés que le » ministre de l'intérieur aura pris d'après le cours des marchés régulateurs. (*Circulaire du* 26 *juillet* 1819, *émargée Secrétariat général*, n° 507.)

» La loi du 16 juillet n'atteindroit pas complétement son but si les arrêtés régulateurs » des prix moyens publiés chaque mois, aux termes de l'art. 6, par son excellence le mi- » nistre de l'intérieur, ne recevoient pas une exécution prompte et simultanée. Il arrive- » roit que dans le même département, les grains seroient taxés à des taux différens, ou » pourroient entrer sur un point, tandis qu'ils seroient déjà prohibés sur un autre. Il im- » porte beaucoup d'obvier à ces graves inconvéniens.

» Toutefois ne pouvant déterminer d'avance les mesures qui, pour chaque localité, » doivent être adoptées à cet effet, M. le directeur général laisse au zèle des directeurs le » soin de pourvoir à tous les détails et à tous les préparatifs au moyen desquels il leur sera » possible de faire exécuter les tarifs successifs sur tous les points d'un même départe- » ment, aussitôt que les délais fixés pour la promulgation légale seront expirés.

» Il se borne à les autoriser pour le cas où quelques bureaux de leur direction se trou- » veroient plus rapprochés du chef-lieu du département que de leur résidence, à prier » M. le préfet de transmettre directement aux receveurs les arrêtés ministériels, ce qui » évitera le retard qu'entraîne nécessairement le double trajet de la préfecture à la direc-

» tion, et de celle-ci aux bureaux frontières. Au reste, ils pourront se concerter, sur tous » les autres moyens d'assurer la prompte exécution de la loi du 16 juillet, avec M. le pré- » fet du département.

» Tout ce qui sera fait à l'égard de l'entrée deviendra commun à la sortie, soit pour le » réglement des droits, soit pour le retour à la prohibition. » (*Circulaire du 25 novembre 1819, timbrée Secrétariat général*, n° 534.)

La nouvelle loi, ainsi que les instructions ci-dessus, ayant nécessairement détruit les circulaires des 20 juin et 10 septembre 1818, il est, ce me semble, devenu aussi inutile d'en présenter les termes que de les mettre en regard des principes, et je me borne ainsi à exposer que les navires qui apportent des grains ne peuvent plus jouir de l'exemption des droits de tonnage que leur avoit accordé l'ordonnance du 1er février 1817, qui est également abrogée par suite de l'article premier de la nouvelle loi.

Quant aux droits actuellement perceptibles à l'importation des autres subsistances, telles que pommes de terre, pain et biscuit, etc., ils cesseront d'être en rapport avec ceux fixés sur les grains et farines, toutes les fois que ces derniers seront assujettis à la hausse proportionnelle... Il reste donc à créer un droit supplémentaire pour les différens similaires...

A cela près, la loi du 16 juillet seroit encore une belle conception, si l'art. 3 de celle du 2 décembre 1814 n'avoit pas détruit le tarif du décret du 2 juillet 1806...; mais, dans l'état des choses, il n'y a pas d'harmonie entre l'entrée et la sortie : lorsqu'on a des droits croissans à l'importation, il faut des droits décroissans à l'exportation; sinon, on arrive, dans les années de disette, au système des primes, et ce système-là n'est pas avantageux pour un état...

D'ailleurs, le résultat forcé des droits graduels seroit de maîtriser le prix de la denrée qu'on y assujettiroit... Pour faire ressortir cette idée, je vais présenter le tarif croissant qui existe pour l'entrée des grains, et le tarif décroissant qu'on pourroit créer pour leur sortie, au cas où l'on voudroit que le prix du blé-froment arrivât à 21 francs l'hectolitre dans les départemens de première classe, taux qui, au surplus, me paroît nécessaire pour que la valeur du blé soit en harmonie avec les taxes actuelles de l'impôt foncier, et les besoins réciproques du producteur et du consommateur.

TARIF DU BLÉ-FROMENT,		DROITS ACTUELS A L'IMPORTATION par navires francisés.	par navires étrangers.	DROITS à créer pour L'EXPORTATION.
		fr. c.	fr. c.	fr. c.
Par hectolitre coté, dans les départemens de première classe	au-dessus de 23 francs...	0 25	1 25	prohibé.
	à 23 francs........	1 25	2 25	7 00
	à 22 francs........	2 25	3 25	3 75
	à 21 francs........	3 25	4 25	2 25
	à 20 francs........	4 25	5 25	1 00
	au-dessous de 20 francs...	prohibé.	prohibé.	0 25

(D.-S.)

24. Les ordonnances des 7 août, 11 et 16 novembre et 9 décembre 1816, qui ont suspendu jusqu'à nouvel ordre la perception des droits imposés par la loi du 28 avril même année, sur les grains, farines, pain, biscuit de mer, légumes secs, riz et pommes de terre venant de l'étranger et introduits dans le royaume, sont et demeurent révoquées. (*Ordonnance royale du 4 mars 1819, art. 1.*)

GRAINS. Droits à l'importation des grains, légumes secs, riz, etc.

En conséquence, à partir de la publication de la présente, ces droits

On souscrit, à Paris, rue Madame, n° 5, au prix de six francs pour 100 pages.

RENVOIS A FAIRE AU CODE OU AU TARIF.	BULLETIN DES DOUANES.

seront perçus à toutes les frontières et dans les ports, conformément aux tarifs dressés d'après les bases de la loi ci-dessus rappelée. (*Ordonnance royale du 4 mars* 1819, *art.* 2.)

L'ordonnance ci-dessus a été insérée au Bulletin des lois, n° 265, et adressée aux douanes par une circulaire du 10 mars 1819, cotée Secrétariat général, n° 475; mais cette circulaire ne porte aucune instruction.

D'ailleurs, ce n'est plus la loi du 28 avril 1816, mais bien celle du 16 juillet 1819, qui règle les droits d'importation des grains et farines, ainsi, voir le n° 23 de ce Bulletin et sa note. (D.-S.)

GRAINS. — Exportation des maïs et millets.

CODE, du 1er paragraphe de la page 240 renvoyer à ce n° 25.

25. Les prohibitions résultant de l'ordonnance du 3 août 1815, qui suspend l'exportation des grains, farines et légumes par les frontières de terre et de mer, sont levées en ce qui concerne les maïs et millets dans les départemens ci-dessous désignés. (*Ordonnance royale du* 27 *janvier* 1819, *art.* 1.)

En conséquence, dans les départemens de la Gironde, des Landes, des Basses-Pyrénées, des Hautes-Pyrénées, de la Haute-Garonne, de l'Arriége, des Pyrénées-Orientales, de l'Aude et de l'Hérault, les maïs et les millets pourront sortir, aux termes de la loi du 2 décembre 1814, par les ports et bureaux de douanes dépendant de ces départemens, et indiqués au tableau annexé à l'ordonnance du 18 décembre 1814. (*Ordonnance royale du* 27 *janvier* 1819, *art.* 2.)

Cette ordonnance avoit un troisième article ainsi conçu :

« Pour l'exécution de cette disposition, le préfet de chacun de ces départemens déterminera, toutes les semaines, le prix moyen de l'hectolitre de froment, d'après les mercuriales des trois marchés de son ressort, qui ont été précédemment désignés par l'administration. L'arrêté qu'il prendra à cet effet, et rendra public, fera connoître si, en conséquence de ce prix moyen, l'exportation des maïs et millets est permise ou suspendue : cet arrêté deviendra exécutoire immédiatement. »

Mais cet article 3 n'est plus exécutoire quant au prix moyen des blés à dresser par les préfets, puisque la loi du 19 juillet 1819 veut, art. 6, que ce soit le ministre de l'intérieur qui en forme l'état.

Ainsi ce n'est qu'en y intercalant, en lettres *italiques*, les changemens intervenus depuis qu'elle a été adressée, que je vais rapporter la circulaire transmissive de l'ordonnance; car elle induiroit aujourd'hui en erreur, si on ne la lisoit pas comme suit :

« La nouvelle ordonnance dont l'ampliation est *ci-dessus*, subordonne la sortie des *maïs et millets* aux mêmes conditions et réserves que celles établies par la loi du 2 décembre 1814. » (*Au Code*, n° C,98.)

» Ainsi, l'exportation ne pourra avoir lieu que quand le prix d'un hectolitre de froment sera au-dessous de 23 francs, puisque les départemens, par lesquels on la permet conditionnellement, sont rangés..., dans la première des classes formée par la loi du 2 décembre.

» Les arrêtés pris par *le ministre de l'intérieur* pour fixer à la fin de chaque *mois* le prix moyen du froment, serviront de règles aux directeurs *des départemens désignés par l'ordonnance* pour continuer ou suspendre la sortie des mils et maïs.

» Une autre conséquence du régime adopté est que les maïs et millets ne doivent sortir que par les seuls ports et bureaux compris en l'état annexé, *sous le* n° 31 *de ce Bulletin, pour les* départemens par lesquels il va être permis d'exporter....

» Quant aux droits applicables, il est entendu que le maïs étant rangé spécialement parmi les grains, il acquittera le droit de balance du commerce, imposé par l'art. 3 de la loi du 2 décembre 1814 (*Code*, n° C,97), et que le millet sera soumis, d'après celle du 28 avril 1816, au droit de 2 francs par 100 kilogrammes, qui lui est propre. » (*Circulaire du* 18 *février* 1819, *cotée Secrétariat général*, n° 467.)

BULLETIN DES DOUANES.	RENVOIS A FAIRE AU CODE OU AU TARIF.
26. Les prohibitions résultant de l'ordonnance du 3 août 1815, qui suspend l'exportation des grains, farines et légumes, par les frontières de terre et de mer *du* royaume, sont levées en ce qui concerne les pommes de terre. (*Ordonnance royale du* 10 *février* 1819, *art.* 1.) En conséquence, les pommes de terre pourront sortir sous les conditions prescrites par la loi du 2 décembre 1814, et dans les circonstances y indiquées, par les ports et bureaux de douanes mentionnés au tableau annexé à l'ordonnance du 18 décembre même année. (*Ordonnance royale du* 10 *février* 1819, *art.* 2.) Cette ordonnance avoit un troisième article ainsi conçu : « Pour l'exécution de cette disposition, le préfet de chacun de nos départemens limitrophes » de l'étranger, déterminera toutes les semaines, le prix moyen de l'hectolitre de froment, » d'après les mercuriales des trois marchés de son ressort, qui ont été précédemment ou » qui seront désignés par l'administration. L'arrêté qu'il prendra à cet effet, et qu'il rendra » public, fera connoître si, en conséquence de ce prix moyen, l'exportation des pommes » de terre est permise ou suspendue ; cet arrêté deviendra exécutoire immédiatement. » Mais cet article 3 ne peut plus recevoir d'exécution depuis la loi du 16 juillet 1819 qui porte, en son article 6, que ce sera le ministre de l'intérieur qui réglera le prix moyen des grains. Il en est, au surplus, de la sortie des pommes de terre comme de l'exportation actuelle des grains, ainsi, voir n° 31. Quant à la circulaire du 4 mars 1819, qui a transmis l'ordonnance ci-dessus, tout son texte est aujourd'hui sans objet, et je me borne ainsi à dire qu'elle est cotée Secrétariat général, n° 471.	GRAINS. — Exportation des pommes de terre. CODE, de la note *Similaires*, page 240, renvoyer à ce n° 26.
27. L'ordonnance du 3 août 1815, qui suspend provisoirement l'exportation des bestiaux à l'étranger, est rapportée. En conséquence, les bestiaux de tout âge et de toute espèce, ainsi que les viandes en provenant, tant fraîches que salées ou fumées, et préparées de diverses manières, pourront, à l'avenir, sortir librement du royaume, conformément aux dispositions de la loi du 28 avril 1816, et en acquittant les droits indiqués au tarif des douanes. (*Ordonnance royale du* 10 *mars* 1819.) Cette ordonnance, insérée au Bulletin des lois, n° 267, a été adressée aux douanes par une circulaire du 4 avril 1819, émargée Secrétariat général, n° 482, dont il ne reste à retirer que ces seuls mots : « Ainsi se trouvent rapportées l'ordonnance prohibitive du 3 août » 1815, et les circulaires n°s 58 et 79. »	BESTIAUX et VIANDES à l'exportation. CODE, de la note du n° C,102, renvoyer à ce n° 27.
28. Les dispositions de l'ordonnance du 10 février 1819, qui permet l'exportation des pommes de terre, sont applicables aux farines et aux biscuits de mer. (*Ordonnance royale du* 23 *juin* 1819, *art.* 1.) En conséquence, les biscuits de mer et les farines provenant de toute espèce de grains pourront sortir, sous les conditions prescrites par la loi du 2 décembre 1814, et dans les circonstances y indiquées, par les ports et bureaux de douanes mentionnés au tableau annexé à l'ordonnance du 18 décembre même année. (*Ordonnance royale du* 23 *juin* 1819, *art.* 2.) Cette ordonnance avoit un troisième article portant : « Les formalités à remplir par les préfets pour l'exécution de cette disposition, sont les » mêmes que celles que rappelle notre ordonnance précitée du 10 février, au sujet de l'ex- » portation des pommes de terre. » J'ai déjà dit, sous les n°s 25 et 27, que les préfets ne sont plus chargés de l'exécution	GRAINS. — Farines et Biscuits à l'exportation. CODE, de la note du n° C,102, renvoyer à ce n° 28.

BENVOIS A FAIRE AU CODE OU AU TARIF.	BULLETIN DES DOUANES.

des mesures prescrites pour l'exportation des grains : ainsi l'art. 3, qui précède, est devenu sans objet.

Quoique l'ordonnance ci-dessus ait détruit celle du 20 janvier 1819, je crois nécessaire de la faire figurer ici comme pièce historique, attendu que, si les circonstances dans lesquelles elle a été rendue se renouveloient, il seroit possible qu'on la remît en vigueur : cette ordonnance du 20 janvier portoit donc ce qui suit :

Art. 1. « Il est permis d'exporter des farines hors du royaume, sous la condition d'im-
» porter préalablement, et de verser dans le commerce intérieur, une quantité de grains
» étrangers de même espèce et de première qualité, dans la proportion de cinq quintaux de
» ceux-ci pour trois quintaux de farines à exporter.

Art. 2. » Les expéditeurs, qui voudront prendre part à ces opérations, ne pourront ex-
» porter de farine que par le même port ou les mêmes bureaux de douane par lesquels ils
» auront introduit leurs grains, et en représentant un certificat de négocians experts en ce
» genre de commerce, visé par les douanes, et constatant que les grains importés pour servir
» d'échange sont de la première qualité.

Art. 3. » Au moment où ils importeront lesdits grains, ils déclareront qu'ils se proposent
» de les échanger contre des farines. Il sera pris à la douane acte de leur déclaration, et il
» leur y sera ouvert un compte sur lequel seront portées, à mesure de la sortie des farines,
» les quantités qu'ils en auront exportées. Ce compte sera clos aussitôt que la quantité pro-
» portionnelle sera absorbée. »

Ces dispositions avoient été adressées dans les douanes par une circulaire du 18 février 1819, cotée n° 466, portant que, *ces mouvemens de grains et farines, n'étant ni une importation ni une exportation, ne devoient être assujettis à aucun droit,* » allégation qui fut réformée par une autre circulaire du Secrétariat, datée du 7 mai 1819, cotée n° 490 et établissant que « *les*
» *grains importés à titre de compensation anticipée d'exportation de farines, seroient as-*
» *sujettis au paiement des droits d'entrée, sauf à permettre la sortie en franchise des fa-*
» *rines qu'on exporteroit en échange, dans la proportion réglée par l'article premier de*
» *l'ordonnance.* » Ce qui, dans mon opinion, étoit établir, soit une taxe, soit une franchise qu'aucune loi n'autorisoit. . . Dans l'état d'abrogation où est tombée l'ordonnance, il est sans doute inutile de faire la démonstration des fausses applications que je crois voir dans ces deux circulaires : mais il peut importer à la conservation des principes de douanes, d'énoncer que la précaution légale eût été, ce me semble, d'assujettir ces mouvemens de grains et de farines à la formalité de l'acquit à caution ; et quant au droit perceptible, d'appliquer celui fixé pour la réexportation. (D.-S.)

Des deux circulaires afférentes à l'exécution de l'ordonnance du 23 juin, *ci-dessus sous le* n° 28, il ne reste plus à invoquer de la première, que les termes suivans :

« L'ordonnance du roi qui a été rendue le 23, et insérée le 30 juin 1819 au Bulletin des
» lois, n° 289, supprime l'obligation d'importer des grains, et rétablit, à l'égard des farines
» et biscuits seulement, les dispositions de la loi du 2 décembre 1814.

» En conséquence, les biscuits de mer et les farines provenant de toute espèce de grains,
» sortiront tant que les mercuriales n'annonceront pas que le prix des farines ait atteint le
» taux à partir duquel la prohibition se rétablit de plein droit.

» Les farines et biscuits qu'on exportera en vertu de la présente, acquitteront le droit
» de balance, qui se trouve fixé à 50 centimes du quintal métrique, par la loi du 28 avril
» 1816. » (*Circulaire du 8 juillet 1819, émargée Secrétariat général,* n° 502.)

Nota. J'examinerai plus loin l'application faite ici du droit de cinquante centimes. (D.-S.)

La seconde des circulaires dont il vient d'être question, porte textuellement ce qui suit :

« J'ai fait connoître, monsieur, par ma circulaire n° 502, que le droit de balance appli-
» cable aux farines et biscuits de mer, dont la sortie est actuellement permise par l'ordonnance
» du 23 juin dernier, étoit de 50 centimes par 100 kilogrammes.

» J'ai dû m'arrêter à ce taux qui est déterminé par la loi du 28 avril 1816 (Tableau
» n° III), pour les mêmes substances, parce qu'il n'est pas dans la nature d'un droit de
» balance, appliqué à des objets d'approvisionnement, d'être plus élevé pour l'entrée que
» pour la sortie. D'ailleurs, le taux de 25 centimes résultant de l'art. 13 de la même loi,
» ne se rapporte qu'aux marchandises non dénommées au tarif.

» Mais aujourd'hui que la loi du 16 juillet admet, par le second paragraphe de son
» premier article, un minimum de 25 centimes par hectolitre pour les grains importés, il

BULLETIN DES DOUANES.	RENVOIS A FAIRE au Code ou au Tarif.

» n'y a plus de raison de maintenir à 50 centimes un droit de balance qui, dans l'ordre des » choses, doit être le plus foible de tous les droits, puisqu'il n'a pas pour objet d'influer sur » le cours des échanges, mais simplement de ménager un moyen d'annotation.

» En conséquence, il est entendu que le droit de balance des farines et des biscuits de » mer est, à la sortie, de 25 centimes par 100 kilogrammes.

» Vous tiendrez la main à ce que cette perception s'établisse très-uniformément partout, » et dès que la présente sera parvenue. » (*Circulaire du 6 août 1819, timbrée Secrétariat général, n° 5rg.*)

En avançant que le droit de balance applicable aux farines et biscuits de mer, se trouve fixé à 50 centimes par la loi du 28 avril 1816, le dernier paragraphe de la circulaire qui précède du 8 juillet, et le premier paragraphe de celle ci-dessus du 6 août, me paroissent confondre l'entrée avec la sortie, et faire dire, par suite, à la loi du 28 avril le contraire de ce qu'elle dit effectivement. . .

La loi du 28 avril, en déclarant au premier paragraphe de son article 12, qu'elle modifie les droits de balance créés par la loi du 24 nivose an 5, dit, au second paragraphe de cet article 12, que SON TABLEAU n° III EST ÉTABLI POUR L'ENTRÉE, et ce tableau n° III ne fait d'exception que pour les seuls droits nommés *spéciaux* par le titre de l'une de ses sections.

Or, les farines, alors classées dans ce tableau n° III, n'ayant pas été rangées dans une section dont le titre porte que le droit fixé est *spécial tant à l'entrée qu'à la sortie*, il s'ensuivoit évidemment que le droit déterminé n'avoit été établi que pour l'entrée seulement, et que de l'étendre à la sortie, c'étoit en faire une fausse application...

Cette même loi du 28 avril dit d'ailleurs, dans ses articles 13 et 14, que « les marchan- » dises dont l'exportation est autorisée moyennant le simple droit de balance, comme » n'étant pas dénommées au tarif de sortie..., payeront 25 centimes. »

Donc elle prononce pour la sortie des farines comme pour celle des autres marchandises passibles du droit de balance. . . ; donc on n'auroit pas dû faire payer aux farines un droit plus élevé que 25 centimes, puisque l'art. 3 de la loi spéciale du 2 décembre 1814 les avoit retirées du tarif de sortie, en disant que « les grains, farines et légumes, à leur sortie de » France, ne seront assujettis qu'au simple droit de balance. »

C'est encore, ce me semble, une autre erreur que d'énoncer que *le taux de 25 centimes résultant de l'art.* 13 *de la loi du 28 avril ne se rapporte qu'aux marchandises non-dénommées au Tarif;* car, si on lit la loi du 28 avril avec attention, on verra... *d'abord* que ce n'est pas l'article 13, mais l'art. 14 qui établit le taux de 25 centimes. . . ; *ensuite* que, cette fixation ne se rapporte pas uniquement à l'art. 13, car elle a aussi pour objet, d'après le premier paragraphe de l'art. 12, de modifier *les droits établis par la loi du 24 nivose an* 5 : or, quel étoit, avant la loi du 28 avril, le droit d'exportation des farines ? elles ne pouvoient, d'après la loi du 2 décembre 1814, être assujetties qu'au simple droit de balance, et ce simple droit étoit nécessairement le droit de balance créé par la loi du 24 nivose an 5, puisqu'il n'en existoit pas d'autre, c'est-à-dire, une taxe de sortie de 15 centimes par valeur de cent francs : donc c'est cette taxe de 15 centimes à la valeur que la loi du 28 avril convertit en un paiement de 25 centimes, tantôt au quintal métrique, tantôt à la valeur, *pour faciliter la formation d'une Balance de commerce;* et ce paiement de 25 centimes est aujourd'hui le seul légal, non pas uniquement pour l'exportation des marchandises non dénommées au Tarif, mais aussi pour toutes celles assujetties, par des antécédens, au droit de balance à la sortie. . . S'il en étoit autrement, la taxe de la loi du 24 nivose an 5 seroit encore exigible sur ces dernières marchandises, et les perceptions différentes qui ont été faites, seroient autant d'infractions aux lois. . . *D'ailleurs*, si l'on veut se convaincre plus particulièrement de l'erreur de la circulaire, il n'y a qu'à se demander en vertu de quelle autorité et par quelle assimilation on pourroit appliquer une taxe autre que celle de 25 centimes à la sortie des espèces que les lois antérieures ou des lois spéciales soumettent au droit de balance sans en déterminer la quotité ?

L'autre énonciation de la circulaire, *qu'il n'est pas dans la nature d'un droit de balance, appliqué à des objets d'approvisionnement, d'être plus élevé pour l'entrée que pour la sortie* est repoussée par le fait, et inadmissible par le droit. . .

Elle est *repoussée par le fait*, puisque les lois ont établi le contraire de cette allégation, en rendant le droit de balance plus élevé à l'entrée qu'à la sortie.

On souscrit, à Paris, rue Madame, n° 5, au prix de six francs pour 100 pages.

RENVOIS A FAIRE AU CODE OU AU TARIF.	BULLETIN DES DOUANES.

Elle est *inadmissible par le droit*, parce que toutes les industries ont celui d'obtenir dans l'intérêt public, que les droits d'importation soient différens des taxes d'exportation.

Ainsi ce n'est pas, comme le dit la circulaire, parce que *la loi du 16 juillet 1819 a établi un minimum de 25 centimes par hectolitre de grains importés, qu'il n'y a plus de raison de maintenir à 50 centimes le droit de balance* des farines exportées; car la loi du 16 juillet est spéciale pour l'entrée, et on ne peut dès lors prendre aucun de ses droits pour la sortie; mais c'est parce que le droit de cinquante centimes n'est pas un droit de balance à la sortie, et que, conséquemment, il n'a jamais été applicable à l'exportation des farines.

Ainsi ce n'est pas, comme le dit encore la circulaire, *en conséquence* de ce que *le droit de balance, dans l'ordre des choses, doit être le plus foible de tous les droits, qu'il est*, à entendre *que le droit de balance des farines et biscuits de mer est, à la sortie, de 25 centimes*, car il existe, *dans l'ordre des choses*, des droits de douanes *plus foibles* que celui de balance; mais c'est parce que l'ordonnance du 23 juin, en soumettant l'exportation des farines aux conditions de la loi du 2 décembre 1814, déclare, par cela même, que le seul droit exigible est celui résultant de cette loi.

Ainsi la circulaire du 8 août, n° 509, qui prescrit de *tenir la main à ce que cette perception* légitime de 25 centimes *s'établisse*, ne se fonde pas, pour la prescrire, sur la loi qui la prononce, mais la tire d'une argumentation diamétralement opposée aux principes de la législation... (D.-S.)

GRAINS. — Marrons et Châtaignes à l'exportation.

CODE, annoter le numéro ci-contre, sous le n° C, 101.

29. Les dispositions prohibitives de l'exportation des marrons et châtaignes sont abrogées.

En conséquence, les fruits de cette espèce pourront, à l'avenir, sortir librement par toutes les frontières du royaume, moyennant le paiement des droits portés au dernier tarif des douanes. (*Ordonnance royale du 1er septembre* 1819.)

« L'article 9 de la loi du 28 avril 1816 porte que les marrons et châtaignes pourront être » exportés moyennant le droit des fruits qui est de 25 centimes par 100 kilogrammes sauf » les prohibitions locales ou temporaires, que le ministre de l'intérieur a toujours été en » droit de prononcer en matière de subsistances.

» On a inféré de cette disposition que, puisque les lois des 1er mars 1793, et 12 pluviose » an 3, avoient assimilé les marrons et châtaignes, quant à la police des douanes, aux grains » proprement dits, ils devoient rester sous l'empire de la prohibition, tant que celle-ci ne » seroit pas levée à l'égard des grains; ainsi le tarif, en citant la loi du 28 avril 1816, in- » dique que la sortie des marrons et châtaignes est défendue ou permise, selon que les grains » sont ou ne sont pas prohibés.

» Maintenant, le Roi vient de rendre, sous la date du 1er septembre, une ordonnance » qui lève cette défense accidentelle, et rétablit, à l'égard des marrons et châtaignes, la » règle commune et permanente, qui suppose la libre exportation au droit de 25 centimes » par 100 kilogrammes.

» Cette ordonnance a été insérée, le 10 septembre 1819, au Bulletin des lois, n° 308. » (*Circulaire du 18 septembre 1819, timbrée Secrétariat général*, n° 519.)

GRAINS. — Légumes secs à l'exportation.

CODE, annoter le numéro ci-contre, sous le n° C, 102.

30. L'ordonnance du 3 août 1815 est abrogée en ce qui concerne la suspension provisoire de l'exportation des légumes.

En conséquence, les légumes secs tels que pois, haricots, fèves et lentilles, et les farines en provenant, pourront, à l'avenir, sortir librement par toutes les frontières du royaume sous les conditions de la loi du 2 décembre 1814, modifiées par l'art. 9 de celle du 16 juillet 1819. (*Ordonnance royale du 22 septembre* 1819.)

Cette ordonnance, insérée le 30 septembre au Bulletin des lois, n° 312, a été transmise dans les bureaux de douanes par une circulaire portant :

« La sortie des légumes secs reste subordonnée aux conditions de la loi du 2 décembre 1814,

BULLETIN DES DOUANES.	RENVOIS A FAIRE AU CODE OU AU TARIF.

» modifiée par l'art. 9 de la loi du 16 juillet dernier, c'est-à-dire :

1° » Qu'elle ne peut avoir lieu que par les bureaux compris dans les tableaux arrêtés » par l'ordonnance du 18 décembre 1814 et modifiés par l'effet des traités subséquens. » (Voir ce tableau *sous le* n° 31.)

2° » Que les légumes exportés doivent le droit de 25 centimes par 100 kilogrammes, » fixé par la loi du 28 avril 1816;

3° » Que l'exportation cesse de plein droit lorsque le prix des grains s'élève au-dessus » du taux fixé par la loi du 2 décembre 1814; savoir:

Au-dessus de vingt-trois francs, dans les départemens de première classe;
Au-dessus de vingt-un francs dans les départemens de la seconde classe;
Au-dessus de dix-neuf francs dans les départemens de la troisième classe.

(Voir, au n° 23 de ce Bulletin, le tableau de la division des trois classes de départemens.)

» Les arrêtés que MM. les préfets prendront respectivement pour fixer le prix moyen » des grains serviront de règle pour continuer ou suspendre la sortie des légumes secs, par » les bureaux qui ressortissent à chacun des départemens désignés. » (*Circulaire du* 30 *septembre* 1819, *émargée Secrétariat général*, n° 521.)

« La circulaire ci-dessus présente une erreur, en ce qu'elle suppose que les prix d'après » lesquels on devra se régler seront arrêtés, comme ci-devant, *par les préfets;* tandis que » l'article 6 de la nouvelle loi porte que les prix moyens seront arrêtés chaque mois, *par le* » *ministre de l'intérieur.*

» Quoique cette erreur ne tire à aucune conséquence, puisqu'elle ne sauroit déterminer » les préfets à prendre des arrêtés qui, aujourd'hui, sortent de leurs attributions, il n'est » pas moins utile de la signaler.

» Ainsi, les directeurs n'auront à faire droit qu'aux seuls arrêtés du ministre de l'intérieur, » qui auront été insérés aux Bulletins des lois, et dont il leur sera notifié des extraits. » (*Circulaire du* 2 *novembre* 1819, *émargée Secrétariat général*, n° 527.)

Cette dernière circulaire a également relevé les quatre erreurs existantes dans le tableau des bureaux ouverts à l'exportation des grains, adressé par celle du 30 septembre qui précède.. . Mais ces erreurs n'existant pas dans le tableau que je présenterai sous le n° suivant de ce Bulletin, il est, dès lors, inutile de consigner ici les rectifications administratives. (D.-S.)

31. L'ordonnance du 3 août 1815 (*au Code, sous le* n° C,102) concernant l'exportation des grains, cessera d'avoir son effet. (*Ordonnance royale du* 6 *octobre* 1819, *art.* 1.)

GRAINS de toute espèce à l'exportation.
CODE, annoter le numéro ci-contre, sous le n° C,102.

En conséquence, les grains de toute espèce pourront sortir librement du royaume, dans les limites et sous les conditions indiquées par la loi du 2 décembre 1814, modifiées par l'article 9 de celle du 16 juillet 1819.

L'exportation des farines permise par l'ordonnance du 23 juin dernier, est assujettie aux mêmes conditions. (*Ordonnance royale du* 6 *octobre* 1819, *art.* 2.)

La désignation des ports et bureaux de douanes par lesquels ces exportations pourront avoir lieu, telle qu'elle avoit été fixée par l'ordonnance du 18 décembre 1814, est rectifiée conformément au tableau annexé à la présente.

Les importations de grains, farines, biscuits et légumes se feront exclusivement par les mêmes ports et bureaux de douanes. (*Ordonnance royale du* 6 *octobre* 1819, *art.* 3.)

Suit le Tableau.

RENVOIS A FAIRE au Code ou au Tarif.
Code, renvoyer de sa page 238, à cette page 40 du Bulletin.

BULLETIN DES DOUANES.

Tableau des Ports et Bureaux de Douanes par lesquels la sortie des Grains, Farines et Légumes secs peut s'effectuer.

DÉPARTEMENS FRONTIÈRES.	PORTS ET BUREAUX DE DOUANES PAR OU L'EXPORTATION AURA LIEU.
Aisne	La Capelle, Hirson, Aubenton.
Ardennes	Givet, Rocroy, Gué-d'Hossus, Fumay, Givonne, Messincourt, Carignan, Saint-Mengès, Sedan, Charleville, Gesponsard.
Meuse	Fagny, Montmédy, Thonne-la-Long, Marville.
Moselle	Longwy, Mont-Saint-Martin, Sierck, Apach, Schwerdroff, Launstroff, Waldewisse, Grosblidcrstroff, Bitche, Frauenberg, Schweyer, Stultzelbrounn, Bouzonville et Sarreguemines.
Bas-Rhin	Marckolsheim, Rhineau, La Wantzenau, Gambsheim, Drusenheim, Fort-Louis, Münchhausen, Lauterbourg, le Pont-du-Rhin, Seltz, Belheim, Lembach, Weissembourg.
Haut-Rhin	Croix, Delle, Pfetterhausen, Folgensbourg, Durlingsdorst, Ottingen, Hegeinheim, Bourgfelden, Saint-Louis, Huningue, Chalampé, l'Ile-de-Paille, Artzheim.
Doubs	Morteau, Pontarlier, Verrières-de-Joux, Jougne, Montbéliard.
Jura	Morez.
Ain	Nantua, Bellegarde, Seyssel, Belley, Cordon.
Isère	Chapareillan, le Thouvet, Pont-Charra, la Chapelle-du-Bard, Bourg-d'Oisans, Pont-de-Beauvoisin, Entre-deux-Guiers, Latour-du-Pin.
Hautes-Alpes	Briançon, Mont-Genèvre, Guillestre, Abriès.
Basses-Alpes	Barcelonette, Saint-Paul, Larche, Fours, Allos, Colmars, Entrevaux, Aunot, Saint-Pierre, les Sausses.
Var	Toulon, Antibes, Saint-Laurent-du-Var, Saint Tropès, les Salins, Bandol, Cannes, Saint-Raphaël.
Bouches-du-Rhône	Marseille, Arles, Cassis, Badon, Vignoles, Martigues, Port-de-Bouc, la Valduc, Berre, la Ciotat.
Gard	Aigues-Mortes.
Hérault	Cette, Agde.
Aude	Narbonne, la Nouvelle.
Pyrénées-Orientales	Collioure, Port-Vendre, Saint-Laurent-de-la-Salanque et Canet, *par mer;* Perthus, Prats-de-Mollo, Costouges et Bourg-Madame, *par terre.*
Arriége	Tarascon, Ax, Seix, Seintein.
Haute-Garonne	Bagnères-de-Luchon, Saint-Béat.
Hautes-Pyrénées	Argelès, Arreau.
Basses-Pyrénées	Baïonne, Saint-Jean-de-Luz, *par mer,* Saint-Jean-Pied-de-Port, *par terre.*
Landes	Saint-Esprit-lès-Baïonne.
Gironde	Bordeaux, Libourne, Blaye, Pauillac, la Teste-de-Buch.
Charente-Inférieure	Marans, la Rochelle, Marennes, Charente, Rochefort, la Tremblade.
Vendée	Luçon, Saint-Gilles, Moricq, Saint-Michel-en-l'Herm, les Sables-d'Olonne, Beauvoir, Noirmoutier, Bouin.
Loire-Inférieure	Nantes et lieux de chargement situés au-dessous jusqu'à Paimbœuf, Paimbœuf, Saint-Nazaire, le Pouliguen, le Croisic, Mesquer, Pornic, Bourgneuf.
Morbihan	Lorient, Hennebond, Auray, Vannes, Sarzeau, Penerf, la Roche-Bernard.
Finistère	Quimper, Quimperlé, Brest, Morlaix, Roscoff, Pontaven, Pont-l'Abbé, Audierne, Landernau.
Côtes-du-Nord	Dinan, Dahouet, le Legué, Pontrieux, Paimpol, Lannion, Tréguier, Port-à-la-Duc, Portrieux.
Ille-et-Vilaine	Rédon, Saint-Malo, Saint-Servan.
Manche	Cherbourg, Barfleur, la Hougue, Avranches, Saint-Léonard, Granville, Regneville, Port-Bail, Carteret, Saint-Germain-sur-Ai, Omonville, Carentan.
Calvados	Caen, Honfleur, Isigny.
Eure	Quillebœuf.
Seine-Inférieure	Rouen, Caudebec, le Havre, Fécamp, Dieppe, Saint-Valery-en-Caux.

BULLETIN DES DOUANES.		RENVOIS A FAIRE AU CODE OU AU TARIF.
DEPARTEMENS FRONTIÈRES.	PORTS ET BUREAUX DE DOUANES PAR OU L'EXPORTATION AURA LIEU.	
SOMME	Saint-Valery-sur-Somme.	
PAS-DE-CALAIS	Boulogne, Calais, Étaples.	
NORD	Maubeuge, Bavai, Malplaquet, Bettignies, Jeumont, Consolre, Solre-le-Château, Tréson, Blancmisserou, Condé, Maulde, Saint-Amand, Halluin, Commines, Werwick, Armentières, Pont-Rouge, Baisieux, Bailleul, Seenvoorde, Dunkerque, Gravelines, Zuitcoote, Bergues, Houdscoote, Oost-Cappel.	

L'ordonnance ci-dessus a été insérée au Bulletin des lois, n° 316, et adressée aux douanes par une circulaire portant :

1° « Que l'exportation aura exclusivement lieu par les ports et bureaux compris au ta- » bleau joint à l'ordonnance.

2° » Que le droit de 25 centimes par 100 kilogrammes doit être perçu à la sortie par » l'application de l'art. 14 de la loi du 28 avril 1816, ainsi qu'il est expliqué par la » circulaire n° 509.

3° » Que l'exportation devra cesser quand le prix des grains sera revenu, suivant les » localités, aux divers taux que rappelle la circulaire n° 521, qui est tout-à-fait com- » mune aux grains et farines. » (*Circulaire du* 10 *octobre* 181[illegible], *cotée Secrétariat général*, n° 526.)

Lorsque j'ai fait la note qui termine le n° 28 de ce Bulletin, je n'avois pas lu la circulaire ci-dessus qui porte que, *le droit de* 25 *centimes doit être perçu par application de l'art.* 14 *de la loi du* 28 *avril* 1816 ; cette application est sans doute régulière, mais ce n'est pas *ainsi qu'il est expliqué par la circulaire* n° 509 ; car celle-là énonce au contraire que le taux de 25 centimes doit se retirer de la loi du 16 juillet 1819, et que l'art. 14 du 28 avril 1816 *ne se rapporte qu'aux marchandises non dénommées au Tarif* ; or, ces deux circulaires étant discordantes de principes, ma note subsiste. (D.-S.)

32. *Rappel des dispositions en vigueur sur le Cabotage des subsistances de la marine et de la guerre.*

GRAINS. — Cabotage des subsistances militaires. CODE, du § C, 108, renvoyer à ce n° 32.

« L'arrêté du 19 ventose an 8, relatif au cabotage des grains, farines et légumes secs, » ne permet l'extraction d'un département pour l'autre par la voie de mer qu'au moyen » d'une autorisation spéciale des préfets et d'engagemens ou dépôts pour garantir le retour » de ces subsistances.

» Ces précautions ont ensuite paru surabondantes à l'égard des mutations qui s'opèrent » entre les magasins des services publics.

» Ainsi, l'arrêté du 30 floréal an 8, en a dispensé les transports de la marine, et a per- » mis qu'on délivrât des acquits-à-caution sur certificat de l'administrateur maritime, cons- » tatant que les grains, farines ou légumes, sont destinés au service de l'armée navale.

» Ainsi, les décisions rendues les 15 mai et 7 juillet 1812, par le ministre du commerce, » ont établi qu'on pouvoit s'abstenir d'exiger une autorisation préalable et un cautionne- » ment pour les transports effectués par les agens des vivres de la guerre. Ces décisions » veulent toutefois qu'on justifie régulièrement que les grains appartiennent au service » militaire, et que leur destination soit assurée par l'engagement de rapporter un certificat » délivré concurremment par la douane du lieu d'arrivée, par le garde-magasin chargé de » la réception, et par un sous-intendant militaire.

» Ces dispositions n'ont été modifiées par aucune autre, et doivent continuer à recevoir » leur effet.

» Cependant, une réclamation de M. le directeur général des subsistances militaires, » fait croire qu'on les perd de vue en certaines localités.

» Son Exc. le ministre de l'intérieur vient de les rappeler par des instructions aux pré- » fets de tous les départemens maritimes.

On souscrit, à Paris, rue Madame, n° 5, au prix de six francs pour 100 pages.

RENVOIS A FAIRE au Code ou au Tarif.	BULLETIN DES DOUANES.

« Les directeurs donneront sans délai des ordres pour qu'elles soient ponctuellement » exécutées en ce qui concerne les douanes. » (*Circulaire du 18 mai 1819, timbrée Colonies et entrepôts*, n° 494.)

Les parties en vigueur des différens réglemens que cette circulaire rappelle, se trouvent aux pages 244 et 245 du Code.

GRAINS et VINS récoltés sur les terrains limitrophes.

CODE, des nos C,42 et C,114, renvoyer à ce n° 33.

33. *Instructions administratives sur la sortie et l'admission des Récoltes provenantes de terres situées dans le demi-myriamètre des frontières.*

« L'ordonnance du 13 octobre 1814 permet (*Code*, C,124) aux étrangers qui ont des propriétés sur l'extrême frontière de France, d'exporter, en franchise de droits, ou malgré » la prohibition, les produits de leurs récoltes en grains et vins.

» La même faveur, quant aux importations, est accordée aux Français propriétaires à » l'étranger.

» Le délai pour jouir, de part et d'autre, du bénéfice de cette ordonnance, fut d'abord » limité au temps même où la récolte s'effectue, parce qu'on supposoit que les produits » de toute espèce seroient immédiatement conduits des champs, ou de la vigne, à leur » destination étrangère, sans séjourner dans les granges ni dans les celliers du pays d'ex- » traction. On reconnut ensuite que les choses ne se passoient point ainsi, et qu'il étoit » indispensable de donner plus de latitude aux propriétaires. Le délai fut, pour les grains, » étendu à deux mois.

» Les réclamations qui ont continué à parvenir, et la connoissance positive que M. le » directeur général a été à portée de prendre lui-même, sur les lieux, de tout ce qui se » rapporte à l'échange des produits ruraux, lui ont donné la certitude que cette prolonga- » tion étoit insuffisante, et l'ont engagé à revoir de nouveau le réglement en vigueur, afin » de le réduire à ce qui est strictement nécessaire pour le maintien des droits de l'admi- » nistration.

» M. le directeur général a dû considérer que souvent le transport des grains ne peut » s'effectuer, sans qu'il y ait embarras ou dommage pour le propriétaire, avant le mois de » mars, parce qu'immédiatement après la récolte, les bêtes de somme sont mises au labourage » et aux autres travaux pour lesquels il faut se hâter d'employer le reste de la belle saison; » que c'est en hiver seulement que l'on bat en grange; et que s'il est impossible d'exiger » qu'on transporte en deçà ou au delà de la frontière au fur et à mesure du battage, alors que » les chemins sont le plus mauvais, on doit proroger le délai pour jouir de l'ordonnance » de 1814 jusqu'au 1er avril de chaque année.

» Les directeurs donneront des ordres, pour qu'il en soit ainsi, en recommandant tou- » jours de subordonner la jouissance des dispositions dont il s'agit à la preuve, 1° qu'on » est propriétaire riverain et que dans le pays limitrophe les Français jouissent des mêmes » immunités que celles qu'on réclame en France. 2° Que la masse des récoltes qu'on fait » entrer ou sortir est dans un juste rapport avec l'étendue et l'espèce des cultures dont » elles sont déclarées provenir. M. le directeur général se réfère, d'ailleurs, à la circu- » laire du 29 septembre 1814 (*).

» Quant aux vins, ils continueront à n'être importés ou exportés en franchise qu'à l'é- » poque même des vendanges; c'est-à-dire, tant qu'ils seront encore en fermentation : ce » qui se reconnoît aux divers caractères indiqués par les observations préliminaires du » Tarif général. » (*Circulaire du 31 janvier 1820, émargée Secrétariat général*, n° 543.)

(*) La circulaire invoquée ci-dessus ne se trouve pas au Code, parce qu'elle étoit sans objet au moment de l'impression de cet ouvrage; mais, puisqu'on la remet en vigueur, il convient d'en transcrire ici les termes, qui disent :

« Les étrangers, propriétaires de terres sur nos frontières, jouissoient anciennement de » la liberté d'en extraire les fruits, d'après des conventions particulières ou des usages et » motifs de réciprocité.

» La prohibition des grains, que les circonstances forcèrent de rendre très-sévère, fit » cesser cette liberté. Les lois des 19 juillet, 17 août 1792, et 17 septembre 1793 l'inter- » dirent de la manière la plus absolue. Plusieurs arrêtés et ordres ministériels rejetèrent les » nombreuses réclamations qui s'élevèrent alors. La Suisse conserva seule, ou plutôt re-

BULLETIN DES DOUANES.	RENVOIS A FAIRE AU CODE OU AU TARIF.

» couvra la faculté d'extraction, en vertu de l'art. 10 de son traité d'alliance avec la France » du 4 vendemiaire an 11.

» L'état des choses est changé ; l'abondance des grains a déterminé à en permettre l'exportation. Nous sommes ainsi dans l'heureuse position de ne pas regretter ceux qu'une » certaine facilité laisseroit écouler. D'ailleurs, les considérations de bon voisinage doivent » nous porter à observer les convenances et à ménager les intérêts réciproques des pro» priétés frontières.

» Le ministre des finances, *à qui* ces observations ont été soumises, les a accueillies par » une décision du 21 septembre 1814. Elle permet aux étrangers qui possèdent des terres » en France, dans la lieue limitrophe, d'en faire sortir les fruits, à l'exception des bois, et » aux Français, propriétaires à l'étranger, de faire venir leurs produits, le tout en exemp» tion de droits, pourvu que l'un et l'autre mouvement s'opèrent au moment de la récolte. » Une formalité préalable et nécessaire est prescrite pour prévenir l'abus. Les propriétaires » sont tenus de déclarer l'étendue et la valeur des terres qui leur appartiennent, ainsi que » le genre de culture auquel elles sont employées. Il sera formé un état de ces déclara» tions foncières qui sera conservé dans les bureaux voisins. Chaque année, des déclarations » particulières seront faites dans la saison de la récolte pour indiquer, au moins approxi» mativement, les quantités de denrées qu'on voudra faire sortir ou entrer.

» Ce mode, qui étoit précédemment suivi, doit être connu. Les directeurs le rétabliront » dans les instructions qu'ils donneront, et ils s'assureront que les Français jouissent sur la » frontière étrangère, des faveurs accordées aux étrangers sur la nôtre.

» Les directeurs donneront des ordres conformes à ces dispositions, et adresseront à » M. le directeur général les états des déclarations territoriales qui seront faites dans les » bureaux de leur direction, soit par les étrangers pour les terres qu'ils possèdent dans » notre lieue limitrophe, soit par les Français pour celles qui leur appartiennent dans la » même étendue du territoire étranger. » (*Circulaire du* 29 *septembre* 1814, *timbrée Secrétariat général.*)

34. *Désignation des seuls bureaux de douanes qui ont à concourir à la décharge des acquits-à-caution délivrés pour la sortie des Boissons.*

Renvoi : BOISSONS. — Bureaux de sortie.

Code, du n° C,126, renvoyer à ce n° 34.

« La circulaire du 20 septembre 1816 (*Code sous le* n° 125), présente le détail des dis» positions qui ont été concertées avec la régie des contributions indirectes, pour constater » régulièrement le passage à l'étranger des boissons qui, par ce fait, sont affranchies des » taxes de consommation.

» Cette circulaire ne déterminoit pas de lieux par lesquels les exportations dussent exclu» sivement se faire, et s'appliquoit ainsi à toutes les localités.

» Mais une ordonnance royale du 20 mai 1818 (*Code*, n° 126), ayant, dans l'intérêt du » service, restreint et nommément désigné les divers points de la frontière où doivent aboutir » les expéditions de l'espèce, M. le directeur général des contributions indirectes a fait con» noître à M. le directeur général des douanes qu'il a placé, sur tous ces points de sortie, » des employés qui opéreront la décharge des acquits-à-caution ; et que dès lors il n'y a » plus nécessité pour les douanes de suivre la circulaire du 20 septembre 1816.

» Il a remis, toutefois, le tableau ci-joint, des lieux de sortie sur lesquels il n'a placé » qu'un receveur, ou un commis à pied, et où il désire le concours d'un autre employé des » douanes seulement pour cette opération.

» L'exécution de la nouvelle mesure est d'autant plus facile que, sur tous les passages » désignés dans ce tableau, il se trouve un bureau de douanes. Ce sera au receveur à si» gner, avec l'employé des droits réunis, le certificat de décharge des acquits à-caution » de la régie, relatif aux boissons. Il ne devra accorder sa signature sur ces pièces, qu'au» tant que les boissons seront réellement présentées au bureau des douanes, et qu'on aura » rempli toutes les formalités prescrites à la sortie.

» La surveillance que la circulaire du 20 septembre 1816 avoit recommandée se trouve » ainsi réduite à ces dispositions pour les lieux compris dans le tableau, et sur les autres » parties de la frontière, les préposés des douanes n'auront plus à s'en occuper. » (*Circulaire du* 5 *septembre* 1818, n° 426, *émargée Colonies et Entrepôts.*)

Suit le Tableau.

RENVOIS A FAIRE au Code ou au Tarif.	BULLETIN DES DOUANES.

LIEUX DE SORTIE DES BOISSONS.

DIRECTIONS.	BUREAUX.	DIRECTIONS.	BUREAUX.
Dunkerque	Zuydcolte (1). Oostcapel. Halluin. Baisieux.	Besançon	Villiers-sous-Blanchour. Verrières de Joux. Le Bois d'Amont. Les Rousses. Villiers, canton de Morteau
Charleville	Gué d'Hossus.	Bellay	Seyssel. Cordon. Pont-de-Beauvoisin.
Thionville	Velosne. Tellancourt. Mont Saint-Martin. Roussy. Sierck. Tromborn. Forbach.	Grenoble	Pont-Charras. Chapareillan. Mont Genèvre.
Strasbourg	Lembach. Rheinau. Marckolsheim. Artzenheim. Ile de Paille. Saint-Louis. Delle.	Digne	Saint-Laurent-du-Var.
		Perpignan	Saint-Laurent-de-Cerda. Pratz de Mollo. Bourg-Madame.
		Bayonne	Arneguy.

(1) Ce bureau a été, par décision du ministre des finances, en date du 8 août 1818, substitué à ceux de Bronckstraete et de Hondschoote, indiqués dans l'ordonnance.

OUVRAGES D'OR et d'argent.

Code, de la note du n° C,171, renvoyer à ce n° 35.

35. *Instructions sur le mode de procéder en matière d'infractions aux droits de garantie des Ouvrages d'or et d'argent.*

« Ayant été consulté sur la manière de procéder, en cas de contravention pour fraude au » droit de garantie des matières d'or et d'argent, M. le directeur général a cru devoir » prendre l'avis de M. le directeur général des contributions indirectes, dans les attribu- » tions duquel l'article 80 de la loi du 5 ventose an 12 (*Code*, C,169) a placé la percep- » tion de ces droits; et il a reçu, sous la date du 18 mars 1819, les explications suivantes:

» Aux termes de l'article 1er du décret du 28 floréal an 13 (*Code, sous le* n° C,171), les » préposés des contributions indirectes peuvent constater eux-mêmes, ou concurremment » avec les employés des bureaux de garantie, les délits et contraventions à la loi du 19 bru- » maire an 6, et poursuivre les condamnations des peines encourues, en remplissant les » formalités prescrites par cette loi. Néanmoins, son excellence le ministre des finances, » ayant décidé le 20 février 1807, que les employés de la régie doivent se borner, *en ma-* » *tière de garantie*, à constater les contraventions dans la forme prescrite par les arti- » cles 101, 102 et 103 de la loi du 19 brumaire an 6, et laisser au ministère public le soin » d'instruire la procédure, les employés des monnaies et des contributions indirectes, se » sont conformés jusqu'à ce jour à cette décision. Il en résulte que les préposés des douanes » doivent, dans les dix jours de la date de leur procès verbal, faire la remise de cet acte » au procureur du Roi, et déposer au greffe les objets saisis. Mais ils doivent toujours » donner avis de cette double opération au directeur des contributions indirectes, celui-ci » étant chargé d'acquitter les frais de poursuites et de percevoir le montant des condam- » nations. » (*Circulaire du 23 mars 1818, émargée Contentieux*, n° 376.)

Cette circulaire est à la fois une renonciation implicite à la marche illégale que trace le Tarif administratif, dans le dernier paragraphe de sa page 16, et une reconnoissance tacite de la justesse de la note qui se trouve au bas de la page 268 du Code des douanes. (D.-S.)

36. *Conventions entre MM. les directeurs généraux des douanes et des postes pour la recherche des objets de fraude, renfermés dans des Lettres ou Dépêches.*

LETTRES et DÉPÊCHES soupçonnées contenir de la fraude.

CODE, disposition à annoter à ses nos B, 66 et C, 181, par un renvoi à ce no 36.

§ 1er. *Lettres adressées à des particuliers.* . . . « Les dispositions des réglemens veulent » qu'en cas de suspicion sur le contenu des dépêches, l'ouverture n'en soit faite que dans » un bureau des postes et en présence des agens de cette administration : c'est d'ailleurs, » avec ces agens que l'on devra se concerter pour que les *objets* que l'on jugeroit au tact » pouvoir être renfermés dans des paquets chargés, adressés à des particuliers, puissent être » arrêtés sans que l'exécution des réglemens de douanes, qui ont pour objet la répression » de *la fraude*, puisse porter atteinte au principe général qui garantit aux particuliers le » secret de leur correspondance personnelle.

» M. le directeur général des postes a, d'ailleurs, renouvelé l'ordre de favoriser toutes » les recherches que les préposés des douanes jugeroient utiles, à la charge par eux de se » conformer aux réglemens.

» Pour concilier dans les saisies les réglemens des postes avec ceux des douanes, MM. les » *directeurs généraux de ces deux administrations sont convenus de ce qui suit :*

1° » Les particuliers auxquels les paquets seroient adressés, seront prévenus par le di- » recteur des postes, qu'ils aient à se présenter eux-mêmes ou par un fondé de pou- » voir, à l'effet de traiter des objets saisis avec qui de droit, et de satisfaire aux » obligations nées de la contravention.

2° » Dans le cas où ces particuliers ne mettroient pas la célérité nécessaire à faire ce qui » leur est indiqué, les paquets arrêtés et laissés provisoirement en dépôt au directeur » de la poste aux lettres, devront être renvoyés à Paris, et remis à la personne dé- » signée par M. le directeur général des douanes pour en donner décharge à l'admi- » nistration des postes. » (*Extrait de la circulaire manuscrite du* 28 *avril* 1818.)

» D'après de nouvelles explications, les dispositions ci-dessus ont été modifiées de la » manière suivante :

1° » Le délai après lequel les paquets doivent être renvoyés, faute de réclamation, sera » d'un mois et courra du jour de la retenue.

2° » Les paquets seront mis sous bandes par les préposés des douanes, qui écriront eux- » mêmes l'adresse du receveur de la douane de Paris, dépositaire légal, à ce titre, » de tous objets saisis d'après les lois de douanes, et adressés à Paris. » (*Circulaire manuscrite du* 6 *mai* 1818.)

§ 2. *Dépêches de cabinets.* « Les dépêches venant de l'étranger, qui sont présentées » à la frontière du royaume par les courriers du cabinet, et cachetées aux armes de leur » gouvernement, sont admises sans difficulté par les préposés des deux services, et leur » transport à travers les lignes de douanes n'éprouve aucun retard.

» Mais quelquefois ces courriers transportent des paquets, dont le volume ou le poids » peuvent faire supposer qu'ils renferment des marchandises.

» Des instructions ont été demandées sur la marche à suivre en pareil cas.

» L'immunité n'est due qu'aux dépêches : si un courrier, ayant ses papiers personnels » réguliers, porte, outre ses dépêches, des paquets assez volumineux pour que l'on doive » les soupçonner de contenir des marchandises, mais cachetées aux armes de son souve- » rain, il faut respecter ce cachet, y ajouter seulement celui des douanes royales, ex- » pédier les paquets ainsi cachetés par acquit-à-caution portant obligation de les présenter, » à leur arrivée à Paris, à M. le directeur général, et lui en donner avis sur-le-champ.

» Les directeurs transmettront ces dispositions aux receveurs de la ligne où elles peuvent » avoir une application. » (*Circulaire manuscrite du* 12 *octobre* 1818.)

On souscrit à Paris, rue Madame, no 5, au prix de six francs pour 100 pages.

RENVOIS A FAIRE AU CODE OU AU TARIF.	BULLETIN DES DOUANES.

SELS dont le droit n'a pas été acquitté.

CODE, disposition à ajouter en dernière note du n° C,234.

57. Réglement administratif sur la décharge et la remise des acquits-à-caution délivrés pour le cabotage de sels, dont le droit de consommation n'a pas été acquitté.

« La retenue des acquits-à-caution a pour objet de ménager à l'administration, dans le cas où ils seroient reconnus faux ou falsifiés, un recours assuré contre les personnes qui en auroient fait usage en introduisant dans nos ports, sous l'immunité qu'ils assurent, des marchandises prohibées ou sujettes à de forts droits d'entrée, et prises à l'étranger en tout ou en partie.

» Lorsqu'il s'agit de sel qui n'a pas encore supporté l'impôt, on ne peut pas présumer que la fraude cherche à se procurer de fausses expéditions pour les faire servir à introduire, dans les ports du royaume, du sel *marin* provenant de l'étranger, parce que d'abord ce sel n'en devroit pas moins payer les droits à son arrivée immédiate, ou être placé en entrepôt comme s'il venoit effectivement d'un port de France; et qu'en admettant d'ailleurs (contre le témoignage de l'expérience) que ce même sel, s'il étoit réellement d'origine étrangère, coûtât moins cher que le sel français, et fût d'une qualité supérieure pour les besoins usuels et de consommation ordinaire, la différence sous l'un comme sous l'autre rapport, ne pourroit compenser les risques dont le crime de faux environneroit l'opération.

» Il en seroit de même, s'il s'agissoit de sel pris dans les dépôts qui peuvent se former à l'étranger par les extractions faites en franchise sur nos marais, en supposant (ce qui n'est point du tout vraisemblable) que quelques spéculateurs trouvassent de l'avantage à se procurer la denrée par cette voie.

» Il est vrai qu'un autre moyen de fraude seroit susceptible de donner quelque inquiétude.

» Il pourroit consister à faire entrer dans nos ports, sous la dénomination de *sel commun*, passible du droit de *trente* francs par quintal à la consommation, du sel *gemme* imposé à un droit de *quarante* francs aussi par quintal à l'importation par navires français.

» Mais on s'apercevra que cette fraude pourroit se commettre sans recourir à de faux acquits-à-caution; que l'expédient le plus sûr seroit d'enlever en effet de nos salines du sel que l'on porteroit à l'étranger, où on lui substitueroit une égale quantité de sel *gemme*, que l'on introduiroit ensuite en France avec l'acquit-à-caution qui auroit été régulièrement délivré au lieu de première extraction.

» Si, d'un autre côté, il y avoit véritablement un intérêt quelconque à se procurer du sel *commun* à l'étranger, ce seroit sans doute aussi ce moyen que l'on emploîroit pour en assurer l'arrivée dans nos ports.

» Ainsi l'expérience a prouvé maintenant, ce qui pouvoit paroître incertain à l'époque où la retenue des acquits-à-caution fut prescrite par la circulaire du 27 juin 1806, que ce n'est pas cette retenue qui peut servir à découvrir la fraude dont les expéditions de sel *non acquitté* peuvent devenir l'occasion, et qu'elle est absolument sans objet, lorsque la vérification ne donne aucun motif de soupçonner que le sel représenté est ou du sel *gemme* ou du sel *marin* d'origine étrangère.

» Or le sel *gemme* se trouve, dans le commerce, en cristaux très-gros ou pulvérisé. C'est seulement dans ce dernier état qu'il pourroit être confondu avec du sel de France qui auroit aussi été écrasé. Encore celui-ci, pour que l'erreur pût être commise, devroit-il avoir été raffiné; car le sel *gemme* est communément fort blanc.

» Quant aux sels *marins* étrangers, ils ne pourroient guère provenir que de l'Espagne ou du Portugal; mais les sels de ces contrées ne ressemblent en aucune manière à nos sels de l'ouest, qui, pour la plupart, sont d'une couleur grise; ils se rapprochent de ceux du midi, sans cependant leur ressembler tellement qu'on ne puisse encore facilement en faire la distinction, ces sels étrangers étant généralement plus compactes que les nôtres et en grains plus gros.

» Ces indications pourront mettre les employés des bureaux d'arrivée en état de prévenir l'effet des substitutions dont il s'agit; mais pour leur donner plus sûrement encore les moyens de reconnoître cette fraude, si elle venoit à être tentée, les receveurs des

» bureaux de départ devront indiquer, aussi exactement que possible, sur les acquits-à-caution qu'ils délivreront, la couleur du sel expédié.

» Lorsque cette indication sera reconnue vraie, et que l'on n'aura ainsi aucune raison de penser que le sel représenté est du sel *gemme*, ou du sel *marin* d'origine étrangère, on devra décharger immédiatement les acquits-à-caution pour les *quantités trouvées*, et les remettre aux consignataires, afin qu'ils puissent les renvoyer de suite aussi dans les bureaux d'où ils seront émanés.

» Toutefois quand des avaries auront été légalement constatées, et que les pièces destinées à les établir devront être envoyées à l'administration, on attendra, pour opérer la décharge et effectuer la remise des acquits, qu'une décision soit intervenue sur les déficit.

» Si la quantité de sel énoncée dans l'acquit-à-caution se trouvoit n'être pas la même que celle reconnue au port de débarquement, on procéderoit comme de coutume au déchargement; mais ce même acquit seroit retenu et le sel placé en entrepôt, jusqu'à ce que, d'après les renseignemens qui seroient pris au lieu de l'expédition, il fût possible de juger si réellement le sel a été chargé à l'étranger, et de lui appliquer alors les dispositions de la loi.

» La retenue ainsi modifiée, loin de nuire aux garanties que l'administration vouloit se procurer contre toute introduction de sel étranger, leur donnera plus de force, puisque précédemment l'on croyoit, en conservant tous les acquits-à-caution relatifs aux sels *non acquittés*, pouvoir se dispenser d'une vérification spéciale, quant à la qualité de la marchandise; tandis que cette vérification, qui aura lieu désormais, est en effet le moyen le plus sûr de reconnoître comme de prévenir les substitutions.

» Cette modification étoit d'ailleurs vivement sollicitée par les soumissionnaires des sels dans les bureaux d'extraction; ils adressoient de très-fréquentes réclamations contre les retards que leur faisoit éprouver, dans le rapport des acquits, la négligence des receveurs à remettre ces expéditions, ou celle des consignataires à les réclamer.

» Les états de départ et d'arrivée, qui continueront d'être très-exactement adressés à la division des sels, par quinzaine, serviront toujours à vérifier le mouvement des sels; mais aucune soumission ne sera annulée avant que l'autorisation en ait été donnée par M. le premier inspecteur général divisionnaire.

» Autrement il y auroit à craindre que des falsifications dans les certificats de décharge ne donnassent matière à de très-graves abus.

» Ainsi, à l'avenir, l'administration ne donnera plus aux directeurs, comme ci-devant (hors le cas cependant où des sels se trouveront en prévention à raison de leur qualité et de leur origine) des autorisations de remise pour les acquits-à-caution; elle leur enverra des relevés d'après lesquels ils donneront des ordres aux receveurs pour l'annulation des soumissions concernant les acquits dont ces relevés feront mention pour les quantités *trouvées à la vérification*, et dont il aura été reconnu, par l'examen des états ci-dessus que la destination aura été régulièrement consommée.

» Cette mesure ne change rien aux instructions contenues dans les circulaires n°s 196, 274, 283 et 360 relatives aux SELS ACQUITTÉS (*les voir au Code, sous le* n° C,234), lesquelles continueront d'être rigoureusement observées. » (*Circulaire du 7 novembre* 1818, *timbrée Sels*, n° 440.)

38. Instruction administrative sur le mode d'indiquer si les quantités de sel arrivées par cabotage sont différentes de celles enlevées dans les ports d'embarquement.

SELS arrivés par cabotage.

CODE, de la page 298, renvoyer à ce n° 38.

« M. le directeur général a remarqué que depuis quelque temps on constate fréquemment, dans les ports d'arrivée, des excédans sur les chargemens de sel, principalement sur ceux qui proviennent des marais salans de l'ouest.

» Si ces résultats prouvent de l'exactitude dans les vérifications qui se font aux lieux de destination, ils semblent accuser de négligence les employés qui ont vérifié les sels à l'embarquement. Il est d'ailleurs informé que quelques expéditeurs sur les marais salans ont mis tout en œuvre auprès des préposés pour qu'il leur fût accordé, sur les sels qu'ils enlevoient, des excédans qui pussent au moins couvrir le déchet naturel que ces sels de-

RENVOIS A FAIRE au Code ou au Tarif.	BULLETIN DES DOUANES.

» voient éprouver par l'effet du transport, et procurer ainsi dans les ports de débarquement » la totalité des cinq pour cent sur le poids brut établi par les acquits-à-caution.

» Quelle que fût la cause d'un abus aussi préjudiciable aux intérêts du trésor, il a dû chercher à y mettre fin, et, à cet effet, il a ordonné des vérifications spéciales dans quelques-uns des bureaux d'où provenoient les excédans de sel reconnus ; mais pour obtenir de ces recherches les notions désirées, il auroit fallu que l'état, n° 46, des sels arrivés directement des marais salans eût indiqué, pour chaque acquit-à-caution, le nombre de demi-hectolitres trouvés au débarquement.

» On sait que ce tableau n° 46 est envoyé, chaque quinzaine, à la division des sels, et transmis aussitôt aux directeurs, dans les arrondissemens desquels les sels qui s'y trouvent portés ont été expédiés, afin de les mettre à même de rechercher les causes des différences constatées dans les douanes d'arrivée.

» M. le directeur général adopte d'autant plus volontiers la proposition qui vient de lui être faite par plusieurs d'entre eux, de leur donner à l'avenir sur cet état l'indication du nombre des mesures constatées au déchargement des navires chargés de sel, que rapprochée du poids total, elle paroît en effet très-propre à faire connoître les causes de tout excédant de quelque importance, et qu'en obtenant ainsi les moyens de rendre justice aux employés qui n'auront encouru aucun reproche, on pourra aussi plus facilement découvrir ceux qui se seroient rendus coupables de négligence ou de collusion avec les expéditeurs des sels.

» Les directeurs donneront donc des ordres pour que l'état n° 46 offre très-exactement cette indication pour chaque expédition, dans la colonne d'observations.

» On devra la porter de même dans les certificats de débarquement qui se délivrent sur les acquits-à-caution. L'exécution de cet ordre ne peut présenter aucune difficulté, puisque, d'après les instructions contenues dans la circulaire du 19 août 1816 (*au Code, page* 298), elle fait partie de celles que les préposés chargés de vérifier les sels au débarquement sont obligés de consigner sur leurs carnets.

» Les directeurs tiendront particulièrement la main à ce qu'aux termes de cette même circulaire du 19 août, il soit toujours pesé *cinq* demi-hectolitres sur cent, dans les ports d'arrivée comme dans ceux de départ. » (*Circulaire du* 24 *novembre* 1818, *timbrée Sels*, n° 444.)

Les excédans dont se plaint M. le directeur général, peuvent provenir de ce qu'au port *de débarquement* on suit peut-être la recommandation de sa circulaire du 19 août 1816 (*au Code, page* 298), c'est-à-dire, que « pour évaluer le poids *commun* des sels d'un chargement, on met sur la balance les mesures que l'on remarque avoir été plombées le plus... » dans ce cas, les excédans ne seroient que fictifs, et il n'y auroit pas lieu de soupçonner de négligence les employés du port de départ. (D.-S.)

Nota. Je devrois, pour suivre la mise au courant du Code dans l'ordre de ses numéros, insérer ici une circulaire du 12 juillet 1819, relative au régime que prescrit l'administration sur les *excédans de Sel au-dessous du vingtième.* Mais cette circulaire déniant des arrêts de cassation qui ont détruit le système qu'elle veut renouveler, et taxant d'erronée la conséquence que j'ai tirée de ces arrêts, exige ainsi l'examen approfondi des indications que j'ai présentées, examen qui ne peut être court, et que, pour ce motif, je crois devoir ne faire qu'après avoir rapporté les réglemens plus arriérés qui ont été donnés sur les Sels : ainsi, la circulaire du 12 juillet 1819 et la réplique que l'attaque de mon ouvrage me force à faire, ne trouveront place que sous le n° 47 de ce Bulletin. (D.-S.)

SELS avariés dans leur transport par mer.

Code, du n° C,238, renvoyer à ce n° 39.

39. Instruction administrative sur le mode, 1° de vérifier les déclarations d'avaries de sels transportés par mer; 2° de signifier, en cas de déficit frustratoire, la demande des droits dont sont passibles les soumissionnaires de l'acquit-à-caution.

« Il arrive assez souvent que l'administration est amenée à admettre des avaries sur les » sels, quoique, d'après les renseignemens particuliers qui lui sont adressés, elle fût autorisée à les considérer comme simulées et ayant eu pour but de couvrir quelque pratique » frauduleuse : si elle en agit ainsi, c'est parce que le plus ordinairement les pièces qui lui » sont envoyées ne contredisent pas d'une manière claire et précise l'existence des avaries » auxquelles les déficit de sels sont attribués.

800

BULLETIN DES DOUANES.

RENVOIS A FAIRE AU CODE OU AU TARIF.

» Il importe de prendre des mesures pour prévenir le tort considérable que cause au » trésor un pareil état de choses.

» Une circulaire du 25 juin 1806 (*au Code, sous le* n° C, 238), réserve à M. le directeur géné- » ral la connoissance de toutes les réclamations fondées sur l'art. 13 du décret du 11 du même » mois (*Code*, C, 238), concernant les avaries que les sels transportés par mer ont éprouvées, » de telle sorte qu'aucune réfaction de droits ne puisse être autorisée que par une décision » administrative; cependant les déficit sur les chargemens de sel sont ou non reconnus par » les employés même qui ont procédé à la vérification, et par les chefs qui l'ont surveillée, » comme étant le résultat des avaries déclarées par les capitaines.

» Dans le premier cas, la marche suivie jusqu'à présent n'est susceptible d'aucun incon- » vénient et doit continuer d'être observée. On aura soin seulement que les procès verbaux » de vérification soient toujours rédigés de manière à ce que l'administration ne puisse con- » cevoir le moindre doute sur la réalité des avaries. La décharge et la remise des acquits- » à-caution seront différées jusqu'à ce que la réfaction des droits sur les déficit ait été léga- » lement autorisée, ainsi que l'a prescrit la circulaire du 7 novembre 1818 (*sous le* n° 37 » *du Bulletin*).

» Dans le second cas, les tribunaux étant appelés à prononcer si les consignataires et les » expéditeurs de sels refusent de payer les droits sur les déficit, il est indispensable que les » procès verbaux de vérification relatent avec la plus rigoureuse exactitude, à l'égard de » la situation tant de la cargaison que du bâtiment, les faits et les circonstances qui, avant, » pendant et après l'opération, n'ont pas permis de croire à l'existence des avaries annon- » cées. Les aveux et renseignemens que les chefs et employés auroient pu obtenir sur les » véritables causes des déficit de la part des gens de l'équipage, en les interrogeant sépa- » rément, peuvent aussi être utilement consignés dans ces procès verbaux, qui prépareront » ainsi les preuves que le troisième paragraphe de l'art. 247 du Code de commerce réserve » aux parties le droit d'administrer contre les déclarations des capitaines.

» Ces mêmes procès verbaux, certifiés par les chefs qui auront suivi les vérifications, » seront immédiatement signifiés en copie tant aux capitaines qu'aux consignataires, avec » déclaration que des poursuites seront dirigées dans les bureaux de départ contre les ex- » péditeurs pour le paiement des droits sur les déficit, à moins que ces mêmes droits ne » soient de suite acquittés dans les douanes d'arrivée.

» On mettra par-là les capitaines et les consignataires en état, s'ils persistent à faire ad- » mettre ces déficit, de se procurer de la manière dont ils l'entendront tel autre document » qu'ils jugeront propre à leur ménager des moyens de défense devant les tribunaux.

» S'ils s'abstenoient de prendre ces précautions, ce seroit déjà une prévention favorable » pour l'administration qui, avec le corps de preuves qu'elle auroit à mettre sous les yeux » des juges, ne pourroit manquer d'obtenir gain de cause.

» Les acquits-à-caution devront alors être déchargés pour les quantités de sel trouvées » à la vérification, et la remise en sera faite sans le moindre retard aux consignataires » avec la copie du procès verbal de vérification qui relatera cette remise.

» Des copies certifiées de ces acquits, revêtus des certificats de vérification et de décharge, » seront aussi adressées à M. le directeur général sans délai avec toutes les pièces relatives » aux avaries dont les chefs et employés auront été dans le cas de refuser ainsi provisoire- » ment l'admission, afin qu'après avoir pris l'avis du conseil d'administration, M. le direc- » teur général puisse, s'il y a lieu, confirmer ce refus, et donner des ordres pour poursuivre » le recouvrement des droits sur les déficit dans les douanes de départ.

» Il est bien entendu que, si ces droits étoient payés dans les bureaux d'arrivée, les acquits- » à-caution en feroient mention et ne donneroient matière à aucune poursuite dans les lieux » d'expédition.

» Les déclarations des capitaines, pour être valables et autoriser l'administration à ad- » mettre les déficit attribués à des avaries, doivent être faites dans les vingt-quatre heures » de l'arrivée du bâtiment au port de débarquement, et affirmées par les gens de l'équi- » page.

» Ainsi, toute avarie, quelque réelle qu'elle pût paroître, si elle n'avoit été déclarée dans » les formes voulues, ne pourroit être admise, et l'on opéreroit dans ce cas, comme pour

On souscrit, à Paris, rue Madame, n° 5, au prix de six francs pour 100 pages.

RENVOIS A FAIRE AU CODE OU AU TARIF.	BULLETIN DES DOUANES.

» avaries contestées, c'est-à-dire, qu'on se borneroit à constater le déficit sur l'acquit-à-» caution, ce qui ne dispenseroit pas, dans le cas où les droits n'auroient point été immé-» diatement acquittés par les consignataires sur ce même déficit, de signifier à ces derniers, » ainsi qu'aux capitaines, par un acte extrajudiciaire séparé, qu'on est dans l'intention de » diriger des poursuites contre les soumissionnaires.

» Les expéditeurs sur les marais salans avoient demandé que les déficit qui pourroient » être constatés sur les sels, dans les ports d'arrivée, y fussent assujettis aux droits, et » d'être ainsi déchargés de leur responsabilité. L'administration n'avoit aucun moyen de » faire droit à cette demande. Les acquits-à-caution, d'après la législation sur cette ma-» tière (*au Code*, nos D,173 et D,180) n'engagent en effet que ceux à qui ils sont délivrés, » solidairement avec leurs cautions, et il seroit impossible de changer ce principe; mais » les nouvelles dispositions n'auront pas seulement l'avantage de mieux assurer les intérêts » du trésor : elles auront aussi pour effet de procurer à toutes les parties intéressées les » moyens d'exercer plus promptement et dès lors avec plus d'utilité telles actions qu'elles » jugeront convenables.

» M. le directeur général appelle toute l'attention des directeurs et celle des chefs de » service qui ont à ordonner ou à surveiller les vérifications de sel sur ces dispositions, » afin qu'elles soient exécutées avec le plus grand soin. Celles des circulaires du 25 juin » 1806 et du 17 janvier 1817 (*au Code, sous le* n° C,238), continueront aussi d'être très-» exactement observées pour ce qui concerne les avaries, en tout ce que la présente n'a » ni supprimé ni modifié. » (*Circulaire du* 14 *août* 1819, *émargée Sels*, n° 512.)

SELS. Commerce de la *Troque*.

CODE, des nos C,237 et C,240, renvoyer à ce no 40.

40. On ne reconnoîtra désormais, pour commerce de la Troque, que celui qui aura effectivement pour objet d'échanger du sel contre des grains, qui seront rapportés et représentés en nature dans les communes dont les habitans se livrent à ce genre de trafic. (*Ordonnance royale du* 30 *avril* 1817, *art.* 1.)

Il sera formé au commencement de chaque année, par les maires des communes qu'habitent les sauniers et paludiers des cantons où le commerce de la Troque est en usage, un état exact de ceux qui auront déclaré vouloir faire ce commerce, et du nombre d'individus composant leurs familles. Cet état sera visé par le sous-préfet et adressé par celui-ci au directeur des douanes, qui veillera à ce qu'aucun paludier, autre que ceux qui y figurent, ne soit admis à faire des expéditions pour la Troque. (*Ordonnance royale du* 30 *avril* 1817, *art.* 2.)

Chaque chef de famille compris en l'état ci-dessus recevra aussi chaque année, de la part de la douane, et moyennant le seul remboursement des frais qui seront fixés par le directeur, un livret sur lequel seront indiquées les quantités de sel qu'il lui sera permis de lever pendant la durée de la Troque, avec application de l'immunité ci-après indiquée.

Sont considérés comme chef de famille pour la formation dudit état,

1° Les veuves des sauniers et paludiers ayant des enfans à leur charge.

2° Les aînés des familles chargés du soin d'élever leurs frères et sœurs. (*Ordonnance royale du* 30 *avril* 1817, *art.* 3.)

Il sera accordé en franchise de tout droit pour le commerce de la Troque, à chaque saunier et paludier autant de fois cent kilogrammes de sel, que sa famille se compose d'individus de tout âge et de tout sexe. (*Ordonnance royale du* 30 *avril* 1817, *art.* 4.)

La Troque n'aura lieu, ainsi qu'elle se pratiquoit anciennement, que du 1er novembre au 1er février exclusivement de l'année suivante. (*Ordonnance royale du* 30 *avril* 1817, *art.* 5.)

Tout saunier et paludier qui n'auroit point, pendant ce temps, expédié

BULLETIN DES DOUANES.	RENVOIS À FAIRE AU CODE OU AU TARIF.

la totalité des quantités qu'il lui étoit permis d'extraire, ne pourra être admis à expédier la différence dans le cours de la saison suivante. (*Ordonnance royale du* 30 *avril* 1817, *art.* 6.)

Un conseil de paroisse déterminera avant l'ouverture de la Troque, d'après les prix établis dans les contrées le plus habituellement fréquentées par les sauniers et paludiers, les quantités de chaque espèce de grains qui devront être rapportées en échange de cent kilogrammes de sel. (*Ordonnance royale du* 30 *avril* 1817, *art.* 7.)

La délibération qu'il aura prise à cet égard sera soumise au sous-préfet, et adressée par ce dernier au directeur des douanes, qui en fera suivre l'exécution. (*Ordonnance royale du* 30 *avril* 1817, *art.* 8.)

L'évaluation des grains à rapporter sera faite sur le prix courant du sel, augmenté du montant de l'impôt. (*Ordonnance royale du* 30 *avril* 1817, *art.* 9.)

Le conseil de paroisse sera composé du maire et de ses adjoints, du curé et du receveur des douanes. (*Ordonnance royale du* 30 *avril* 1817, *art.* 10.)

Seront aussi inscrites sur le livret dont il est parlé en l'article 3,

1° Les quantités de sel faisant l'objet de chaque transport, avec le numéro de l'expédition qui aura été délivrée pour l'accompagner.

2° Sur le feuillet en regard de celui réservé pour cet enregistrement, les quantités et les espèces de grains rapportées. (*Ordonnance royale du* 30 *avril* 1817, *art.* 11.)

Le receveur des douanes tiendra en outre un registre en forme de compte ouvert, sur lequel seront exactement portées toutes les indications du livret. (*Ordonnance royale du* 30 *avril* 1817, *art.* 12.)

Les sauniers et paludiers ne pourront effectuer leurs expéditions par des bureaux différens.

Ils devront consommer celles qu'ils seront autorisés à faire, par le bureau où leur livret aura été délivré; ils ne pourront non plus, sous quelque prétexte que ce soit, effectuer leur retour, ni faire admettre en compte, les grains rapportés dans un autre bureau. (*Ordonnance royale du* 30 *avril* 1817, *art.* 13.)

Chaque transport de sel destiné pour la Troque sera accompagné d'un acquit-à-caution portant l'obligation de représenter au retour une quantité de grains proportionnée, sous peine de payer le double droit sur les quantités de sel dont le grain rapporté ne justifieroit pas l'emploi au trafic de la Troque. (*Ordonnance royale du* 30 *avril* 1817, *art.* 14.)

Tout saunier ou paludier poursuivi pour le paiement du double droit ne pourra être admis à faire une nouvelle expédition avant de s'être libéré ou d'avoir obtenu, sur la demande motivée du conseil de paroisse, la remise de tout ou partie de ce double droit. (*Ordonnance royale du* 30 *avril* 1817, *art.* 15.)

La Troque est interdite dans toute l'étendue du rayon des douanes; les acquits-à-caution indiqueront la route à suivre et le délai accordé pour sortir de ce rayon. (*Ordonnance royale du* 30 *avril* 1817, *art.* 16.)

Est pareillement interdit ce genre de trafic, dans les villes et bourgs

RENVOIS A FAIRE AU CODE OU AU TARIF.	BULLETIN DES DOUANES.

de l'intérieur où il existe des marchés ou des magasins de sel. (*Ordonnance royale du* 30 *avril* 1817, *art.* 17.)

Tout transport de sel fait par les sauniers et paludiers du marais au bureau de la douane, sans qu'il ait pu être préalablement délivré un permis, devra suivre, pour se rendre audit bureau, la route la plus directe, sous peine de confiscation et d'amende, conformément à la loi; il en sera de même à l'égard du sel qui, ayant été transporté de cette manière, auroit été déposé dans une maison, sous un hangar, etc., situés sur des routes obliques. (*Ordonnance royale du* 30 *avril* 1817, *art.* 18.)

A cet effet, un arrêté du préfet qui sera affiché dans toutes les communes où demeurent les sauniers et paludiers qui font la Troque, indiquera les routes à suivre des différens points des marais salans pour arriver directement au bureau. (*Ordonnance royale du* 30 *avril* 1817, *art.* 19.)

Au retour, les paludiers devront se présenter, à leur entrée dans le rayon des douanes, au plus prochain bureau de seconde ligne, ou à défaut, à la brigade la plus voisine, pour faire reconnoître les quantités et les espèces de grains qu'ils rapportent; les préposés constateront ces quantités au dos de l'acquit-à-caution, et les paludiers devront suivre la même route qu'à leur départ, pour arriver au bureau d'expédition où les grains seront très-exactement vérifiés et portés en compte, ainsi qu'il est dit aux articles 11 et 12. (*Ordonnance royale du* 30 *avril* 1817, *art.* 20.)

Aucune commune autre que celle de la côte et des départemens de la Bretagne, dont les sauniers et paludiers se sont de tout temps livrés au commerce de la Troque, en vertu des anciennes ordonnances, ne sera admise à profiter de cette immunité. (*Ordonnance royale du* 30 *avril* 1817, *art.* 21.)

Les sauniers et paludiers auxquels le commerce de la Troque est permis, pourront aussi se livrer à la vente du sel, soit dans les trois lieues des côtes, soit hors le rayon, en acquittant immédiatement les droits, sous la seule déduction du déchet ordinaire de cinq pour cent. (*Ordonnance royale du* 30 *avril* 1817, *art.* 22.)

Toutes dispositions concernant la Troque, contraires à la présente, sont et demeurent abrogées. (*Ordonnance royale du* 30 *avril* 1817, *art.* 23.)

Cette ordonnance, qui n'a pas été insérée au Bulletin des lois, est précédée des motifs suivans :

« Voulant pourvoir d'une manière efficace à l'approvisionnement *d'une partie des côtes* » *des départemens de la Bretagne ;*

» Considérant qu'il n'est possible d'y parvenir, qu'en rétablissant le système de la Troque » en nature;

» Que l'art. 26 de la loi du 17 décembre 1814 (*Code*, n° C,237) qui accorde pour les » sels de Troque une remise extraordinaire de dix pour cent, nous fournit non-seulement » les moyens d'atteindre ce but, en renouvelant une faveur accordée par nos prédéces- » seurs, mais ceux de procurer, en même temps au trésor, une économie effective, puisque » les documens mis sous nos yeux prouvent que cette remise de dix pour cent peut mettre » dans la consommation, sans atteindre le but de bienfaisance que la loi du 17 décembre » s'est proposé, une plus grande quantité de sel en franchise du droit, que celle qui lui » sera fournie par suite de la concession dont il s'agit;

» Considérant qu'il n'est pas moins urgent de faire cesser les motifs de plainte que pré- » sente le corps des négocians en sel, contre le système de Troque actuel;

» Sur le rapport de notre ministre secrétaire d'état des finances, notre conseil d'état en- » tendu, nous avons ordonné et ordonnons ce *que dessus.*

BULLETIN DES DOUANES.

RENVOIS A FAIRE AU CODE OU AU TARIF.

L'ordonnance ci-contre a été transmise dans les douanes de l'ancienne Bretagne par une circulaire manuscrite du 14 mai 1817, qui ne présente de recommandation maintenue, que celle faite au directeur des douanes *de se concerter avec le préfet du Morbihan pour l'exécution de l'ordonnance.*

Ainsi, au lieu de rapporter une circulaire devenue sans objet, je vais présenter les arrêtés du préfet de ce département, dont l'exécution continue à avoir lieu :

Le premier, daté du 14 août 1816, est conçu comme suit :

« Le préfet du département du Morbihan :

» Vu la lettre de M. l'inspecteur divisionnaire des douanes royales, du 14 juillet 1816, » concernant le préjudice que font au gouvernement et aux propriétaires les paludiers » commis à la récolte, à la garde et à la vente du sel, en favorisant les enlèvemens frau- » duleux ;

» Considérant que les abus que M. l'inspecteur signale, sont particulièrement occasionnés » par la facilité qu'ont les paludiers de placer les mulons indistinctement sur toutes les » digues qui se trouvent entre les marais, et de les multiplier autant qu'ils veulent ; que » ces digues étant séparées par des fossés impraticables, il en résulte que les préposés de » surveillance auprès d'un mulon, voient quelquefois piller les autres sans pouvoir être » rendus à temps pour s'y opposer ; qu'il est urgent de mettre fin à ces abus, aussi préju- » diciables aux propriétaires des marais qu'au gouvernement, arrête :

Art. 1. » Les propriétaires des marais salans, ou leurs agens, ne pourront former des » mulons qu'après s'être concertés avec les contrôleurs de brigades ou lieutenans d'ordre » des douanes sur le choix des endroits où ils pourront être élevés.

» Ils seront tenus de les faire aussi forts que la récolte, les localités et l'usage le per- » mettront.

Art. 2. » Dans le cas où ils ne pourroient s'accorder avec les chefs des douanes sur la » désignation de ces emplacemens, ou sur la force de ces mulons, il en sera référé au » maire de la commune qui se rendra sur les lieux, entendra les observations qui lui seront » faites et prononcera, sauf le recours au préfet en cas de réclamation.

» La décision du maire sera, provisoirement, exécutée.

Le second arrêté du même préfet du Morbihan est daté du 15 décembre 1817, et porte les dispositions suivantes :

« Vu l'ordonnance du 30 avril 1817 qui accorde, sous les formalités indiquées et en » franchise de tous droits, à chaque saunier et paludier d'une partie des côtes des départe- » mens de la Bretagne, autant de fois cent kilogrammes de sel que sa famille se compose » d'individus de tout âge et de tout sexe ;

» Vu les renseignemens recueillis sur les localités et l'organisation du service des douanes » dans le département du Morbihan ;

» Vu l'avis de M. l'inspecteur des douanes ;

» Considérant que Sa Majesté, en faisant la remise des droits sur les quantités de sel dont » il s'agit, et en remettant en vigueur les dispositions de l'ordonnance du 12 janvier 1644, » a voulu venir au secours d'une classe laborieuse et indigente qui, de tous temps, a donné » des preuves de dévouement à la cause de la légitimité ;

» Que cette faveur a eu particulièrement pour but de lui donner des moyens de se pro- » curer les grains dont elle a besoin pour sa subsistance ;

» Considérant aussi qu'un pareil avantage ne peut être accordé qu'aux individus qui y » ont réellement droit, et qu'il seroit contraire aux vues du gouvernement de l'étendre, » non-seulement aux habitans des côtes qui ne sont ni paludiers ni sauniers, mais encore à » ceux qui, exerçant ces professions, se livrent à la fraude ou la favorisent ;

» Arrête :

Art. 1. » Aucun enlèvement de sels destinés pour la Troque ne pourra avoir lieu des » marais salans du département du Morbihan, qu'en vertu d'un permis légalement délivré » par les agens de l'administration des douanes.

Art. 2. » Les sels enlevés en vertu de ce permis suivront la route qui s'y trouvera in- » diquée, ou seront escortés par les employés de ladite administration jusqu'au bureau

On souscrit, à Paris, rue Madame, n° 5, au prix de six francs pour 100 pages.

» où le permis aura été délivré, et où s'effectuera la vérification du poids et la remise de » l'acquit-à-caution.

Art. 3. » Ainsi qu'il est prescrit par l'ordonnance précitée, les sels destinés à la Troque » ne pourront jamais être consommés par les paludiers ou sauniers; ils devront nécessairement être transportés hors du rayon des douanes pour être échangés contre des grains » qui seront rapportés et représentés en nature.

Art. 4. » Tout saunier ou paludier signalé pour faire la fraude ou la favoriser ne devra » point figurer sur la liste que MM. les maires seront tenus de rédiger chaque année, et, » dans le cas où l'on tromperoit, sous ce rapport, leur religion, MM. les receveurs et con- » trôleurs des douanes sont autorisés à refuser les expéditions nécessaires aux individus » qu'ils jugeroient dans le cas ci-dessus, sauf le recours de ces derniers vers le préfet, pour » être statué ainsi qu'il appartiendra.

Art. 5. » MM. les receveurs et contrôleurs des douanes sont également autorisés, et sous » les mêmes restrictions, à refuser les expéditions dont il s'agit, aux personnes qui leur » seroient notamment connues pour ne point se livrer à la fabrication ou à la Troque du » sel, et qui dès lors auroient à tort réclamé l'application des dispositions bienfaisantes de » l'ordonnance du 30 avril 1817.

Art. 6. » Dans le cas où quelques sauniers ou paludiers prétendroient qu'eux ou quel- » qu'un de leur famille n'auroient point été portés sur les listes arrêtées par les maires, » ces derniers formeroient, mais pour cette année seulement, des listes supplémentaires » qui pourront de suite être mises à exécution, s'il ne s'élève de la part de l'administration » des douanes aucune réclamation sur leur rédaction. »

Il résulte des différentes dispositions qui précèdent, que le n° C,237 du Code, la note du n° C,240 du même ouvrage, et le troisième paragraphe de sa page 335, ne contiennent plus les mesures qui s'exécutent; ainsi il est nécessaire de les émarger d'un renvoi au n° 40 de ce Bulletin.

SELS.—Tonnage exigible pour leur exportation.

CODE, annoter le numéro ci-contre, sous le n° C,250.

41. Permission administrative d'embarquer des sels à destination de l'étranger, sur bâtimens de trente tonneaux et au-dessus.

« Pendant le séjour que M. le directeur général a fait dans lesdirections de l'Ouest, il » a reconnu qu'il n'y avoit aucun intérêt à se servir d'un navire de trente tonneaux pour » faire la fraude du sel sur les côtes, parce qu'il ne pourroit s'approcher assez des lieux où » des débarquemens seroient possibles, et que ses manœuvres, obligé qu'il seroit comme » un bâtiment d'un plus fort tonnage, de se tenir au large et d'employer des barques lé- » gères pour apporter le sel sur le rivage, ne pourroient d'ailleurs échapper à un service » bien fait de la part des brigades, des pataches et embarcations de douanes.

» Ces motifs l'ont déterminé à permettre que les navires français de trente tonneaux et » au-dessus fussent admis à embarquer des sels à destination de l'étranger.

» Cette permission peut s'étendre, sans nul inconvénient, aux navires étrangers dont les » capitaines ne peuvent connoître aussi bien que ceux des bâtimens nationaux, les points » de la côte sur lesquels des tentatives de versement frauduleux pourroient être faites.

» En conséquence, les directeurs donneront des ordres pour que les expéditions de sel » à destination de l'étranger puissent se faire sur des navires de trente tonneaux et au- » dessus, à quelque pays qu'ils appartiennent.

» Les propriétaires de marais salans trouveront dans cette mesure, de plus grands moyens » d'écoulement pour leurs sels auxquels il est aussi bien entendu dans l'intérêt du gouver- » nement de procurer le plus de débouchés possible.

» La faculté dont il s'agit demeurera interdite aux navires français et étrangers, d'une » contenance inférieure à trente tonneaux, en vertu de la décision ministérielle du 3 no- » vembre 1814 (*cette décision est du 24 octobre, et se trouve sous le* n° C,250 *du Code*), » laquelle exigeoit, par application du principe général, que les navires jaugeassent au » moins cent tonneaux pour être employés à l'exportation des sels, et a ensuite été modifiée » en faveur de ceux de soixante tonneaux et au-dessus. » (*Circulaire manuscrite du 29 octobre 1818.*)

Je ne connois pas de disposition qui ait permis d'exporter les sels sur bâtimens de soixante tonneaux, mais je connois les circulaires des 11 août 1817, 25 avril et 6 septembre 1818, portant que les marchandises dont l'admission est permise, sous des droits qui excèdent dix pour cent de leur valeur, pourront seules être réexportées sur bâtimens de soixante tonneaux au moins, et que celles frappées de prohibitions d'entrée continueront à ne pouvoir sortir des entrepôts que sur bâtimens de cent tonneaux ; et cette dernière recommandation est d'ailleurs écrite tout au long dans l'art. 78 de la loi du 8 floréal an 11 (*Code, sous le* n° D,187).... Or, par analogie de système de répulsion, les sels étant prohibés à l'entrée, j'ai dû dire, sous le n° C,250 du Code, que ces circulaires, loin de méconnoître, donnoient au contraire une nouvelle force au principe de la décision du 24 octobre 1814 dont il est question dans la lettre ci-dessus du 29 octobre 1818 ; et en effet quelle autre induction seroit-il possible de tirer de ces circulaires ?

Quoi qu'il en soit, voilà l'exportation des sels autorisée sur bâtimens de trente tonneaux... ; je n'entends nullement révoquer en doute l'allégation de M. le directeur général, mais *s'il n'y a aucun intérêt à se servir d'un navire de ce tonnage pour faire la fraude du sel sur nos côtes*, comment se feroit-il qu'il y en auroit à s'en servir pour y verser des denrées coloniales, ou des objets prohibés ?... Or, continuer à vouloir, pour le transport de ces marchandises, des bâtimens de soixante ou de cent tonneaux au moins, n'est-ce pas se trouver en contradiction avec les motifs de la circulaire ci-dessus du 29 octobre 1818, et par suite, apporter des entraves à la navigation ?... C'est un simple dilemme que je soumets à la sagacité de l'administration, et dont l'objet n'est autre que de voir régner de l'harmonie dans l'exigence des tonnages qu'elle croit propres à garantir de la fraude. (D.-S.)

42. Autorisation donnée aux navires étrangers de s'avitailler, en France, de viandes salées et de biscuit, lorsque allant à la pêche de la morue, ils y prendront leur chargement de sel.

SELS exportés pour la pêche étrangère.

CODE, du dernier paragraphe de la note du n° C,250, renvoyer à ce n° 42.

« M. le directeur général a été informé que plusieurs bâtimens étrangers destinés pour » la pêche de la morue viendroient charger des sels en France, s'ils avoient la faculté de » s'y approvisionner de biscuit et de viandes salées pour sept à huit mois que durent leurs » voyages et leur séjour à la côte et au banc de Terre-Neuve.

» D'après les articles 1 du titre 8 de la loi du 22 août 1791 (*Code*, n° C,12) et 13 » du titre 2 de la loi du 4 germinal an 2 (*Code*, n° C,10), les navires expédiés d'un port de » France peuvent prendre à bord, sous le paiement des droits, les objets d'approvision- » nement, même prohibés, nécessaires à la consommation de leurs équipages, mais cette fa- » cilité ne doit évidemment avoir d'effet que pour les expéditions ordinaires ; c'est-à-dire, pour » le trajet d'un port de France à celui, quel qu'il soit, de la destination du bâtiment. Ainsi » elle ne seroit pas en principe applicable à des navires qui, comme ceux dont il est ques- » tion, ont, à raison de leur emploi et de la durée de leurs opérations, besoin d'approvi- » sionnemens plus considérables que n'en comporte la navigation ordinaire.

» Cependant, comme il est d'un grand intérêt de favoriser l'écoulement de nos sels en » attirant dans nos ports les bâtimens étrangers qui peuvent en faire de plus grands enlè- » vemens, et que, d'un autre côté, l'état actuel des subsistances en France est de nature » à rendre sans danger quelques exceptions aux prohibitions de sortie, M. le directeur général » a pensé qu'il y avoit lieu d'accorder aux étrangers qui viendront charger des sels pour la » pêche de la morue, la permission de prendre les approvisionnemens de biscuit et de » viandes salées dont ils ont besoin. M. le sous-secrétaire d'état de l'intérieur qu'il a » consulté, partage son opinion, ainsi qu'il l'a annoncé par sa lettre du 22 octobre 1818.

» Ces bâtimens pourront donc, quand il résultera de leurs papiers de bord qu'ils sont » réellement destinés pour la pêche de la morue, charger les quantités de biscuit et de » viandes salées dont ils ont besoin d'après le terme fixé pour leur retour. Ces quan- » tités seront calculées à raison d'un kilogramme de biscuit et d'un kilogramme de viande » salée par jour pour chaque homme, pendant la durée de l'expédition, qui ne peut ex- » céder, dans tous les cas, sept ou huit mois.

» Les viandes salées acquitteront au surplus les droits dus avant la prohibition, ou im- » posés sur celles qui peuvent sortir à quelque destination privilégiée. » (*Circulaire manuscrite du* 30 *octobre* 1818.)

Il est à remarquer qu'à l'époque de cette circulaire, l'administration actuelle des douanes

RENVOIS A FAIRE AU CODE OU AU TARIF.	BULLETIN DES DOUANES.

étoit d'avis, comme l'ancienne, que les vivres embarqués pour la consommation de l'équipage d'un bâtiment étranger étoient passibles des droits de sortie; mais on a vu, sous le n° 19 de ce Bulletin, qu'elle a donné depuis une toute autre interprétation à l'article 13 du titre 2 de la loi du 4 germinal an 2 : or, la conséquence forcée de sa dernière décision est que la partie des viandes salées et biscuit, nécessaire pour aller jusqu'au lieu de pêche, ne doit plus être assujettie aux droits de sortie . . . . Voilà, sans doute, favoriser l'exportation des sels; mais n'est-ce pas aussi présenter une sorte de prime à la pêche étrangère, ou du moins rétrécir les moyens de concurrence de la pêche nationale? C'est un calcul dont on ne s'est pas occupé, ce me semble, et qu'il importeroit toutefois d'établir avec la plus scrupuleuse exactitude (D-S).

SELS en franchise pour la pêche.

CODE, de la fin de la note du n° C,256, renvoyer à ce n° 43.

43. Dispositions administratives sur les réglemens de comptes des maîtres de barques, à opérer dans les bureaux mêmes où les acquits-à-caution auront été souscrits.

« On étoit dans l'usage, sur quelques-uns des points de la côte, de régler les comptes » des maîtres de barques qui font la pêche maritime, lors même qu'ils abordoient dans un » port autre que celui où ils avoient levé leur sel, chaque fois qu'ils rapportoient du » poisson, c'est-à-dire, de vérifier si le sel qu'ils représentoient en nature, rapproché de » celui qui, d'après les allocations déterminées par le tableau joint à l'ordonnance du » 30 octobre 1816 (*au Code, page* 310), avoit dû être employé à la salaison du poisson » débarqué, formoit la quantité portée dans l'acquit-à-caution, ou celle restante d'une » opération antérieure.

» Dans le cas contraire, et si les déficit n'étoient pas légalement justifiés par des événemens de force majeure, les maîtres de barques étoient poursuivis pour le paiement du » triple droit sur ces déficit et de l'amende de 100 fr.

» Ainsi, il arrivoit fréquemment qu'ils se trouvoient repris et condamnés pour des » déficit fortuitement éprouvés sur une opération, et couverts par une économie sur des » préparations ultérieures faites sous la garantie du même acquit.

» Les articles 52 et 53 du décret du 11 juin 1806 (*au Code*, n^{os} C,295 *et* C,296) sembloient » autoriser cette manière de procéder; cependant ils n'ont pu vouloir ni qu'un maître de » barque fût puni avant d'être définitivement reconnu en contravention, ni dans la supposition où il se trouveroit en déficit deux ou trois fois successivement sur un même acquit- » à-caution, qu'il fût poursuivi deux ou trois fois aussi pour chacun de ces déficit séparément, et qu'il payât, au lieu d'une amende de 100 fr. seulement, prononcée par » l'art. 53, une amende qui seroit véritablement de 2 ou 300 fr. Il est évident que ce » même article 53 n'a établi les peines dont il s'agit, que parce que chaque acquit-à-caution étoit considéré comme ne devant servir que pour une seule et même opération de » pêche, et ne pouvant dès lors donner matière à plusieurs actions.

» Une rigueur comme celle dont il vient d'être question seroit d'ailleurs hors de proportion » avec la nature du délit, et l'on s'exposeroit, pour arrêter un genre de fraude qui sans » doute n'est pas sans danger et a besoin d'être réprimé, à jeter le découragement dans » une branche d'industrie importante, et qui, à ne la considérer que sous ses rapports » politiques, réclame l'intérêt et la sollicitude du gouvernement.

» Les calculs qu'il falloit faire dans chaque port pour réduire le poisson représenté en » sel, et les formalités qui en résultoient, entraînoient des longueurs qui, seules, pouvoient porter un préjudice notable aux maîtres de barques. La retenue qui étoit faite » de cette expédition dans le dernier port où ils apportoient les produits de leur pêche, » après l'entier épuisement du sel qui en faisoit l'objet, pouvoit aussi, en prolongeant la » responsabilité de leurs cautions dans les lieux d'extraction, leur faire éprouver de la » difficulté à en trouver de nouvelles, et c'est même ce qui est souvent arrivé.

» Des représentations ont été faites à M. le directeur général sur tous ces inconvéniens, lors de son dernier voyage sur les côtes de l'Ouest, par l'une des Chambres » de commerce qu'il a eu occasion d'entendre, et il a pensé, après avoir pris par lui- » même une connoissance parfaitement exacte de l'état des choses, qu'il convenoit *de se* » *borner dans les divers ports où du poisson salé seroit débarqué, à en certifier les quantités au dos de l'acquit-à-caution relatif au sel expédié pour la pêche, ainsi que le poids* » *du sel restant en nature, sauf à vérifier dans le bureau où cette expédition a été dé-*

BULLETIN DES DOUANES.

RENVOIS A FAIRE AU CODE OU AU TARIF.

» *livrée, après l'emploi successif de la totalité du sel, si les proportions établies par* » *l'ordonnance du 30 octobre n'ont pas été enfreintes, et à régler, d'après les résultats* » *ainsi obtenus, les comptes des maîtres de barques.*

» Cette marche, parfaitement conforme au principe général des acquits-à-caution, qui » n'admet de poursuites pour la non-exécution des conditions de la soumission que dans » le bureau même où elle a été souscrite, devra à l'avenir être très-exactement suivie.

» Ainsi, ce ne sera que dans les bureaux où les acquits-à-caution auront été levés à » destination de la pêche maritime, que les déficit, s'il en est reconnu par suite de » la réduction en sel qui y sera faite *de la totalité du poisson mentionné aux divers cer-* » *tificats dont ces mêmes acquits auront été revêtus dans les ports de représentation*, » donneront lieu à des poursuites contre les soumissionnaires et leurs cautions, pour le » recouvrement des peines pécuniaires prononcées par l'article 53 du réglement du 11 » juin 1806.

» M. le directeur général se réserve néanmoins d'examiner, quand ces déficit seront » peu importans et que l'on sera fondé à ne les point attribuer à quelque pratique de » fraude, si l'on ne pourra pas se contenter du paiement du simple droit. Les réclamations » que les directeurs seront dans le cas de recevoir à cet égard devront être adressées à » M. le premier inspecteur général divisionnaire, sous le timbre de la présente, lorsque » l'affaire n'aura encore été l'objet d'aucune poursuite judiciaire; et à M. l'inspecteur géné- » ral chargé du *contentieux*, une fois qu'il y aura eu contrainte décernée pour l'exécution » de la soumission.

» Il est bien entendu que les certificats qui seront délivrés dans les ports de débarque- » ment devront faire mention des espèces de poisson au poids ou en nombre, selon » que les salaisons représentées jouiront du sel en franchise sur le poids ou sur le » nombre.

» Toutefois il a été reconnu que la sardine salée en vert et destinée à être immédia- » tement livrée à la consommation, les acquéreurs et les maîtres de barques eux-mêmes » avoient intérêt à ce que la vérification s'en opérât sur le nombre, quoique l'or- » donnance du 30 octobre lui alloue le sel sur le poids. C'étoit ainsi qu'antérieure- » ment à cette ordonnance on opéroit relativement à cette espèce de poisson. Une déci- » sion ministérielle avoit accordé 25 kilogrammes de sel par mille sardines, ce qui » répondoit à la proportion de 75 kilogrammes de sel dont on fait actuellement jouir » 100 kilogrammes de ce poisson.

» M. le directeur général ne voit dès lors aucune raison qui puisse s'opposer à ce que, » dans les ports d'arrivée, la vérification de la sardine se fasse sur le poids ou sur le » nombre, au choix des maîtres de barques : seulement on devra dans les bureaux où » leurs comptes seront réglés, si les certificats de débarquement relatent le nombre, faire » la conversion en sel à raison de 25 kilogrammes par mille en nombre; et, dans le cas » contraire, l'établir sur le pied de 75 kilogrammes de sel par 100 kilogrammes de » sardines.

» Le mode de service qui vient d'être prescrit pour la pêche maritime, outre l'avantage » qu'il a de remédier aux inconvéniens signalés plus haut, et d'être plus conforme à » l'équité et à l'esprit des réglemens, aura aussi celui de prévenir des erreurs que la pré- » cipitation ou l'ignorance pouvoit faire commettre dans les certificats qui se délivroient » successivement dans tous les ports où un maître de barque vendoit du poisson, en rédui- » sant ce poisson en sel.

» Cependant il y avoit à examiner si les acquits-à-caution que l'on retenoit précédem- » ment, comme il a déjà été dit, jusqu'à ce que l'administration en eût autorisé la remise, » dans le bureau où les salaisons formant le complément du sel qui y étoit porté avoient » été représentées, seroient laissés aux maîtres de barques après l'inscription du dernier » certificat de débarquement.

» Cette question méritoit une attention particulière; car on pouvoit craindre qu'il ne » devînt alors facile aux porteurs de ces acquits-à-caution de couvrir, par de faux cer- » tificats de débarquement qu'ils pourroient y inscrire, les versemens clandestins de sel qui » auroient été faits pendant la pêche.

» Mais M. le directeur général a considéré qu'il étoit possible de prévenir de pareilles

On souscrit, à Paris, rue Madame, n° 5, au prix de six francs pour 100 pages.

RENVOIS A FAIRE au Code ou au Tarif.	BULLETIN DES DOUANES.

» manœuvres, en donnant aux bureaux où les acquits-à-caution auront été délivrés » les moyens de reconnoître l'exactitude des différens certificats dont ils se trouveront re- » vêtus au retour avant de régler les comptes des maîtres de barques et d'annuler leurs » soumissions.

» En conséquence, tout acquit-à-caution délivré pour la pêche maritime cessera d'être » retenu, soit que le sel qu'il accompagnoit ait été ou non entièrement consommé ; il sera » toujours remis aussitôt que le certificat de vérification des salaisons mises à terre et du » sel resté en nature y aura été inscrit. Ce certificat sera signé de deux employés au » moins, et visé par le receveur de la douane.

» Il sera porté très-exactement sur un registre qui sera ouvert à cet effet dans chaque » port fréquenté par les barques employées à la pêche maritime.

» Tous les quinze jours, les receveurs subordonnés enverront aux receveurs principaux » et ceux-ci aux directeurs, un relevé de ce registre.

» Les directeurs, d'après ces documens, formeront un état récapitulatif qu'ils adres- » seront, chaque quinzaine, aussi à l'administration, de tous les certificats délivrés dans » leurs divisions sur des acquits-à-caution levés dans un bureau non soumis à leur sur- » veillance.

» Ces relevés ainsi réunis à la division des sels, serviront à faire pour chaque di- » rection un état des certificats apposés sur des acquits-à-caution qui y auront été levés, et » chaque directeur à son tour adressera aux différens receveurs de son ressort les extraits » de cet état pour ce qui concernera leur bureau.

» Ce sera seulement lorsque les receveurs auront pu vérifier, au moyen de cet état la réalité » et l'exactitude quant aux quantités de poisson et de sel en nature représentés, des » certificats apposés sur les acquits-à-caution qui leur seront rapportés, qu'ils pourront » définitivement régler les comptes des maîtres de barques, et annuler leurs soumissions » s'il y a lieu.

» Les directeurs fourniront aux receveurs, sans en référer à l'administration, les in- » dications propres à conduire au même résultat à l'égard des acquits-à-caution délivrés » dans leurs divisions respectives, et qui y auront aussi donné lieu à des débarque- » mens de salaisons et à des représentations de sel légalement certifiés.

» S'il arrivoit que quelques-uns des acquits se trouvassent revêtus de certificats non » compris sur les états que les receveurs auroient reçus, ils devroient suspendre les » réglemens de compte et la radiation des soumissions relatifs à ces mêmes acquits, jus- » qu'à ce que de nouveaux renseignemens eussent mis l'administration ou le directeur en » état de donner des instructions convenables.

» De cette manière, et pourvu que les receveurs apportent dans les vérifications dont » ils seront chargés, toute l'attention qu'elles exigent, la remise immédiate des acquits n'oc- » casionnera aucun abus. Elle aura pour effet, au contraire, de simplifier le travail en fai- » sant cesser tout motif légitime de retard dans le rapport des expéditions, et procurant » ainsi la facilité d'arrêter promptement le compte des maîtres de barques, facilité que » ceux-ci et leurs cautions apprécieront; car outre que leur responsabilité en sera beau- » coup plutôt déchargée, ils ne supporteront plus qu'autant qu'ils s'y seront volontairement » exposés, les frais que, dans le mode de régie actuel, les receveurs étoient souvent obligés » de faire pour la rentrée des acquits dont les délais étoient expirés.

» Les inspecteurs et sous-inspecteurs, ainsi que les contrôleurs de brigades, pour les bu- » reaux subordonnés, devront, par une surveillance toute spéciale sur les opérations re- » latives à la pêche maritime, assurer la plus parfaite exactitude dans cette partie du » service.

» Il reste à faire part d'une dernière observation que M. le directeur général a eu » occasion de faire en examinant avec détail le régime appliqué aux salaisons maritimes.

» Par la circulaire en date du 21 juin 1817 (*au Code*, *page* 306), il a cru nécessaire de » modifier la disposition de celle du 20 novembre 1816 (*au Code*, *page* 305), qui vouloit » que l'acquit-à-caution délivré pour le sel destiné à préparer des salaisons en mer, fût » renouvellé chaque fois que la barque aborderoit dans un port avec des produits de sa » pêche. Il a prescrit que cette expédition fût laissée, comme ci-devant, entre les mains » des maîtres de barques jusqu'à l'entier épuisement du sel qui en feroit l'objet.

» Mais, sous un tel ordre de choses, un maître de barque pouvoit, pour continuer sa » pêche, ajouter du sel à celui qui lui restoit d'un acquit-à-caution précédent, et se trouver

» ainsi porteur de plusieurs expéditions; ce qui empêchoit de savoir, lorsqu'il se trouvoit » en déficit, sur quelle expédition ce déficit portoit ou dans quelle proportion il devoit » être appliqué à chacune d'elles.

» Cette difficulté seroit plus grave aujourd'hui, que l'on doit seulement indiquer dans » les certificats de débarquement, les quantités de poisson représenté sans en faire la ré- » duction en sel. Il importe que chaque acquit-à-caution qui sera délivré pour la pêche » maritime puisse être réglé séparément, sans qu'il y ait à s'occuper d'autres opérations que » de celles spécialement propres au sel qui en faisoit l'objet.

» Pour y parvenir, on devra, lorsqu'un maître de barque demandera à ajouter du sel à » la quantité qui lui restera d'une pêche qu'il aura le projet de continuer, reporter celle-ci » sur le nouvel acquit-à-caution qui lui sera délivré pour le sel de nouvelle extraction, et » en faire mention expresse dans le certificat qui sera inscrit sur l'acquit-à-caution précé- » dent, lequel se trouvera avoir de la sorte entièrement rempli son objet, sauf réglement » au bureau de départ.

» La quantité totale de sel portée dans la nouvelle expédition sera réputée expédiée du » port d'où celle-ci émanera, et c'est là que la justification définitive d'emploi en sera » exigée. Seulement il conviendra, pour se ménager des moyens de contrôle et des rensei- » gnemens au besoin, d'indiquer à la marge de ce nouvel acquit et de la soumission dont » il aura été détaché, la quantité de sel qui restoit à bord de la barque. Même observation » sera faite au registre de compte ouvert, n° 33.

» Cette marche, la plus convenable de toutes, pour introduire dans le travail des salai- » sons maritimes, l'unité qui doit en faire la garantie, ne causera ni retard aux maîtres de » barques ni surcroît de travail à la douane, puisque dans les cas de l'espèce, il faut tou- » jours, conformément à l'article 52 du décret du 11 juin 1806, constater le poids du sel » resté en nature dans la barque de pêche, et délivrer un nouvel acquit-à-caution pour le » sel ajouté à celui-ci.

» La forme de l'acquit-à-caution n° 11 doit subir quelque changement par l'effet de ces » dernières dispositions; le nouveau modèle envoyé sera le seul alors dont on devra faire » usage.

» Le registre sur lequel doit être inscrit le résultat des vérifications de poissons salés étant » nouveau, recevra le n° 33 *bis* dans le tableau de la série S.

» L'état de ces vérifications à former par quinzaine sera celui qui va prendre le n° 49 » dans la série E.

» L'état, qui sera désormais n° 48, des sels expédiés pour la pêche, continuera d'être » fourni.

» Les présentes instructions sont communes en tout ce qui est susceptible, à la pêche » de la morue. Le partage des amendes et triples droits qui pourront provenir des déficit » constatés sur la *totalité* des sels portés dans chaque acquit-à-caution se fera entre les em- » ployés des bureaux de départ, et ceux des bureaux d'arrivée, selon ce qui a été arrêté » par la circulaire du 25 septembre dernier, n° 430, timbrée *Contentieux*, à l'égard de la » répartition du montant des condamnations pour déficit de marchandises constaté sur » des acquits-à-caution ordinaires.

» Le libellé des visa qui seront inscrits sur les acquits-à-caution dans chaque port où il » sera représenté du poisson, fera facilement découvrir dans quelle douane les maîtres de » barques auroient été reconnus en déficit, et quels seront dès lors les employés qui de- » vront être admis au partage.

» Au surplus, si de nouvelles explications sur ce point devenoient nécessaires, elles se- » roient données par la division du *Contentieux*, sous le timbre de laquelle on devra les » provoquer. » (*Circulaire du* 8 *novembre* 1818, *timbrée Sels*, n° 441.)

44. Instruction administrative sur les vérifications qui doivent précéder la délivrance des quinze kilogrammes de Sels, alloués en franchise, pour paquer cent kilogrammes de maquereaux salés en mer.

> SELS en franchise pour le paquage du maquereau salé en mer.
>
> CODE, du tableau C, 258 et du n° C, 284, renvoyer à ce n° 44.

« Dans la dernière saison du maquereau, on a reconnu que certains saleurs présentoient » comme ayant été paqué à terre, afin d'obtenir l'allocation de quinze kilogrammes de sel » par cent kilogrammes de poisson, du maquereau qui avoit été salé en mer, et que l'on

RENVOIS A FAIRE au Code ou au Tarif.	BULLETIN DES DOUANES.

avoit seulement mis en barils en le soupoudrant avec le vieux sel dont il se trouvoit garni au débarquement.

» On a cru devoir en cette occasion rédiger un procès verbal comme pour déficit en atelier, conformément à l'art. 43 du décret du 11 juin 1806 (*Code*, C,279), prétendant que le saleur ne s'étoit abstenu de faire entrer dans le maquereau qu'il annonçoit être paqué, le sel alloué, que pour le jeter en fraude dans la consommation.

» Cette supposition n'est pas hors de vraisemblance : il est même raisonnable de l'admettre, mais le fait qui y a donné lieu pouvoit d'autant moins être assimilé à la contravention que l'art. 43, cité ci-dessus, a voulu punir, qu'en les tenant pour parfaitement exacts, son résultat devoit être de produire un excédant sur le sel légalement entré en atelier et non un déficit; il est d'ailleurs contraire à toutes les règles de verbaliser sur de simples présomptions, et l'insuffisance prétendue de la législation, pour réprimer la fraude que l'on s'est proposé d'atteindre, ne pourroit justifier une telle manière de procéder ; car on n'en obtiendroit rien, si cette insuffisance existoit réellement, que le danger de la mettre au grand jour et de provoquer de nouveaux abus. M. le directeur général regrette que cette observation n'ait point été faite.

» Ici la question se réduisoit à savoir si le poisson avoit ou n'avoit pas été *paqué*.

» Les employés sur ce point ne manquent point d'indications. On sait, en effet (et la chambre de commerce de Dieppe, dont la loyauté et les lumières rendent le témoignage digne de la plus grande confiance, l'a encore dernièrement certifié), que le maquereau pour être *paqué* doit être lavé et débarrassé de tout le vieux sel dont il étoit couvert à son arrivée, puis rangé par lit dans les barils, sur une couche alternative de sel neuf.

» Or, si ces préposés auxquels le poisson dont il est particulièrement question a été présenté, avoient reconnu qu'il n'étoit pas *paqué*, mais uniquement apprêté avec le sel immonde qui en avoit été détaché, ils devoient se borner à refuser de l'admettre en compte à la décharge du saleur. Ils y étoient suffisamment autorisés par l'ordonnance du 30 octobre 1816 (*au Code, page* 310), qui n'assure quinze kilogrammes de sel qu'au maquereau *paqué*; et de même que la douane ne peut être tenue sous aucun prétexte ni par aucune autorité à remettre du sel en franchise pour du poisson dont la salaison ne jouit pas de l'immunité, de même aussi elle ne peut être contrainte d'en allouer pour une préparation qu'elle reconnoît comme frauduleuse et ayant déjà obtenu tout le sel qui pouvoit légalement y être employé.

» M. le directeur général invite les directeurs à donner des ordres pour que l'on se conforme à ces explications dans le cas où du maquereau, présenté sous la dénomination de maquereau *paqué*, seroit dépourvu des caractères qui distinguent spécialement cette espèce de préparation.

» Les préposés ne sauroient apporter une trop grande attention dans les vérifications de cette sorte ; la fraude qu'elles ont pour but de prévenir étant susceptible de porter un très-grand préjudice au trésor.

» Le refus de décharger les comptes des saleurs, des quantités de maquereau que l'on connoîtroit pour n'être pas *paquées*, déjouera complétement ce moyen de fraude, et rendra ainsi inutile toute nouvelle disposition répressive. Si cependant il arrivoit que le refus devînt l'objet d'une contestation entre la douane et le saleur, et que celui-ci voulût faire intervenir les syndics pour provoquer leur jugement, les employés ne pourroient pas s'y opposer, leur propre expérience pouvant avoir besoin d'être éclairée ; mais ils devroient insister pour que ces syndics s'expliquassent cathégoriquement sur la seule question qu'il importe de faire décider : celle de savoir *si le maquereau est ou n'est pas paqué ?*

» Dans le cas où leur avis seroit autre que celui des préposés, et que ces derniers seroient fondés à le croire en opposition avec la vérité, ils le déféreroient à l'autorité municipale, ainsi qu'il a été recommandé par la circulaire du 25 février 1817, qu'on en agît à l'égard du poisson reconnu de mauvaise qualité, et ils s'opposeroient à l'expédition des salaisons jusqu'à ce que la difficulté fût décidée.

» Si elle l'étoit en faveur du saleur, il est bien entendu que son compte devroit être déchargé, sauf à informer particulièrement M. le directeur général des circonstances qui pourroient exiger qu'il appelât l'attention du ministre de l'intérieur sur les mesures qui pourroient être prises par l'autorité locale, à l'égard des syndics qui ne justifieroient pas sa confiance.

» Dans le cas où le jugement seroit défavorable au saleur, la douane devroit solliciter » qu'il fût poursuivi par les syndics selon toute la rigueur de l'ordonnance du 14 août 1816, » pour avoir fabriqué du poisson reconnu défectueux. » (*Circulaire manuscrite du 6 août* 1818.)

C'est un singulier argument que celui de cette circulaire dans la phrase suivante :

*De même que la douane ne peut être tenue, sous aucun prétexte, ni par aucune autorité, à remettre le sel en franchise pour du poisson dont la salaison ne jouit pas de l'immunité, de même elle ne peut être contrainte d'en allouer pour une préparation qu'*ELLE RECONNOIT *comme frauduleuse et ayant déjà obtenu tout le sel qui pouvoit légalement y être employé.*

Dans le système du second membre de cette phrase, la douane joindroit à la délégation d'exécuter la disposition, le pouvoir de juger la contestation... Aucune autorité n'a pareille attribution; or la douane se trompe, et c'est positivement par cela même qu'elle ne peut être *tenue* de fournir du sel en franchise lorsque la loi le refuse, qu'elle peut, au contraire, être *contrainte* de le livrer lorsque la loi l'accorde. . .

Cette conséquence est d'ailleurs d'une telle évidence que l'administration est elle-même entraînée à prescrire dans les quatre derniers paragraphes de la circulaire ci-dessus, de soumettre aux syndics et à l'autorité municipale la question de savoir si le poisson a, ou n'a pas été paqué... Donc la douane ne peut juger la question ; donc la douane n'est que partie en cause ; donc la question peut être décidée contre la douane; donc la douane peut être contrainte à allouer la franchise du sel... (D.-S.)

45. Interprétation administrative de l'article 4 de l'ordonnance du 30 octobre 1816.

SELS en franchise pour le paquage du maquereau dans un autre port que celui de salaison.

CODE, du n° C,261, renvoyer à ce n° 45.

» M. le directeur général a été consulté sur la question de savoir si l'on pouvoit accorder » du sel neuf pour *paquer* du maquereau dans un port autre que celui où il a été salé.

» L'article 4 de l'ordonnance du 30 octobre 1816 porte que : Les salaisons, quelle que » soit l'espèce de poisson qu'elles auront pour objet, devront être complétées dans le » même port, et qu'il ne sera point accordé de sel en franchise dans celui où l'on trans- » porteroit des salaisons commencées dans un autre (*au Code*, n° C,261); mais il a paru » que la salaison et le *paquage* sont deux opérations distinctes, et que quand on produit » au port d'arrivée un certificat attestant que le poisson n'a reçu dans celui de départ que » le sel alloué pour la salaison à terre, il n'y avoit pas plus d'apparence que l'on pût ob- » tenir une double allocation de sel pour le *paquage*, que pour le maquereau qui se sale » en mer et que l'on *paque* en atelier.

» Ce double emploi dans l'allocation, étant donc la seule fraude que l'art. 4, rapporté » ci-dessus, ait voulu prévenir, et la seule aussi qui soit possible en pareil cas, les direc- » teurs pourront donner des ordres pour que le *paquage* dans un port, du maquereau qui » aura été salé dans un autre, puisse avoir lieu avec du sel délivré en franchise, toutes » les fois qu'il sera prouvé qu'il n'a encore été alloué que 40 kilogrammes de sel par 100 » kilogrammes de poisson.

» Il sera fait une mention expresse de cette circonstance sur les acquits-à-caution qui » seront délivrés pour accompagner le maquereau ainsi expédié, après avoir été salé à » terre; à défaut, des certificats spéciaux seroient exigés, sauf à se contenter provisoire- » ment d'une soumission portant obligation de les présenter dans un délai déterminé, ou » de payer les droits sur le sel remis pour le *paquage*. » (*Circulaire du 20 août 1818, timbrée Sels*, n° 418.)

Le paquage est nécessairement un *complément* de la salaison ; or, l'article 4 de l'ordonnance veut expressément que les salaisons soient *complétées* dans le même port; donc l'administration accorde une facilité qui est hors la disposition légale. (D.-S.)

46. Allocation en franchise du sel nécessaire pour achever la salaison en saumure, et repaquer à sec la Morue *dite* salée-à-plat.

SELS en franchise pour le paquage des Morues salées à plat.

CODE, du n° C,267, renvoyer à ce n° 46.

« Indépendamment des différentes espèces de morues de pêche française dont il est parlé

On souscrit à Paris, rue Madame, n° 5, au prix de six francs pour 100 pages.

RENVOIS A FAIRE AU CODE OU AU TARIF.	BULLETIN DES DOUANES.

» dans la circulaire du 6 octobre 1817 (*au Code, page* 318), il paroit que l'on en prépare
» actuellement une nouvelle dite *morue salée-à-plat.*

» Cette préparation, attribuée aux Dunkerquois, dont les procédés sont justement re-
» nommés, et font estimer les produits de leur pêche autant et peut - être plus que ceux
» provenans de pêche hollandaise, consiste à fendre la morue dans toute sa longueur, à la
» mettre peu de jours dans une saumure, et à l'étendre ensuite, dans la cale du bâtiment,
» sur de légers *coussins* de sel.

» A son arrivée, on la rétablit dans une nouvelle saumure; puis on passe au repaquage
» en sel sec de Saint-Ubes : ce qui lui donne la qualité de la morue en tonnes, appelée
» aussi *morue blanche*, bien qu'au débarquement elle présente quelque analogie avec la
» *morue verte.*

» Ainsi, la *morue salée-à-plat* doit, comme on voit, recevoir deux manipulations dis-
» tinctes, l'une en mer et l'autre à terre, indépendamment du repaquage. La première n'est
» que provisoire, et a pour but principal d'économiser le temps, et surtout le transport
» des tonnes dans lesquelles on rapportoit toujours autrefois la *morue blanche*, comme l'ex-
» plique le premier paragraphe de la circulaire citée ci-dessus.

» Ce double apprêt a donné lieu à la question de savoir si celui que l'on achève dans les
» ports pouvoit être autorisé avec du sel délivré en franchise. L'incertitude éprouvée à ce
» sujet venoit du silence gardé par l'ordonnance du 30 octobre 1816, sur les cas de l'es-
» pèce.

» L'ordonnance dont il s'agit n'a pu s'expliquer en effet sur une préparation qui n'étoit pas
» connue alors; mais on pourroit d'autant moins refuser du sel pour la morue *salée-à-plat,*
» que sans ce supplement elle ne pourroit être gardée, et se trouveroit traitée avec moins
» de faveur que la *morue verte*, qui, quoique complétement salée quand elle arrive, em-
» porte cependant encore au besoin du sel de *coussins* pour mieux assurer sa conservation.

» M. le directeur général cite la *morue verte* préférablement aux autres espèces, parce
» que l'article 10 de l'ordonnance du 30 octobre (*Code*, C, 267), accordant du sel neuf
» pour le *repaquage* de la morue susceptible, comme celle qui fait l'objet des nouvelles
» spéculations, d'y être soumise, il n'y a véritablement à faire jouir cette dernière d'une
» allocation extraordinaire que pour le sel destiné à terminer à terre la salaison en saumure
» commencée en mer, et que ce sel peut, jusqu'à un certain point, être considéré comme
» faisant le même office que le sel de *coussins.*

» Cette citation le conduit ainsi à conclure que l'on doit accorder pour la morue *salée-*
» *à-plat*, le sel necessaire,

1° » Pour achever d'en effectuer la salaison en saumure;

2° » Pour la *repaquer* en sel sec, ainsi que l'on opère pour la morue importée en tonnes.

» Seulement comme on ignore les quantités de sel qu'une quantité donnée de poisson
» exige pour ces deux opérations, l'emploi de ce sel devra être suivi par les préposés qui
» le constateront régulièrement, conformément à ce que prescrit, à l'égard du repaquage,
» l'article 10 qui vient d'être cité. » (*Circulaire du 14 août 1818, émargée Sels*, n° 416.)

SELS. Excédant au-dessous du vingtième.
CODE, annoter le numéro ci-contre sous les nos C, 236 et C, 241.

17. Les lois qui régissent les douanes peuvent-elles être étendues aux matières qui sont afférentes à la perception du droit établi sur la consommation des sels de l'intérieur?

Ou en termes restreints : L'article 76 de la loi de douanes du 8 floréal an 11, qui règle le sort des marchandises abordées en quantité plus considérable que celle énoncée sur l'expédition de cabotage (*Code*, D, 171), est-il applicable aux Sels qui excèdent les quantités portées sur les acquits-à-caution?

La cour de cassation a décidé la *négative* dans deux arrêts....... : l'administration des douanes avoit soutenu l'*affirmative* dans une circulaire antérieure à ces arrêts, et la soutient de nouveau dans une circulaire toute récente. . . .

Ainsi il y a dissidence entre le *droit* et le *fait*, et il est dès lors nécessaire, le Code des douanes n'offrant à sa page 299 qu'un extrait de la première circulaire, de transcrire ici les *propres termes* de cette disposition administrative, avant de présenter le texte de celle qui prescrit son exécution, en attaquant d'ailleurs un ouvrage qu'elle eût dû peut-être ménager, ne fût-ce qu'en raison de ce *qu'il se trouve entre les mains de beaucoup d'employés* très-capables de juger que les doctrines de l'auteur sont toutes dans l'intérêt de la loi et de l'industrie nationale....

Cette première disposition administrative porte littéralement ce qui suit :

Circulaire du 7 octobre 1806. — « Quelques directeurs ont soumis à M. le directeur » général la question de savoir si le droit sur les déficit ou excédans que peuvent présenter » les navires chargés de sel, est exigible au port d'arrivée ou à celui de départ. Cette » question prouve que ses instructions n'ont pas été bien saisies partout et le détermine à » y ajouter quelques développemens.

» Lorsqu'un navire chargé de sel arrive dans un port, sans acquit-à-caution, la cargaison doit être exactement vérifiée si les sels viennent directement d'un lieu de fabri- » cation, et qu'il y ait lieu par conséquent à la déduction du déchet de cinq pour cent » accordé par l'article 12 du réglement (*Code*, C,236), on ne doit considérer comme dé- » ficit que ce qui manque à la cargaison au delà de cette déduction légale. Dans le cas où » la diminution des quantités portées en l'acquit à-caution est inférieure au déchet de cinq » pour cent, le droit n'est également perceptible que sur les dix-neuf vingtièmes de ces » mêmes quantités, et l'entrepôt, s'il a lieu, ne doit être soumissionné que pour les dix- » neuf vingtièmes.

» S'il y a DÉFICIT, et qu'il n'y ait point déclaration d'avarie, ou que l'avarie ne soit » point admise d'après l'envoi qui est fait à M. le directeur général des pièces destinées à » la constater, le droit est dû sur ce déficit, et le propriétaire PEUT ETRE ADMIS à l'ac- » quitter au bureau d'arrivée : dans ce cas, mention en est faite à la suite du certificat de » décharge des quantités réellement arrivées. Mais si le propriétaire se refuse à acquitter » au bureau de destination le droit sur le déficit, il ne peut y être contraint que par le » receveur du bureau de départ, seul dépositaire du titre en vertu duquel les poursuites » peuvent être dirigées, c'est-à-dire de la soumission.

» A l'égard des EXCÉDANS, ils donnent lieu à la saisie, conformément à l'article 76 de » la loi du 8 floréal an 11, toutes les fois qu'ils sont au-dessus du vingtième des quan- » tités portées en l'acquit-à-caution. Les excédans du vingtième et au-dessous, donnent » ouverture au paiement des droits sur les quantités excédantes, déduction faite du déchet » de cinq pour cent sur la cargaison toute entière. Mais le droit est perceptible au bureau » d'arrivée sur l'excédant comme sur le reste de la cargaison, parce que c'est l'acquit-à- » caution lui-même qui fait titre pour l'exiger, et que la soumission n'étant relative qu'au » paiement des droits sur les quantités portées dans l'expédition, ne seroit pas, dans les » mains du receveur du port de départ, un titre suffisant pour exiger l'impôt sur la quan- » tité excédante; l'acquit-à-caution déchargé ne doit donc être remis au propriétaire ou » consignataire, qu'après que la perception sur l'excédant a été assurée au bureau d'arri- » vée, soit par le paiement immédiat des droits, soit par la mise en entrepôt et la soumis- » sion qui en est la suite; et le receveur doit énoncer, à la suite du certificat de décharge, » que l'excédant a payé le droit ou est entré en entrepôt. Ainsi le certificat effectif de » décharge ne devant jamais porter que les quantités réellement reconnues à la vérifica- » tion, c'est par une mention spéciale, mise à la suite de ce même certificat, que doit » être constaté ce qui a été fait à l'égard des deficit ou excédans; de manière que l'acquit- » à-caution fasse toujours foi, lors de sa représentation, que le but de la loi a été complé- » tement rempli à l'égard de l'expédition qu'il accompagnoit.

» Il a paru à M. le directeur général d'autant plus nécessaire d'entrer avec les direc- » teurs dans tous ces détails, qu'il remarque dans les états d'expédition et d'arrivée qui » lui sont adressés,..... qu'il existe presque toujours des différences assez considérables » entre les quantités expédiées et celles pour lesquelles les acquits sont déchargés. Il or- » donne cependant la remise des acquits aux consignataires toutes les fois que la réalité » de l'expédition a été reconnue par la comparaison des états, parce que ces états n'ont en » effet d'autre objet que de constater l'identité des expéditions. C'est donc sur l'exactitude » des receveurs à suivre les instructions générales, et sur l'attention des directeurs à en » assurer l'exécution, que repose la sûreté de la perception sur les différences reconnues » au débarquement. Il ne peut donc trop recommander de donner tous les soins à cette

RENVOIS A FAIRE AU CODE OU AU TARIF.	BULLETIN DES DOUANES.

» partie importante du travail des bureaux. » (*Fin de la circulaire du 7 octobre 1806,* » *émargée Sels.*)

Ainsi cette circulaire prescrivoit aux employés des douanes d'appliquer aux *excédans de sel* les dispositions de l'article 76 de la loi du 8 floréal an 11; mais, comme je l'ai dit en commençant cet article, la Cour de cassation, dont l'un des pouvoirs est *d'annuler les jugemens qui contiennent quelque contravention expresse à la loi*, a, sur deux pourvois contre le maintien d'une saisie d'un excédant de six mille kilogrammes de sel sur quatre-vingt-huit mille portés en l'acquit-à-caution, décidé que les lois de douanes ne peuvent être invoquées en matière d'infractions aux dispositions légales sur l'impôt du sel; et bien que ces deux arrêts se trouvent aux pages 292 et 293 du Code des douanes, je ne crois pas moins utile de les réimprimer ici, à l'effet de faire ressortir, au moyen de *lettres italiques*, ceux de leurs motifs qui justifient la conséquence que j'ai tirée de ces décisions.....

Le premier arrêt est du 15 janvier 1808, et porte textuellement ce qui suit:

« Attendu que le décret du 11 juin 1806 (*Code*, C,224 *et suiv.*), rendu spécialement pour » assurer *la perception de l'impôt du sel*, *ne peut recevoir de modification dans ses dispo-* » *sitions par celles de la loi du* 8 *floréal an* 11, rendue à une époque où cet impôt n'exis- » toit point encore, et qu'il n'y a que les dispositions des anciennes lois qui y auroient » été déclarées communes, qui peuvent et doivent recevoir leur exécution; attendu enfin » qu'*aux termes mêmes de l'art.* 12 *du décret du* 11 *juin* (Code C, 236) *ce n'est que pour* » *le réglement du droit à payer qu'il doit être fait une déduction de cinq pour cent pour* » *déchets sur la totalité des sels compris dans les déclarations et acquits-à-caution*, et qu'en » décidant que *cette déduction ne doit pas avoir lieu sur les quantités excédant celles por-* » *tées aux expéditions et déclarations*, la cour de justice criminelle s'est conformée à la » disposition de la loi; la cour rejette le pourvoi et les moyens du saisi. . .

Le second arrêt est du 31 mars 1808, et porte ce qui suit:

« Considérant 1° que, par son arrêt du 2 janvier 1808, la cour de justice criminelle des » Deux-Nèthes a déclaré en fait que l'excédant du sel rapporté au procès verbal de saisie » du 18 septembre 1807 a été suffisamment constaté, et qu'ainsi ce point de fait ne peut » pas donner matière à discussion devant la cour de cassation; considérant 2°, que les dis- » positions de l'art. 16 du décret du 11 juin 1806 (*Code* C,347) sont générales et sans » aucune restriction; que *ce décret ayant été spécialement rendu pour assurer la percep-* » *tion de l'impôt sur les sels*, *ses dispositions peuvent d'autant moins être restreintes par* » *celles de la loi antérieure du* 8 *floréal an* 11, *qu'à l'époque de cette loi il n'existoit point* » *encore d'impôt de cette nature*: d'où il suit que la confiscation des sels prononcée par » ledit arrêt de la cour de justice criminelle des Deux-Nèthes devoit nécessairement en- » traîner la confiscation du navire sur lesquels lesdits sels ont été embarqués; la cour, per- » sistant dans les motifs de son arrêt du 27 février 1808, ordonne qu'il sera exécuté selon » sa forme et teneur. . . »

Je ne fais pas réimprimer cet arrêt du 27 février, parce qu'il n'est afférent qu'au principe de la confiscation du navire, ce qu'on peut voir d'ailleurs à la page 292 du CODE des douanes, ou, si l'on veut, à la page 189, tome 6, de la *Collection publiée avec l'agrément de l'administration, sous la surveillance d'un de ses employés supérieurs* qui a jugé, sans en indiquer le motif, que le texte ci-dessus des arrêts des 15 janvier et 31 mars 1808, ne devoit pas faire partie de son Recueil. . .

Il ne me reste, pour arriver à l'examen de la question posée en tête de cet article, qu'à donner la circulaire qui déjuge *en fait* les arrêts ci-dessus, en ordonnant de nouveau aux employés des douanes de ne suivre, pour les excédans de Sel, que les dispositions de la loi de l'an 11; cette circulaire est ainsi conçue:

Paris, le 12 *juillet* 1819. — « Les excédans *au-dessus du vingtième* reconnus dans les » ports de débarquement, sur le poids des sels expédiés directement des marais salans, par » acquits-à-caution, doivent être saisis, en exécution de l'article 76 de la loi du 8 floréal » an 11; ils ne peuvent évidemment jouir du déchet de cinq pour cent, et cette bonifica- » tion n'est due alors que sur les quantités exactes soumissionnées dans les douanes de dé- » part.

» Les excédans du *vingtième et au-dessous* ont droit, au contraire, à la remise de cinq

BULLETIN DES DOUANES.

RENVOIS A FAIRE AU CODE OU AU TARIF.

» pour cent. Ne pas l'accorder en pareil cas, seroit établir une peine là où la loi a jugé » qu'il n'y a pas de contravention, où conséquemment il n'y a rien à punir.

» La circulaire du 7 octobre 1806 (*page 490, 5e volume du Recueil imprimé à Lille*) » s'est ainsi expliquée sur cette double question. Elle n'a jusqu'ici éprouvé aucune modi- » fication, car on ne peut considérer comme telle l'opinion émise dans un ouvrage sur les » douanes, bien qu'il se trouve entre les mains de beaucoup d'employés. Outre que cet » ouvrage n'a aucun caractère officiel, l'opinion dont il s'agit et de laquelle il résulteroit » que tout excédant de sel en quelque proportion qu'il fût sur le poids de l'acquit-à cau- » tion, ne pourroit obtenir la remise du vingtième, est d'autant plus sûrement erronée, » qu'elle est fondée sur un arrêt de cassation, qui n'a pu avoir à s'occuper que de sels sai- » sissables, c'est-à-dire, d'un excédant *au-dessus du vingtième.*

» M. le directeur général prie de donner des ordres conformes à ces explications de- » venues nécessaires par l'incertitude manifestée dans plusieurs douanes au sujet des excé- » dans, depuis une nouvelle publication donnée au second ouvrage qui vient d'être cité. » Les directeurs auront ainsi à tenir la main à ce que tout excédant de sel du *vingtième et* » *au-dessous* sur les chargemens venant directement des lieux de fabrication, jouisse, » comme les quantités mêmes mentionnées aux acquits-à-caution, de la remise du déchet » de cinq pour cent, lorsque, bien entendu, ces sels seront immédiatement livrés à la » consommation, ou entreposés pour recevoir ultérieurement l'une des destinations per- » mises avec ou sans l'allocation du *boni* de magasin, conformément aux dispositions de » la circulaire du 28 août 1816. » (*Circulaire du 12 juillet 1819, timbrée Sels*, n° 503.)

La saisie qui a donné lieu aux deux arrêts qui précèdent la circulaire ci-dessus portoit effectivement, et même *nécessairement*, sur un Excédant de sel au-dessus du vingtième de la quantité portée en l'acquit-à-caution, puisque l'administration permettoit alors, et tolère derechef, les excédans *au-dessous*. . .

Mais la *question de droit* n'est pas dans le plus ou le moins du vingtième : la question est de savoir si la loi du 8 floréal an 11 a pu être appliquée en matière de Sels de France? Non, a répondu deux fois la Cour de cassation, et les considérans de son premier arrêt prononcent de reste sur une nouvelle prétention de la circulaire ci-dessus du 12 juillet 1819, en déclarant que *la déduction de cinq pour cent ne doit pas avoir lieu sur les quantités qui excèdent celles portées aux expéditions et déclarations*. . . Or, l'administration des douanes ne peut pas déjuger la cour de cassation; donc la conséquence tirée des arrêts de cette cour à la page 299 du Code, n'est pas une *opinion erronée*, donc c'est la circulaire administrative, et non pas moi qui erre. . .

Qu'on examine d'ailleurs les dispositions spéciales aux Sels :

Le droit est établi sur tous les sels enlevés. (*Loi du 24 avril 1806, art. 48.*)

Le droit est dû au moment de la déclaration d'enlèvement. (*Même loi, art. 52.*)

Nul enlèvement ne peut être fait sans un congé ou un acquit-à-caution. (*Décret du 11 juin 1806, art. 2.*)

Les sels transportés sans acquit-à-caution seront saisis et confisqués. (*Même décret, art. 7.*)

Les sels transportés dans un des ports où l'entrepôt est permis, peuvent n'acquitter les droits que lorsqu'ils en sont tirés pour la consommation. (*Même décret, art. 10.*)

Il est accordé à tous ceux qui enlèvent des sels, cinq pour cent pour tout déchet, de manière que, déduction faite de cette seule quantité, le droit est dû sur la totalité des Sels compris dans les déclarations et acquits-à-caution. (*Même décret, art. 12.*)

Donc, par les dispositions du décret comme par les considérans des arrêts, tout Excédant, qu'il soit en moins ou en plus du vingtième des quantités portées en l'acquit-à-caution, est du Sel enlevé sans déclaration et transporté sans expédition. . . : donc aucun Excédant ne peut jouir du déchet de cinq pour cent. . . : donc tout Excédant est évidemment saisissable. . . : donc c'est la circulaire administrative, et non pas mon ouvrage, qui émet *une opinion d'autant plus sûrement erronée* qu'elle est diamétralement opposée à la loi écrite et à la chose jugée.

C'est M. le premier inspecteur général qui est chargé des Sels, et assurément personne mieux que lui n'entend les douanes; or, j'ai dû m'informer si cette circulaire n'avoit pas été

On souscrit, à Paris, rue Madame, n° 5, au prix de six francs pour 100 pages.

RENVOIS À FAIRE AU CODE OU AU TARIF.	BULLETIN DES DOUANES.

faite en son absence de l'administration, et en effet il étoit alors aux eaux pour y rétablir sa santé. . .

La circulaire dont il s'agit ne s'est pas bornée à donner des ordres afférents à la douane, elle a représenté *en outre que mon ouvrage n'a aucun caractère officiel....* L'intention de cette phrase n'est autre, ce me semble, que de faire naître la conjecture des aberrations, et dans ce cas il doit m'être permis de rechercher,

D'UNE PART, si en renvoyant au *Recueil imprimé à Lille,* la circulaire entend présenter ce Recueil comme *officiel ;*

ET DE L'AUTRE, quel est le degré d'autorité à accorder aux Recueils publiés par l'administration.

C'est dans le DICTIONNAIRE et dans le MONITEUR que je vais puiser des solutions, espérant que la circulaire voudra bien reconnoître ces ouvrages-là, sinon comme *officiels*, du moins comme *autorités.*

Le Dictionnaire de l'académie, édition de Moutardier, définit comme suit le mot OFFICIEL, ELLE, *adjectif*: « Il s'emploie dans le style des négociations pour désigner ce qui est » déclaré, dit, proposé en vertu d'une commission expresse, d'une autorité reconnue : » *déclaration, proposition, réponse officielle.* — On l'emploie aussi en style de gouvernement et d'administration : *cette nouvelle est officielle*, c'est-à-dire, publiée par le gouvernement : *le ministre a écrit une lettre officielle.* »... Ainsi, en style diplomatique, *Ouvrage officiel* voudroit dire ouvrage coordonné en vertu d'une commission spéciale de l'autorité compétente ; or on verra plus bas que l'un des pouvoirs législatifs a refusé cette autorisation à l'administration : donc le Recueil auquel la circulaire renvoie n'est pas officiel. — En style administratif, *Ouvrage officiel* voudroit dire ouvrage publié par l'administration; or, celle des douanes n'a pas fait imprimer le Recueil de Lille, puisqu'elle en a acheté un nombre à l'éditeur : donc le *Recueil imprimé à Lille* est le résultat d'une spéculation de librairie, et n'est conséquemment pas un ouvrage officiel, caractère qui, en matière de législation, n'appartient d'ailleurs qu'au BULLETIN des Lois....

Le Moniteur, mieux encore que le Dictionnaire, présente l'idée de la valeur réelle d'un Recueil de lois publié par l'administration. La chambre des députés venoit d'adopter l'article final de la loi de douanes de 1818, lorsque la discussion suivante s'engagea :

« *M. de Villèle.* J'ai un article additionnel à proposer. Il n'aura pas besoin d'être précédé » d'un développement étendu ; vous reconnoîtrez facilement, Messieurs, que l'extrême » multiplicité des lois et réglemens sur les douanes, les variations qui ont eu lieu dans » cette législation, rendent cette disposition nécessaire. — La voici :

» *Le gouvernement fera publier, avant la fin de la session prochaine, le recueil analytique des lois et réglemens en vigueur en matière de douanes. Ce recueil analytique servira de règle exclusive, sauf le recours près les tribunaux pour cause d'inexactitude ou omission dans les dispositions.*

» Je ne tiens nullement à la rédaction, mais beaucoup à la disposition au fond. Si quelqu'un trouve une rédaction meilleure je l'adopte à l'avance, mais je ne crois pas que le » principe puisse être contesté.

» *M. de Saint-Cricq.* Depuis quatre années, l'administration s'applique à proposer à » chaque session les modifications que les réclamations *du commerce* et sa propre expérience lui font successivement apercevoir comme utiles et nécessaires dans les lois générales des douanes. Afin de se mettre en état de le faire avec plus de fruit encore et surtout » de faciliter au commerce le moyen de mieux préciser ses plaintes ou ses observations, » elle s'occupe en ce moment même de la formation du Recueil demandé par M. de Villèle, » et elle le fera publier aussitôt qu'il sera terminé. J'ai dû faire connoître ce fait à la chambre; quant à la proposition qui vient de lui être soumise, c'est à la chambre à juger » si l'avantage que l'on désire assurer au commerce lui sera mieux garanti par une disposition de loi qui ordonnera la publication d'un tel document. Je n'ai aucune raison de » m'y opposer.

» *M. le ministre de l'intérieur.* Il vous paroîtra sans doute impossible, Messieurs, de faire » passer dans une loi une disposition de la nature de celle qui vous est présentée. On vous » demande de décider qu'une loi prescrive de recueillir les lois, réglemens, arrêts, décrets, » ordonnances en vigueur sur les douanes ; cette proposition a des dehors spécieux, et un

BULLETIN DES DOUANES.	RENVOIS A FAIRE AU CODE OU AU TARIF.

» aspect séduisant peut-être ; mais une réflexion se présente d'abord, c'est que l'auteur de » la proposition demande un recueil *analytique*. Or, donner l'analyse n'est pas donner le » texte ; celui qui analyse ne laisse que ce qu'il croit nécessaire, supprime ce qu'il croit » inutile ; et si une telle analyse pouvoit devenir la règle des tribunaux, il en résulteroit » qu'elle prendroit la place de la loi elle-même, et que l'exécution de la loi dépendroit » de la volonté ou des talens de la personne chargée de l'analyse. Mais si on devoit seule- » ment entendre la proposition en ce sens du Recueil et de l'impression de toutes les lois » et réglemens en vigueur, je répondrois qu'au nom de la loi, vous feriez ici de doubles » emplois ; car ces lois existent, elles sont consignées dans des Recueils où il est facile de » les rechercher. Ces Recueils sont nombreux, il n'est personne qui les ignore, personne » qui, ayant besoin de les consulter, ne les ait sous la main : ces Codes des douanes dont » les éditions se multiplient, se réimpriment chaque année avec les modifications que la lé- » gislation a pu subir ; il faudroit donc aussi refondre et rédiger de nouveau le Recueil » dont une loi auroit ordonné la confection, et ce raisonnement s'applique à toute autre » matière. Les divers Codes ont éprouvé des modifications, ils sont imprimés, ils seront » réimprimés dix, vingt, trente fois, autant que cela sera nécessaire. Cela regarde les » hommes qui, par leur profession, se livrent à l'étude de notre droit public, et font des » spéculations sur des publications de cette nature ; que s'il s'agissoit de revoir la législa- » tion entière pour la coordonner avec elle-même, pour décider quelles parties restent en » vigueur, quelles parties seront abrogées, on conçoit d'abord quelles profondes médita- » tions, quelles mûres délibérations exigeroit un tel travail : n'a-t-on pas d'ailleurs suffisam- » ment démontré qu'on ne sauroit même l'entreprendre sans courir le risque de tout re- » mettre en question, peut-être de tout bouleverser ?

» Que d'autres conséquences pour ceux qui sont habitués à méditer n'aurois-je point à » vous présenter comme résultats de la proposition qui vous est faite ? Loin de faciliter » l'action de la justice, loin de donner une règle aux tribunaux et des moyens d'instruc- » tion aux citoyens, vous ne ferez que jeter les uns et les autres dans un chaos inextricable.

» On demande vivement la question préalable sur la proposition de M. de Villèle.

» *M. de Villèle.* Je n'ai certainement pas la prétention de proposer de changer les lois » et réglemens en matière de douanes. Je demande seulement un Recueil qui indique quelles » sont les lois et règles que l'administration des douanes est en droit d'appliquer, quelles » sont celles que le commerce est dans l'obligation de subir. Je demande une collection » authentique où les tribunaux et les citoyens puissent reconnoître la loi en vigueur.

» *M. de Saint-Cricq.* J'avois parfaitement entendu la proposition de M. de Villèle, » dans le sens où lui-même vient de la rétablir ; et c'est pour cela que je me suis empressé » de déclarer que je n'avois aucune raison de m'opposer à son adoption. De quoi s'agit-il » en effet ? de la publication d'une collection contenant les lois et réglemens de douanes en » vigueur. Certes, si l'on eût proposé de soumettre cette collection aux chambres, et de » faire décider par elles quels actes y seroient admis et quels autres en seroient exclus, » je me serois hâté d'objecter qu'il ne s'agissoit alors de rien moins que de réviser et de » refondre la législation entière des douanes, et je n'aurois pas manqué de reproduire les » argumens par lesquels je crois avoir prouvé, dans mon exposé des motifs, qu'un tel tra- » vail seroit aussi dangereux qu'inutile. J'aurois représenté que la commission en étoit, » comme nous, demeurée convaincue. Mais, tous les jours, des spéculateurs publient des » éditions qui renferment les lois et réglemens relatifs aux douanes ; on désire que ce soit » l'administration elle-même qui fasse rédiger ce recueil et qui le publie, pour qu'il soit » plus authentique. Je répète qu'on s'en occupe, et que, dans ce sens, je ne saurois » personnellement trouver de l'inconvénient à la proposition.

» M. le président relit l'amendement de M. de Villèle. — On demande de nouveau la » question préalable.

» *M. de Corbières.* La proposition a une importance très-réelle ; le commerce y est for- » tement intéressé, et la chambre ne doit pas prononcer légèrement sur une telle matière. » Dans l'extrême multiplicité des lois qui ont été rendues sur les douanes, il en est qui » ont été abrogées, d'autres qui sont en vigueur. On peut donc ne pas connoître assez pré- » cisément ces dernières, et de très-bonne foi se trouver en contravention. C'est cet incon- » vénient qu'il faut prévenir ; il faut avertir de ce qui n'existe plus et de ce qui existe » encore ; cela est d'autant plus essentiel que l'on fait valoir non-seulement des textes de lois

RENVOIS A FAIRE AU CODE OU AU TARIF.	BULLETIN DES DOUANES.

» rendues depuis 1791, mais même qu'on remonte à des ordonnances antérieures à la révolution. Ainsi, sans qu'il soit ici question d'analyse, de note ou de commentaire, le commerce demande et l'on peut désirer l'indication des lois ou des articles de lois qui subsistent; en ce sens, j'adopte la première partie de la proposition de M. de Villèle; quant à la seconde, relative aux tribunaux, elle peut offrir des inconvéniens, et il paroît inutile de l'adopter; quant au mot analytique, on peut le supprimer, mais il ne peut s'entendre que dans le sens où il est présenté, c'est-à-dire l'indication et non l'altération de la loi.

» *M. le ministre de l'intérieur.* C'est contre la proposition, ainsi simplifiée, que je viens m'élever de nouveau. On demande un Recueil des lois et des réglemens en vigueur; et au premier coup d'œil il semble qu'on ne peut se refuser à une telle proposition. Aussi, pour le dire en passant, l'administration prend-elle l'engagement d'y satisfaire; mais autre chose est que l'administration le publie, autre chose est de dire dans une loi que l'administration fera publier; car, si elle ne publie pas tout, et si le Recueil que vous ordonnez, offre des omissions, des négligences, quelle sera la règle des tribunaux? Le Recueil de l'administration? Mais alors c'est l'administration elle-même qui est rendue juge des lois abrogées et de celles qui ne le sont pas. Voyez quelle attribution vous lui donnez! Elle seroit le législateur lui-même, et cependant quoi de plus grave, quoi de plus important que de décider si une loi est ou n'est pas abrogée; de décider à quels caractères on peut reconnoître si elle subsiste encore, ou si elle a cessé d'être en vigueur? Beaucoup d'ouvrages de droit public traitent de ces caractères, et leurs auteurs ont traité la question avec une profondeur et une maturité qui en attestent assez l'importance. Vous ne pouvez donc laisser l'administration maîtresse de juger à cet égard ce qui doit être conservé, ce qui doit être considéré comme abrogé. L'intérêt des citoyens ne le permet pas: vous ne pouvez les laisser privés d'une disposition qui leur est favorable, sur laquelle ils auroient compté, et que les tribunaux ne pourroient plus reconnoître, parce qu'elle ne se trouveroit pas dans le Recueil que vous auriez ordonné par une loi.

» Que l'administration fasse ce Recueil, et elle paroît se proposer de le faire, mais ne lui donnez pas un caractère qu'il ne doit point avoir, et n'enlevez pas aux citoyens le droit de tirer avantage d'une loi qui existe et que l'administration auroit négligé de mettre dans son Recueil. »

On demande de toutes parts la question préalable. La question préalable est mise aux voix et adoptée à la presque unanimité. (*Moniteur du* 29 *mars* 1818, *séance du* 27.)

Ainsi la Chambre des députés a rejeté la proposition d'accorder *un caractère d'autorité* aux Collections de lois publiées par les administrations, et c'est un Ministre du Roi qui l'a incité à refuser ce caractère au Recueil annoncé par M. le directeur général des douanes... Il seroit sans doute facile d'argumenter de cette décision pour établir que les Codes formés par des particuliers méritent plus de confiance que les Collections publiées avec l'agrément administratif, mais si je crois de l'honneur de défendre mon travail, il n'est pas dans mon genre d'attaquer celui des autres... Le Recueil imprimé à Lille sur la copie d'un écrivain distingué par des productions plus élevées, et le Code que j'ai publié, sont d'ailleurs des ouvrages connus, et jugés. . . (D.-S.)

NOTA. Au moyen des dispositions rapportées sous les nos 18 à 47 de ce Bulletin, le Livre C du CODE DES DOUANES est au courant des changemens intervenus depuis son impression jusqu'à ce jour.

Aucune modification n'ayant été apportée à celles consignées sous les nos 2 à 17, le Livre B demeure également au courant jusqu'aujourd'hui 20 avril 1820.

NAVIRES FRANÇAIS vendus à des étrangers.

CODE, annoter le numéro ci-contre sous le no D,17.

48. Instructions relatives à la perception des droits de douanes sur les navires français vendus à l'étranger, et à la délivrance des expéditions propres à assurer le voyage de ceux achetés dans les ports de France.

« L'article 2 de la loi du 21 avril 1818 (*au Code*, *en note du* no D,17), autorisant la vente des navires français pour l'étranger, on s'est enquis de savoir comment on devoit agir pour faire cesser les engagemens relatifs à ces navires et percevoir le droit de sortie,

» Lorsque la vente s'opère au dehors, étant ou n'étant pas prévue;

BULLETIN DES DOUANES.	RENVOIS À FAIRE AU CODE OU AU TARIF.
1082. *Les sels étrangers, provenant de prises, ne doivent jouir que du crédit ordinaire de deux mois, autorisé pour les droits généraux de douanes.* (CD. 3 avril 1810.) Voici les termes de cette circulaire : . . « Des receveurs ont admis des obligations à 3, 6 et 9 mois, en paiement du droit de deux décimes par kilogramme, » moyennant lequel les sels étrangers, provenant de prises introduites dans nos » ports, sont admissibles aux termes de la loi du 1.er pluviose an 13, et de la » circulaire du 28 mai 1808. Le crédit de 3, 6 et 9 mois, accordé par l'art. 54 » de la loi du 24 avril 1806 (*Code*, N.° 461.), concerne exclusivement les sels » extraits de nos marais salans; et ceux étrangers provenant de prises, n'étant » admis que par exception, ne doivent jouir que du crédit ordinaire de deux » mois, autorisé pour les droits généraux de douanes. Bien que cette disposition » ne fût pas explicitement énoncée, elle résultoit naturellement de la circulaire » du 28 novembre 1807, portant que les sels de prises n'étoient admissibles à » aucune des faveurs particulières réservées par la loi du 28 avril et le réglement » du 11 juin 1806, aux sels français. »	CODE. Du n.° 526, renvoyer à ce n.° 1082.
1083. Il ne sera fait remise pour les eaux-de-vie de grains exportées à l'étranger, que du droit de fabricatiou qu'elles auront acquitté. (20 *avril* 1810, *art.* 13.) Le droit fixé par l'article 37 de la loi du 25 novembre 1808, pour la fabrication des eaux-de-vie de grains, pommes de terre et autres substances farineuses, est remplacé, à compter du 1.er juillet prochain, par un droit d'un franc cinquante centimes par hectolitre d'eau-de-vie fabriquée à 17 degrés et au-dessous; de deux francs par hectolitre au-dessus de 17 degrés jusqu'à 21, et de trois francs par hectolitre au-delà de 21 degrés. (*Même loi, art.* 10.)	CODE. Du n.° 899, renvoyer à ce n.° 1083.
1084. A l'avenir, les bâtimens qui sortiront du port de Granville avec une licence de navigation, auront la faculté de composer la totalité de leur chargement en huîtres, par exception à la décision impériale du 25 novembre 1809, et au décret du 14 février 1810. (*DI.* 20 *avril* 1810, *art.* 1.er.) Les licences délivrées à cet effet feront mention de l'exception; toutes celles sur lesquelles elles n'auroit pas été mentionnée par le Ministre de l'intérieur, seront soumises aux dispositions communes. (*Même décret, art.* 2.)	CODE. Du n.° 996, renvoyer à ce n.° 1084.
1085. *Jusqu'à décision contraire, le sel d'Epsom ne paiera que le simple droit de dix francs.* (CD. 20 avril 1810.) Le décret du 26 mars 1810, qui a porté à 10 francs le droit de 6 fr. 12 cent. sur la sulfate de magnésie ou sel d'Epsom, a été transmis par une circulaire du 11 avril..... Si, pour l'application du droit, cette circulaire ne tiroit pas du décret la conséquence qui se trouve dans ma note du n.° 1080, au moins le résultat	TARIF. Sel d'Epsom. BULLETIN. Du n.° 1080, renvoyer à ce n.° 1085.

RENVOIS A FAIRE AU CODE OU AU TARIF.	BULLETIN DES DOUANES.

en étoit-il de même, c'est-à-dire que le sel d'Epsom devoit acquitter 20 francs;.... toutefois cette perception a été suspendue par circulaire du 20 avril 1806, ainsi conçue :

« L'intention du décret du 26 mars, rendu sur la demande d'une fabrique de » sulfate, étoit d'augmenter le droit, et cependant, en le fixant à *dix* francs, il » se trouvoit effectivement réduit, puisque le doublement de celui du tarif, or- » donné par le décret du 8 février précédent (Bulletin, n.° 1073) sur toutes dro- » gueries, l'élevoit à 12 fr. 24 cent. — C'est par ce motif qu'il avoit été marqué » que le nouveau droit de 10 francs, représentatif de celui du tarif, devoit être » doublé dans la perception. Cette disposition ayant excité quelques réclamations, » fondées sur l'antériorité du décret du doublement, la question en a été sou- » mise au Ministre des finances; en attendant qu'elle ait été régulièrement dé- » cidée, il ne sera acquitté sur le sel d'Epsom que le simple droit de dix francs. »

TARIF. Marchandises imposées à la valeur.

1086. *Les droits à la valeur, suivant constamment la progression du prix des marchandises, ne doivent pas subir le doublement ordonné par le décret du 8 février* 1810. (CD. 20 avril 1810.)

TEL est le sens de cette circulaire, et en voici les termes : — Le thé, dont la » valeur est de 8 francs et au-dessus, doit 3 francs par kilogramme, et en outre » un droit additionnel de 10 pour cent de sa valeur. Le premier droit de 3 francs » est susceptible de doublement; le second ne l'est pas, attendu que le décret du » 8 février dernier, en doublant les droits du tarif sur les denrées coloniales, » drogueries, épiceries et productions des Deux-Indes, a eu pour objet de ré- » tablir le rapport des anciennes fixations avec le prix actuel de ces mêmes mar- » chandises. Les droits à la valeur, suivant constamment cette progression, ne » doivent pas subir le même sort que ceux dont la quotité est déterminée. Des » ordres sont donnés en conformité de cette disposition dont le principe est ap- » plicable à tous les cas de l'espèce. »

TARIF de Navigation.

CODE. Paragraphe à ajouter au livre VI, après le n.° 1055.

1087. Pour subvenir *aux* dépenses *du rétablissement du magasin de sauvetage à Quillebeuf*, il sera perçu un droit additionnel au droit de tonnage sur chacun des navires ou bâtimens de mer ou de rivière qui traverseront le passage de la Seine vers Quillebœuf, savoir :

1.° Sur tous bâtimens français, navires ou allèges, navigant des ports ou anses des départemens de la Seine-Inférieure, de l'Eure et du Calvados, situés en rivière, à Rouen, et de Rouen auxdits ports et anses, par tonneau	1 ½ cent.
2.° Sur tous navires français venant de quelque autre port français de l'Océan ou y allant, et passant devant Quillebœuf	3 cent.
3.° Sur tous navires français venant de quelque port étranger de l'Europe, situé sur l'Océan ou sur la mer du nord, ou y allant, ou bien venant de quelque port français de la Méditerranée ou y allant	5 cent.

BULLETIN DES DOUANES.	RENVOIS A FAIRE AU CODE OU AU TARIF.

4.° Sur tous navires français venant des Colonies, ou y allant, ou faisant tout autre voyage au long cours . 10 cent.

5.° Sur tous bâtimens navigant sous pavillon étranger, quel que soit leur voyage . . . . 15 cent.

Les bâtimens français de vingt tonneaux et au-dessous, quelle que soit leur navigation, ne paieront rien. (*DI. 3 mai* 1810, *art.* 6.)

Le droit ne sera acquitté qu'une fois par voyage, comprenant l'aller et le retour, et ce, en descendant la rivière; il sera perçu par le receveur de la douane à Quillebœuf, qui en tiendra le produit, mois par mois, à la disposition de la Chambre de commerce de Rouen. (*Même décret*, *art.* 7.)

1088. *Les armateurs peuvent renoncer aux licences qu'ils ont obtenues.* (CD. 25 mai 1810.)

CODE. Du n.° 996, renvoyer à ce n.° 1088.

DÉJA cette question avoit été implicitement décidée par circulaire du 2 mars 1810, rapportée sous le n°. 996 du Code, section DES LICENCES...... Celle du 25 mai 1810, s'exprimant à cet égard en termes positifs, en voici le texte :

« Il arrive fréquemment que des armateurs renoncent au bénéfice des licences » qu'ils ont obtenues, afin de n'être point obligés de remplir les conditions » qu'elles imposent au départ, particuliérement celles du décret du 14 février » dernier. Les licences étant une faveur du Gouvernement sont essentiellement » facultatives, mais lorsqu'un armateur n'en veut pas faire usage, on doit pour» voir à ce qu'il n'en fasse pas abus; en conséquence il convient dans le cas de » renonciation d'exiger le dépôt de l'acte et d'en faire la remise au préfet du dé» partement. Cette mesure obviera à l'application qu'on pourroit être tenté de » faire de la licence au chargement de retour qui ne seroit admissible qu'en vertu » du privilége qu'elle avoit conféré et qui a cessé d'exister par l'inobservation des » clauses auxquelles il est subordonné. On informera M. le directeur-général des » remises qui seront successivement faites ».

OBS. Toute fraude commise par suite de licences est essentiellement un attentat contre le commerce lui-même, et ceci se démontre par cela que les licences n'étant instituées que pour favoriser l'exportation des productions de notre sol, il est clair qu'en n'exportant pas, c'est le commerce qu'on trompe puisqu'il ne vend pas, et non le fisc puisqu'il perçoit comme si l'on avoit vendu..... Il est donc de l'intérêt personnel de tout négociant de signaler les moyens employés pour éluder les conditions imposées au départ des navires licenciés......... Un de ces moyens est de charger, au lieu de vins, de l'eau colorée avec du bois de campêche ou toute autre teinture..... Pareil abus peut être arrêté par une vérification exacte de chaque pièce, et s'il est reconnu, il doit entraîner la saisie du bâtiment et de la cargaison.

1089. *Les relevés de commerce doivent présenter, par mois et par trimestre, les diverses espèces de marchandises par dénomination, qualité, poids, nombre ou mesure.* (CD. 12 juin 1810.)

CODE. Du n.° 307, renvoyer à ce n.° 1089.

L'ARTICLE 9, titre 2 de la loi du 22 août 1791 (Code, n°. 272), prescrit aux déclarans de donner ces énonciations, et la circulaire ci-dessus, en récomman-

RENVOIS A FAIRE AU CODE OU AU TARIF.	BULLETIN DES DOUANES.

dant de rechef d'en envoyer les états détaillés exige que « les eclaircissemens » soient suffisans pour la confection des états de la balance du commerce ; c'est-à-» dire que les marchandises, tant aux importations qu'aux exportations, soient » exactement distinguées par les dénominations qui leur sont propres et par quan-» tité de chaque espèce » ;

Ainsi, il s'agit particuliérement d'indiquer dans les relevés de commerce, les noms et qualités, « 1°. à l'importation des objets non dénommés au tarif, tels que » drogueries, épiceries, et marchandises que la loi admet à payer à raison de » leur valeur, 3 ou 10 pour 100 ;

» 2°. A l'exportation des étoffes, tissus divers, rubannerie et toiles qui n'y » sont désignés que par ces noms génériques. »

Ce que la circulaire ci-dessus prescrit principalement pour les marchandises non dénommées ; une autre circulaire l'ordonne spécialement pour les états d'exportation de grains et farines ; cette dernière, en date du 18 juin 1810, est conçue en ces termes :

« Les exportations de grains et farines qui sont opérées en exécution du régle-» ment de Sa Majesté, du 2 juillet 1806, et autorisations postérieuses, ne sont » pas exactement rappelées dans les relevés de commerce qui sont adressés à » M. le directeur-général pour chaque principalité ; plusieurs receveurs les omet-» tent même entièrement sur le motif que les droits perçus sur ces grains ne font » pas partie des produits de douanes, d'autres ne portent la quantité qu'en masse » sous la dénomination générique grains, sans aucune distinction des quantités » par espèces et destinations..... Les relevés de commerce *qui contiennent ces* » *omissions et ceux dans lesquels les quantités de grains exportées ne sont pas* » *compris* seront rétablis, à partir du 1er. janvier 1810 par désignation d'espèces, » quantités et lieux de destination... et à l'avenir les grains et farines seront portés » au bas des états de commerce par mois et trimestre. »

TARIF. Grains.

1090. Toute expédition de grains et de blés par l'Escaut, la Meuse et le Rhin, et par quelque partie que ce soit des frontières de terre pour la Hollande est prohibée. (*DI.* 12 *juin* 1810.)

TARIF. Grains.—Seigles.

1091. L'exportation du seigle pour l'étranger est défendue, jusqu'à nouvel ordre, dans toute l'étendue de l'Empire. (*DI.* 15 *juin* 1810.)

CODE. Du n.° 365, renvoyer à ce n.° 1092.

TARIF. Grains.

1092. Les droits à l'exportation du blé pour l'étranger seront portés au double du Tarif actuel. (*DI.* 15 *juin* 1810.)

Ce doublement s'applique généralement à tous les grains qui peuvent être exportés, c'est-à-dire que les blés-fromens doivent acquitter le double des droits établis par la décision impériale du 2 juillet 1806, et que les menus grains sont soumis aujourd'hui à ceux que cette décision avoit fixés sur les fromens.

Les farines continuent à être traitées comme les grains dont elles sont extraites.

Mais le riz, à l'exception de sa sortie par la 27.e division militaire, est rangé dans la classe des fromens par lettre du 7 juillet 1810, et il doit conséquemment le double des droits de la décision du 2 juillet 1806..... Antérieurement, le riz étoit traité comme menu grain : or, ce changement est à noter dans toutes les éditions de mon Tarif.

Le seigle reste prohibé, et l'avoine l'a été par un décret du 22 juin dont je donnerai le texte dans le numéro prochain.... Ce même décret défend aussi la sortie de toutes espèces de blés par les ports de la côte depuis l'île de Schouven jusqu'à Lorient.

BULLETIN DES DOUANES.	RENVOIS A FAIRE AU CODE OU AU TARIF.

1093. Il est dérogé aux articles 9 et 11 du décret impérial du 13 octobre dernier, portant l'un que la quantité de sel accordée en franchise de droit pour la fabrication d'un quintal métrique de soude ne pourra excéder cinquante kilogrammes, et l'autre qu'il sera payé pour frais d'exercice, une somme de quatre mille francs par chaque fabrique de cette substance;

CODE. Des n.os 523 a 525, renvoyer à ce n.° 1093.

La quantité de sel sera dorénavant de soixante-sept kilogrammes, et la somme à payer réduite à quinze cents francs. (*DI.* 18 *juin* 1810.)

Ce décret est précédé du considérant qui suit : « Voulant donner à la fabrication » de la soude artificielle en France de nouvelles preuves de l'intérêt que nous » portons à ce genre d'industrie, nous avons décrété, etc.

La disposition de ce décret, qui porte jusqu'à 67 kilogrammes le maximum de la quantité de sel à accorder en franchise pour la fabrication d'un quintal métrique de soude dans l'objet de faire jouir d'une immunité entière celles du titre le plus élevé, exige de la part des préposés un surcroît de surveillance capable de prévenir l'abus qu'on en pourroit faire dans les établissemens où la soude se fabrique à un titre inférieur. Le modèle du registre n.° 4, dont il est parlé dans l'instruction du 30 novembre 1809 (*sous le n.° 525 du Code*), et celui de l'arrêté de compte à former le dernier jour de chaque mois, sont conçus de manière à constater l'existence en nature, dans le magasin du fabricant, des quantités de sel qui auroient pu être économisées pendant le mois sur le maximum accordé, et à procurer au contraire le paiement immédiat du droit sur les quantités qui auroient été employées au-delà de ce maximum. Le travail tendra désormais au même résultat, avec cette seule modification qu'au lieu d'établir l'économie sur la base de 50 kilogrammes de sel par quintal métrique de soude, on l'établira sur celle de 67 kilogrammes, et que le droit, au lieu d'être acquis sur tout excédant d'emploi au-delà de 50 kilogrammes, ne sera du que sur les excédans au-dessus de 67 kilogrammes; mais, comme l'élévation du maximum offre un plus grand appât à la fraude, les commis aux exercices doivent, en continuant d'assister avec exactitude à la dénaturation des sels, mesure qui est la principale garantie contre les abus, redoubler de zèle et d'attention pour empêcher tout enlèvement de sels soit des magasins, soit des ateliers; ne prendre en compte de fabrication que les soudes transportées en leur présence des ateliers dans les magasins à deux clefs; et s'opposer à tout double emploi ainsi qu'à toute introduction de soudes fabriquées ailleurs, ou déjà sorties de la fabrique soumise à leur surveillance. — Des vérifications fréquentes et un service exact des brigades auprès des fabriques doivent assurer la stricte exécution de ces dispositions. (*CD.* 27 *juin* 1810.)

1094. Les denrées coloniales et autres marchandises qui, en exécution du décret du 30 janvier dernier, ont été saisies dans les pays ci-devant hollandais réunis à l'Empire, seront remises aux propriétaires en payant 50 pour cent de leur valeur.

Dispositions de circonstance.

Cette valeur est celle du prix moyen desdites marchandises sur la place de Paris, pendant les quinze jours qui ont précédé la réunion, suivant l'état des mercuriales dressé et certifié par la chambre syndicale des agens de change; cependant les bois de Campêche et les indigos ne paieront le droit de cinquante pour cent, que d'après leur valeur actuelle sur la place de Paris. (*DI.* 21 *juin* 1810, *art.* 1.)

RENVOIS A FAIRE AU CODE OU AU TARIF.	BULLETIN DES DOUANES.

Les denrées et marchandises dont la remise sera faite paieront par moitié de leur valeur, d'après les bases réglées par l'article précédent, savoir :

Aloës	105 fr.	»	le quintal métrique.
Anis étoilé	9 fr.	»	le kilogramme.
Baume de Copahu	3 fr.	10 c.	le kilogramme.
Borax raffiné	312 fr.	»	le quintal métrique.
Bois de Campêche, Fernambouc et de teintures	69	»	*Id.*
Bois médicinal	1	25	le kilogramme.
Cacao	461	»	le quintal métrique.
Café	463	»	*Id.*
Canelle de Ceylan	17	50	le kilogramme.
Canelle commune	8	45	*Id.*
Chocolat	3	75	*Id.*
Cochenille	54	»	*Id.*
Colle de poisson	19	75	*Id.*
Coton en laine	650	»	le quintal métrique.
Curcuma	215	»	*Id.*
Ecorces de grenadier	85	»	*Id.*
Fer blanc en feuilles	89	50	la caisse de 225 feuilles.
Fil d'archal		75	le kilogramme.
Girofle (clous de)	8	75	*Id.*
Gomme arabique	2	50	*Id.*
Indigo	21	50	*Id.*
Muscade (noix de)	54	»	*Id.*
Piment	3	95	*Id.*
Poivre	351	»	le quintal métrique.
Quinquina	24	»	le kilogramme.
Riz	51	»	le quintal métrique.
Sirop	78	50	*Id.*
Sucre en pain	582	»	*Id.*
Sucre candi	325	»	*Id.*
Sucre pilé	304	»	*Id.*
Sucre terré	304	»	*Id.*
Sucre brut	249	»	*Id.*
Sumac	25	»	*Id.*
Tabac en feuilles	225	»	*Id.*
Tabac en côtes	55	»	*Id.*
Tabac fabriqués, en carottes, en poudre	255	»	*Id.*
Tabac haché et en rôle	245	»	*Id.*
Thé	8	35	le kilogramme.
Thé (poussière de)	1	90	*Id.*

(*Même décret, art.* 2.)

BULLETIN DES DOUANES.	RENVOIS A FAIRE AU CODE OU AU TARIF.

Le droit de 50 pour cent n'est point applicable : 1°. aux denrées qui ont été trouvées chez les épiciers, confiseurs et débitans en détail et dont les quantités n'excédoient pas les approvisionnemens nécessaires à leurs ventes journalières.

2.° Aux marchandises et denrées qui seront justifiées provenir de prises faites par des corsaires français et conduites en Hollande, dont l'admission en France *a été autorisée* par des décrets spéciaux.

Les objets qui sont dans les deux cas ci-dessus exprimés, n'acquitteront que le triple droit établi par le décret du 1.er février dernier. (*Même décret*, *art.* 3.)

Les toiles de coton blanches et imprimées, les mousselines, les bonneteries, velours et étoffes de coton, les étoffes de laine, de fil et laine et de fil et soie sont confisqués et seront vendus sous la condition de la réexportation. (*Même décret*, *art.* 4.)

Les tabacs qui seront reconnus être du crû de Hollande ne paieront que le droit d'entrée ordinaire, fixé par le tarif français, et celui de fabrication. (*Même décret*, *art.* 5.)

Sept cents onze pièces de toiles de coton blanche, séquestrées à Breda, provenant d'une saisie faite à Gand par les préposés des douanes, et qui avoient ensuite été adjugées aux sieurs Pfeffel-Wich et compagnie, sous la condition de la réexportation à l'étranger, seront remises aux propriétaires en prenant toutes les mesures nécessaires pour qu'elles ne restent pas sur le territoire français. (*Même décret*, *art.* 6.)

Les denrées et marchandises sequestrées à Dordrecht, seront remises aux propriétaires ou consignataires en payant le droit de 50 pour cent de la valeur, ainsi qu'il est réglé par les articles 1 et 2 du présent décret. Elles pourront être introduites en France, à l'exception des toiles, mousselines, étoffes et autres ouvrages de coton et de laine. (*Même décret*, *art.* 7.)

Les sommes provenant tant du droit de 50 pour cent réglé par les articles 1 et 2, que de ceux fixés par les articles 3 et 5, seront versées à la caisse d'amortissement pour recevoir jusqu'à due concurrence, la destination qui leur est donnée par le décret du 15 mai 1810, concernant les indemnités accordées à la ville de Flessingue. (*Même décret*, *art.* 8.).

Ces dispositions ne concernent que les pays cédés avant la réunion entière de la Hollande.....

1095. A dater du 1.er juillet à midi, l'exportation des blés et farines, pour l'étranger, sera défendue par tous les ports de la côte depuis l'île de Schouven jusqu'à Lorient. (*DI.* 22 *juin* 1810, *art.* 1.) — TARIF. Grains.

RENVOIS A FAIRE AU CODE OU AU TARIF.	BULLETIN DES DOUANES.
TARIF. Grains.—Avoines.	A dater du même jour, l'exportation de l'avoine sera défendue par toutes les frontières de terre et de mer de l'Empire. (*Même décret, art.* 2.) Ce décret est précédé du considérant qui suit : « Vu l'augmentation considérable du prix des grains et farines dans les dé- » partemens du nord de l'Empire, et jusqu'à ce que les apparences favorables » de la récolte aient été justifiées, *il est* décrété, etc. » Cette prohibition est absolue comme toutes celles en termes généraux qui ne spécifient point d'exception ; ainsi elle doit être appliquée même aux navires munis de licences. Des réclamations faites par les armateurs de ces bâtimens ont été rejettées, et le Ministre des finances a marqué, par lettre du 2 juillet, que Sa Majesté avoit décidé qu'on ne devoit laisser partir aucun bâtiment chargé de grains, soit avec, soit sans licence, jusqu'à nouvel ordre. (*CD.* 3 *juillet* 1810.) D'autres armateurs ont aussi demandé que cette prohibition ne soit pas appliquée aux grains pour lesquels il avoit été délivré, avant le moment de l'exécution du décret, des permis d'embarquement et des expéditions de douanes..... Le Ministre de l'intérieur, auquel il a été déféré de cette réclamation, a décidé, le 6 juillet 1810, que les grains qui ne seroient pas encore sortis devoient être retenus, et que les navires munis de licences qui éprouveroient des difficultés à composer leurs cargaisons, à cause de cette prohibition, pourroient partir avec des vins seulement, c'est-à-dire, avec des chargemens formés moitié en vins et eaux-de-vie, et le surplus en objets autres que des blés, permis par la licence. (*CD.* 9 *juillet* 1810.)
CODE. Du n.° 564, renvoyer à ce n.° 1096.	1096. *Il ne peut être délivré aucun acquit-à-caution pour transport de tabacs à destination d'une fabrique, à moins que l'existence et l'état d'activité de cette manufacture ne soit constatés par un certificat du maire de la commune où elle est établie, légalisée par le sous-préfet.* (CD. 29 juin 1810.) Cette disposition est celle de la circulaire du 21 ventôse an 12, rapportée sous le n.° 564 du Code ; en la rappelant, la circulaire du 29 juin ci-dessus, ordonne de plus que, pour prévenir toute irrégularité relativement aux expéditions qui pourroient se faire pour des fabriques qui ne sont plus en activité, ou à l'adresse de négocians qui ne sont pas fabricans, « les receveurs des bureaux désignés pour » l'entrée des tabacs en feuilles, tiendront la main à la représentation du cer- » tificat prescrit, et s'assureront s'il est d'une date assez récente pour qu'il n'y » ait pas de probabilité d'un changement qui auroit fait supprimer la fabrique. » Comme cette mesure est dans l'intérêt de l'administration des droits réunis, on » pourra demander que ces certificats soient délivrés ou visés par le préposé su- » périeur de cette administration, s'il s'en trouve dans le lieu de l'établissement » de la fabrique, et revêtus de la légalisation ordinaire du préfet ou du sous- » préfet. »
TARIF. Cinquième édition.	Nota. La cinquième édition de mon Tarif vient de paroître ; j'y ai fait l'application du décret du 8 février 1810, et elle est au courant jusqu'au 5 août.... Le prix en est toujours de 15 francs.

BULLETIN DES DOUANES.	RENVOIS A FAIRE AU CODE OU AU TARIF.

1097. *Les bâtimens ottomans (et barbaresques) qui se seront dénationalisés en payant une imposition au Gouvernement anglais, seront saisis et confisqués conformément au décret du* 17 *décembre* 1807. (Ordre de Sa Majesté du 9 avril 1810.)

CODE. Du n.° 224, renvoyer à ce n.° 1097.

Tout bâtiment ottoman arrivant dans les ports de France sera provisoirement sequestré, et la même mesure sera appliquée aux barbaresques, quelles que soient les marchandises dont leur cargaison soit composée. (Dispositions postérieures transmises par CD. 26 mai et 22 août 1810.)

Ces dispositions impériales ont été transmises par diverses circulaires dont je vais rapporter le texte.... On observera que les premières mesures, qui ordonnoient la confiscation, ont été modifiées par celles postérieures, qui se bornent à prescrire le sequestre jusqu'au jugement de Sa Majesté.

« D'une décision de l'Amirauté de Londres portant que le pavillon ottoman pourra » librement naviguer et se rendre dans les ports de France, d'Italie, de Naples et d'Il- » lyrie, en payant aux agens de la Grande-Bretagne vingt pour cent, dont la seule quit- » tance tiendra lieu de passeport pour l'aller et le retour, il résulte une nouvelle » violation de la liberté des mers, laquelle appelle immédiatement l'application » aux navires ottomans, du décret du 17 décembre 1807, qui veut que tout bâti- » ment qui aura payé une imposition quelconque au Gouvernement anglais soit » déclaré de bonne prise. En conséquence, un ordre de Sa Majesté, en date du » 9 avril 1810, que le Ministre des finances avoit transmis le 10 à M. le Directeur » général des Douanes, prescrivoit la confiscation des marchandises importées par » bâtimens ottomans, et ordre *fut* donné de saisir tous ceux qui entreroient dans » les ports de France, afin qu'il *fût* procédé contre eux au tribunal des prises dans » les formes ordinaires. (*CD.* 10 *avril* 1810.)

» L'Empereur a décidé que les dispositions relatives aux bâtimens ottomans » seroient appliquées aux navires barbaresques chargés de denrées coloniales. » (*CD* 15 *mai* 1810) »

Par circulaire du 25 mai il fut transmis que les cargaisons ottomanes seroient immédiatement vendues, mais l'exécution de cette mesure fut suspendue le lendemain par l'ordre suivant :

« Une nouvelle disposition de Sa Majesté porte que les bâtimens ottomans qui » arrivent dans les différens ports de l'Empire, ne pouvant naviguer que par la » permission des Anglais, il faut que les Douanes se fassent remettre, par chaque » capitaine, les licences anglaises pour savoir s'ils ont payé un droit aux An- » glais, et que, dans le même objet, il soit procédé à des interrogatoires; que les » Douanes procéderont à ces interrogatoires en présence du commissaire de police, » et que l'on fera préalablement connoître aux capitaines que s'ils font de fausses » déclarations, les bâtimens et cargaisons seront confisqués; mais que s'ils dé- » clarent la vérité, Sa Majesté jugera du parti qu'il y aura à prendre. — Sa Ma- » jesté ordonne de plus qu'il soit remis un rapport sur le tonnage, les équipages, » les cargaisons de ces bâtimens arrêtés et sur les endroits d'où ils viennent. — » En conséquence et aussitôt l'arrivée d'un navire ottoman dans un port de France, » les Directeurs feront requérir du capitaine, préalablement averti comme ci- » dessus des conséquences qu'auroit une fausse déclaration, la représentation des » licences anglaises qu'il pourroit avoir, et ils feront en même temps procéder, » conjointement avec le commissaire de police, aux interrogatoires qu'ils transmet-

RENVOIS A FAIRE AU CODE OU AU TARIF.	BULLETIN DES DOUANES.

» tront aussitôt qu'ils seront clos à M. le Directeur général des Douanes, et provisoirement et sans délai ils formeront et enverront un état du bâtiment tel » que l'exige Sa Majesté, c'est-à-dire, qui énonce de la manière la plus exacte » et la plus positive le tonnage, l'équipage, la cargaison en nature et quantité, » et le lieu du départ. — Les ventes des marchandises qui ont été précédemment » prescrites seront suspendues. (*CD.* 26 *mai* 1810.)

» La modification apportée par la circulaire ci-dessus, aux bâtimens ottomans, » s'étend nécessairement aux navires barbaresques; ainsi au lieu de saisir et de » confisquer immédiatement ceux chargés de denrées coloniales, on se bornera au » simple séquestre en s'appliquant avec beaucoup de soin à découvrir s'ils ont eu » quelque contact avec les Anglais et leur ont payé des contributions. On emploira à leur égard les mêmes mesures que celles prescrites pour les ottomans. » (*CD.* 26 *mai* 1810.)

» L'intention de Sa Majesté est que les bâtimens ottomans et barbaresques » soient traités également dans tous les cas, attendu qu'ils peuvent avoir chargé » à Malte, ou payé aux Anglais le droit de 20 pour cent; ainsi les bâtimens » barbaresques seront sequestrés, quelles que soient les marchandises dont leur » cargaison sera composée. On informera M. le Directeur général, dans les vingt-quatre heures du sequestre qui aura été mis tant sur les navires ottomans que » sur ceux des puissances barbaresques, et on lui adressera le procès-verbal avec » tous les documens recueillis relativement aux circonstances de leur navigation, » à l'origine et à la nature de leur chargement, et aux assurances, s'il en existe, » tant pour le bâtiment que pour la cargaison. (*CD.* 22 *août* 1810.) »

BULLETIN. Du n°. 1076, renvoyer à ce n°. 1078.

1098. *Tous bâtimens suédois qui arriveront sur un ponit quelconque des côtes, chargés de marchandises coloniales, seront saisis.* (Ordre de Sa Majesté du 15 mai 1810.)

« On devra pour ces saisies procéder devant le tribunal des prises lorsqu'elles » seront faites uniquement par application de la disposition ci-dessus. (*CD.* » 18 *mai* 1810.) »

Il résulte d'une note autorisée, insérée dans le *Moniteur* du 3 septembre 1810, « qu'aucun Consul français ne délivre et ne doit délivrer de certificat d'origine » de denrées coloniales »; qu'ainsi tout certificat qui est présenté comme tel est faux et fabriqué, et que les denrées coloniales sont toutes de bonne prise, puisqu'elles proviennent du commerce anglais.

CODE. Du n.° 996, renvoyer à ce n.° 1099.

1099. *Les licences étant signées de Sa Majesté ont force de décret : elles protègent ainsi, dans tous les cas, les marchandises dont elles ont autorisé l'importation.* (DM. 4 juin 1810.)

« Il résulte de ce principe qu'un navire *sequestré*, mais dont le sequestre a été » levé par l'effet d'une licence, peut rentrer et sa cargaison être admise; toutefois » le bâtiment qui est de propriété *sequestrée* et que son retour replace sous le » sequestre qui n'avoit été levé que provisoirement, est dans le même cas de » saisie que s'il fût resté dans nos ports. En conséquence les cargaisons d'objets » spécifiés importés par navires licenciés sous pavillon *sequestré*, sont admissibles; » si les bâtimens sont *étrangers*, le sequestre les atteint pour le corps seulement; » s'ils sont *neutralisés* et de propriété française, constatée par acte antérieur en » forme régulière, ils peuvent continuer à naviguer jusqu'aux termes de leur licence. (*CD.* 4 *juin* 1810.)

BULLETIN DES DOUANES.	RENVOIS A FAIRE AU CODE OU AU TARIF.

1100. *A l'avenir, les rôles d'équipage des navires qui entrent dans nos ports ne seront plus déplacés du bureau de l'inscription maritime où ils seront déposés.* (Proposition du Ministre en date du 22 juin 1810, consentie par M. le Directeur général des Douanes.)

CODE. Des n.os 47 et 134, renvoyer à ce n.° 1100.

Voici le texte de la circulaire par laquelle cette convention a été transmise : « Les rôles d'équipages des navires qui entrent dans nos ports doivent être visés » et vérifiés par les commissaires de marine et déposés au bureau de l'inscription » maritime pour servir à expédier les certificats de services ou de mort des ma- » rins et à liquider les droits revenant à la caisse des Invalides ; leur déplacement » présentant ainsi beaucoup d'inconvéniens, le Ministre de la marine a proposé à » M. le Directeur général des douanes, par une lettre du 22 juin 1810, d'y sup- » pléer par la communication, qui sera donnée aux Directeurs des douanes, des » rôles originaux, avec remise de leur copie collationnée, duement certifiée et » signée. Cette copie régulière, pouvant remplir le même objet que l'acte original, » doit suffire aux vérifications ultérieures qu'il seroit nécessaire de faire ; ainsi la » douane se bornera à la requérir pour être jointe aux pièces que les Directeurs » seront dans le cas d'adresser à M. le Directeur général. (*CD.* 26 *juin* 1810.) »

1101. *Les préposés des Douanes, comme force publique, satisferont aux réquisitions des agens de la police générale, spécialement chargés de visiter, en ce qui concerne les passagers, tout bâtiment quelconque avant sa communication à terre.* (CD. 23 juin 1810.)

CODE. Du n.° 187, renvoyer à ce n.° 1101.

Cet ordre d'assister, lorsqu'il sera nécessaire, aux recherches des commissaires généraux de police, n'est qu'une suite de ceux déjà donnés par les différentes circulaires rapportées sous le n°. 187 du Code.

1102. *Les vinaigres ne peuvent être admis en remplacement des vins à exporter, dans les chargemens des navires munis de licences; ils peuvent seulement faire partie du surplus des cargaisons.* (DM. 30 juin 1810.)

CODE. Du n.° 996, renvoyer à ce n.° 1088.

Voici le texte de la circulaire par laquelle cette décision a été transmise : — « Je » vous ai marqué, par ma circulaire du 20 novembre dernier (*la voir au* 3.e *pa- » ragraphe de la page* 374 *du Code*), d'après une disposition du Ministre de » l'Intérieur, en date du 18, que le vinaigre étant une sorte de vin, pouvoit, » sous cette dernière dénomination, être compris parmi les productions du sol dont » les licences favorisent l'exportation. Depuis, le décret du 14 février de cette » année ayant déterminé la quantité proportionnelle de vins et eaux-de-vie qui » doit être chargée sur les navires licenciés, Son Excellence a décidé, le 30 juin » dernier, que le vœu de ce décret ne seroit pas rempli si les vinaigres étoient » admis en remplacement des vins; qu'ils pourront seulement faire partie du » surplus des cargaisons comme productions du sol..... Ainsi les chargemens des » navires munis de licences doivent se composer par moitié au moins de vins ef- » fectifs et d'eaux-de-vie, et on ne peut tolérer aucune substitution d'espèces ou » qualités différentes. (*CD.* 2 *juillet* 1810.) »

BULLETIN. Du n°. 1072, renvoyer au n°. 1103.

1103. *L'entrée des livres venant de l'étranger ne pourra avoir lieu que par les bureaux ci-après désignés :*

Lesdits livres devront être expédiés, des bureaux ouverts à leur importation, sous plomb et par acquit-à-caution, pour la préfecture qui y correspond d'après le tableau suivant :

Ajaccio	Liamone	Livourne	Méditerranée
Anvers	Deux-Nèthes	Lorient	Morbihan
Bastia	Golo	Marseille	Bouches-du-Rhône
Bayonne	Basses-Pyrénées	Mayence	Mont-Tonnerre
Bergo San Sepolcro	Arno	Nantes	Loire-Inférieure
Bordeaux	Gironde	Nimègue	Bouches-du-Rhin
Boug-Libre	Haut-Rhin	Parme	Taro
Caen	Calvados	Pieir San Stephano	Arno
Calais	Pas-de-Calais	Plaisance	Taro
Casatismo	Gènes	Rome	Rome
Coblentz	Rhin-et-Moselle	Rouen	Seine-Inférieure
Cologne	Roër	Strasbourg	Bas-Rhin
Dieppe	Seine-Inférieure	Terracine	Rome
Gènes	Gènes	Verceil	Sésia
Genève	Léman		
Hâvre	Seine-Inférieure	Paris	Administration

(*CD.* 30 *juin*, 1810.)

Les frais de plombage, d'acquit et de transport doivent être payés par les voituriers auxquels les livres ou ballots sont remis. (*CD.* 20 *avril* 1810.)

Les livres venant de l'étranger par les bureaux où il existe des entrepôts, peuvent y jouir de cette faculté comme toutes autres marchandises non prohibées, sous la condition, en cas de destination définitive pour l'intérieur, de remplir les formes qui leur sont particulières, c'est à-dire d'expédition pour le chef-lieu de la préfecture que désigne la circulaire du 30 juin ci-dessus. (*CD.* 9 *août* 1810.)

Les livres que les voyageurs portent avec eux pour leur usage, ne pouvant, sans inconvénient, être assujettis aux formes prescrites pour la librairie étrangère, M. le Directeur général de la librairie les a dispensés tant de l'autorisation spéciale d'entrée, que de l'obligation du transport direct au chef-lieu de la préfecture *qui correspond au bureau.* Il résulte de sa lettre du 26 mai qu'ils pourront être admis immédiatement sur la déclaration que feront les voyageurs que les livres qu'ils apportent sont pour leur usage; ils en remettront le catalogue à la douane avec la promesse écrite et signée d'eux de ne pas s'en défaire. On retiendra les exemplaires doubles qui annonceroient un objet de commerce. (*CD.* 30 *mai* 1810.)

TARIF. Pommes-de-terre.

1104. *Les pommes-de-terre de primeur pourront sortir de l'île de Bommel pour la Hollande.* (Décision de Sa Majesté du 4 juillet 1810.)

Elles acquitteront la moitié des droits fixés par la décision impériale du 2 juillet 1806. (DM. 1er septembre 1810.)

Ainsi ces pommes-de-terre ne doivent à la sortie que le simple droit des menus grains, c'est-à-dire le quart des droits fixés sur le froment par le décret du 15 juin 1810.

BULLETIN DES DOUANES.	RENVOIS À FAIRE AU CODE OU AU TARIF.

1105. *Nonobstant la prohibition, les grains importés de l'étranger continueront à pouvoir être réexportés conformément à la loi du 11—17 novembre 1810.* (DM. 5 juillet 1810.)

TARIF. Grains. CODE. Du n.° 862, renvoyer à ce n.° 1105.

1106. *L'article 4 de l'acte de navigation, lequel interdit le cabotage des ports de France aux navires étrangers pour le réserver aux nationaux, recevra son exécution.* (Intention de SA MAJESTÉ transmise par LM. du 2 juillet 1810.)

CODE. Du n.° 997, renvoyer à ce n.° 1106.

LA circulaire qui a annoncé cette remise en vigueur ajoute : « L'intention de Sa » Majesté est qu'on ne reconnoisse pour le cabotage que les bâtimens français qui » auroient satisfait à ce que la loi prescrit; ainsi, tout transport d'un port de » France à un autre ne pourra être fait que par des navires régulièrement francisés » montés d'officiers français, et dont les trois quarts de l'équipage seront également » français, à l'exclusion des bâtimens étrangers qui, à quelque époque que ce soit, » auront obtenu la permission de faire le cabotage. » (*Extrait de la circulaire du* » *3 juillet* 1810.)

La disposition ci-dessus étant susceptible de développemens, il a été adressé une autre circulaire, en date du 7, dans laquelle se trouve indiqué ce que celle ci-dessus entend par *bâtimens qui auroient satisfait à ce que la loi prescrit.*

« Un navire français ne peut être considéré comme tel et admis à la francisation » que lorqu'il a été construit en France, qu'il provient de prises, de confiscation, » ainsi que de naufrage, et qu'il a éprouvé des avaries qui nécessitent un radoub » dont le montant seroit quadruple du prix de vente. La somme de ces réparations » doit être établie contradictoirement avec la marine dans les formes indiquées. » (*Voir au Code*, n° 998.) Indépendamment de ces conditions, il faut que le » navire appartienne à un Français résidant en France, ou, s'il réside à l'étranger, » qu'il justifie, par certificat de notre Consul, qu'il n'a pas prêté serment de fidélité » à l'Etat étranger où son domicile est fixé, et qu'il est soumis à la juridiction » consulaire de France. (*Voir au Code*, n° 1000.) Le capitaine du bâtiment et » les trois quarts de ses équipages doivent aussi être français. — Ces diverses obli- » gations sont de rigueur; leur inobservation, en tout ou en partie, entraîne la » déchéance du privilége de la nationalité pour le voyage que le bâtiment aura » fait, ou déterminera le refus d'expédition pour celui qu'il voudra faire. — Tout » cabotage est interdit aux bâtimens étrangers, s'il ne leur est accordé une per- » mission signée de la main de SA MAJESTÉ. (*Extrait de la circulaire du 7* » *juillet* 1810, *dont ci-après les autres dispositions.*) »

1107. Le commissaire de la marine du port auquel appartiennent les bâtimens, pourra accorder des neutralisations pour un an. (*Extrait de la circulaire du 7 juillet* 1810.)

CODE. Du n.° 1022, renvoyer à ce n.° 1107.

« Ces simulations annuelles seront néanmoins renouvelées toutes les fois que le » bâtiment changera de pavillon sous lequel elles auront été accordées. Ces na- » vires neutralisés seront inscrits sur un registre particulier, sous le nom étranger » qui leur sera donné.... Au retour, ils reprendront leurs noms propres et leurs pa- » villons. (*Extrait de la même circulaire.*) »

RENVOIS A FAIRE AU CODE OU AU TARIF.	BULLETIN DES DOUANES.

CODE. Du n.° 993, renvoyer à ce n.° 1108.

1108. Les navires étrangers ne seront admis dans les ports de France qu'avec des cargaisons de marchandises du crû du pays auquel ils appartiennent...... (*Extrait de la circulaire du 7 juillet* 1810.)

Toutes autres denrées et marchandises qu'ils auroient à bord, si elles ne sont pas par leur nature ou leur origine soumises à la saisie ou au séquestre, doivent être réexportées immédiatement par les mêmes bâtimens. (*Second paragraphe de la circulaire du* 10 *septembre* 1810.)

La première de ces circulaires laissoit aux capitaines ou subrécargues le choix de réexporter ou de mettre en entrepôt réel leurs marchandises non indigènes; la seconde ne permet plus cette dernière faculté, et elle établit que « la disposition » (*relative à la réexportation immédiate de ces marchandises*,) forme un principe » général dont on ne doit point s'écarter. — Ainsi, des cotons du Levant importés » de Naples, Venise, Ancône, Trieste, ou de tous ports autres que ceux des » États qui les ont produits, par bâtimens étrangers qui ne dépendroient pas de ces » états, ne peuvent être introduits et doivent être réexportés par les mêmes na- » vires. — Cet exemple, qui est cité parce que les cotons sont à présent une des » matières les plus considérables du commerce, s'applique à toute marchandise » quelconque; il n'y a d'exception, dans l'état actuel de la législation, qu'en faveur » des introductions faites par la voie des licences, pour lesquelles on doit se » conformer étroitement aux conditions que ces sortes de passe-ports impriment. » (*Fin de la circulaire du* 10 *septembre* 1810.) »

Ces dispositions mitigent toutefois l'article 3 de notre acte de navigation, en cela qu'elles permettent la réexportation des denrées qui ne seroient pas indigènes, au pays auquel appartient le bâtiment. Par l'article 3 de cet acte, elles devoient être confisquées avec amende solidaire de 3,000 fr., alors qu'elles n'étoient pas du crû, ou que les officiers et les trois quarts de l'équipage n'étoient pas du pays dont le bâtiment portoit le pavillon.....

Disposition nouvelle.

1109. L'exportation des blés, légumes, huiles, etc., et autre objets de première et indispensable nécessité, pour une puissance ennemie, ne pourra avoir lieu, à l'avenir, que sur navires français, simulés ou non simulés, lorsque la sortie n'en sera pas défendue. (*Extrait de la circulaire du 7 juillet* 1810.)

CODE. Du n.° 996, renvoyer à ce n.° 1110.

1110. Il ne sera désormais accordé des licences qu'à des bâtimens français. Celles qui ont été données à des bâtimens neutres, quels que soient leurs pavillons, seront retirés à mesure qu'ils rentreront dans les ports de France. (*Extrait de la circulaire du 7 juillet* 1810.)

« Ainsi, tous navires neutres, munis de leurs licences, sont admis à leur retour, » mais ils ne peuvent être réexpédiés; le privilége de leur licence expire à la pre- » mière rentrée qu'ils effectuent dans nos ports. (*Dernier paragraphe de la circu-* » *laire du* 3 *juillet* 1810.) »

« Au surplus, aucunes des dispositions transmises par les circulaires des 3 et 7 » juillet 1810 ne dérogent à celles des décrets des 21 novembre 1806, 23 novembre

BULLETIN DES DOUANES.	RENVOIS A FAIRE AU CODE OU AU TARIF.

» 1807, 17 décembre même année et 11 janvier 1808, concernant le blocus général... » Elles doivent être rigoureusement observées à l'égard de tout navire qui ne seroit » pas muni de licence impériale. (*Fin de la circulaire du 7 juillet* 1810.) »

1111. La Hollande est réunie à l'Empire. (*DI.* 9 *juillet* 1810, *art.* 1.)

BULLETIN. Du n° 1078, renvoyer à n°. 1111.

Les contributions actuelles continueront a être perçues jusqu'au 1er janvier 1811, époque à laquelle le pays sera dégrevé, et les impositions mises sur le même pied que pour le reste de l'Empire. (*DI.* 9 *juillet* 1810, *art.* 7.)

Les Douanes existant sur les frontières autres que celle de France, seront organisées par les soins du Directeur général des Douanes *de l'Empire*. Les Douanes hollandaises y seront amalgamées.

La ligne des Douanes existant sur la frontière de France ne sera conservée que jusqu'au 1er janvier 1811, époque à laquelle elle sera levée, et la communication de la Hollande avec l'Empire sera libre. (*DI.* 9 *juillet* 1810, *art.* 9.)

Ce décret contient aussi une disposition de circonstance que je rapporterai plus bas...; cette disposition étoit commandée par l'intérêt du commerce plutôt que par celui du fisc; en effet, si les denrées coloniales versées en Hollande par dérogation aux lois du blocus y étoient restées sans être imposées, il est clair qu'elles eussent pu être introduites en France franches de tous droits alors de la levée de la ligne.... De là seroit arrivée une baisse considérable dans leur prix mercantile, baisse qui eût ruiné les négocians français, possesseurs de pareilles denrées, sans enrichir les négocians hollandais... Il a donc fallu créer un impôt pour établir l'équilibre et le calculer de manière à mettre les denrées coloniales de Hollande au pair avec les denrées coloniales de France... C'est ce qu'ont fait les dispositions ci-après :

« Les denrées coloniales qui se trouvent actuellement en Hollande resteront à » leurs propriétaires, moyennant un droit de 50 pour cent de la valeur de ces » marchandises. Déclaration en sera faite avant le 1er septembre pour tout délai.

» Ces marchandises, lorsqu'elles auront acquitté les droits, pourront être im- » portées en France, et circuler dans toute l'étendue de l'Empire. (*DI.* 9 *juillet* » 1810, *art.* 10.)

» Le droit de 50 pour cent de la valeur auquel les denrées coloniales qui se » trouvent en Hollande sont assujetties par le décret impérial du 9 juillet 1810, » devra être acquitté dans les quinze premiers jours de septembre 1810.

» Les paiemens pourront être faits en obligations valablement cautionnées, paya- » bles par tiers du montant du droit, à trois, six et neuf mois. Ceux qui ne vou- » dront pas jouir de ces délais, et paieront par anticipation, auront une remise » de demi pour cent par mois. (*DI.* 31 *juillet* 1810, *art.* 1.)

» Le droit de 50 pour cent de la valeur sera perçu, conformément au tarif an- » nexé au présent décret. Cependant, ceux qui auront fait leurs déclarations avant » le 15 août, ne paieront, au lieu de 50 pour cent, que 40 pour cent, c'est-à- » dire les quatre cinquièmes du droit porté au tarif. (*DI.* 31 *juillet* 1810, *art.* 2.)

» Les denrées coloniales qui n'auront pas été déclarées avant le 1er septembre » terme fixé par le décret du 9 juillet, seront saisies et confisquées. Tout pro- » priétaire ou dépositaire qui n'aura pas fait la déclaration prescrite, sera en outre

RENVOIS A FAIRE AU CODE OU AU TARIF.	BULLETIN DES DOUANES.

» tenu de payer une somme égale à la valeur des marchandises. (*DI.* 31 *juillet* » 1810, *art.* 3.)

» Les propriétaires et consignataires des denrées coloniales qui ont été soumises » en Hollande au droit de 40 ou de 50 pour cent de la valeur, suivant l'époque des » déclarations, devront, avant le 1er octobre prochain, payer les droits, soit en » espèces, soit en obligations valablement cautionnées. (*DI.* 12 *septembre* 1810, » *art.* 1.)

» Celles desdites marchandises pour lequel le paiement desdits droits n'aura pas » été effectué avant le temps fixé par l'article précédent, seront confisquées. (*DI.* » 12 *septembre* 1810, *art.* 2.)

» Ceux qui n'ont ces marchandises dans leurs magasins que par des dépôts ou » consignations, seront, par l'effet de la confiscation, dégagés de toute responsa- » bilité et garantie envers les propriétaires. Il leur sera délivré par le receveur des » douanes un récépissé des espèces et quantités de marchandises qu'ils auront re- » mises. (*DI.* 12 *septembre* 1810, *art.* 3.)

» Les denrées coloniales désignées par le tarif annexé au décret du 31 juillet » 1810, qui, en exécution de l'art. 3 dudit décret, n'ont pas été déclarées avant » le 1er septembre, sont confisquées. (*DI.* 12 *septembre* 1810, *art.* 4.)

» Les préposés des Douanes feront, sans aucun délai, les recherches et visites » nécessaires pour découvrir lesdites marchandises. Il leur sera accordé un cin- » quième du produit de la vente de celles qu'ils auront découvertes et saisies. » (*DI.* 12 *septembre* 1810, *art.* 5.)

» Tout individu qui fera connoître aux préposés des Douanes les lieux où seroient » déposées les marchandises qui ont été soustraites aux déclarations, recevra un » cinquième du produit de leur vente. Les préposés qui les saisiront n'auront, » dans ce cas, qu'un dixième de leur produit. (*DI.* 12 *septembre* 1810, *art.* 6.)

» Il est ordonné aux autorités civiles et militaires de faire prêter main-forte aux » préposés des Douanes sur la réquisition du chef de chaque détachement. (*DI.* » 12 *septembre* 1810, *art.* 7.)

» Le directeur général des douanes donnera les ordres nécessaires pour que les re- » cherches et visites soient faites avec exactitude, et que les marchandises décou- » vertes, ainsi que celles confisquées à défaut de paiement des droits dans les dé- » lais prescrits, soient transportées à Anvers pour y être vendues. (*DI.* 12 *septembre* » 1810, *art.* 8.) »

TARIF. Grains.

1112. La défense d'exporter des blés et des farines de froment est étendue à tous les ports situés entre Lorient et Beauvoir (département de la Vendée), ce dernier port non compris. (*DI.* 11 *juillet* 1810, *art.* 1.)

La défense portée par l'article précédent aura son effet à compter du 25 juillet à midi. (*Même décret, art.* 2.)

NOTA. Je crois utile de dire pourquoi, dans cet ouvrage, les dispositions numérotées se trouvent imprimées, tantôt en *italique*, tantôt en romain; j'emploie les caractères romains, toutes les fois que le texte rapporté est exactement celui de la disposition citée; et je me sers des caractères *italiques* alors que je ne rappelle que le sens de la disposition, soit parce que son texte légal n'a pas été rendu public, soit parce que sa lettre ne se prête pas au mode de rédaction que j'emploie; mais, dans ce cas, je la place dans la note en caractères inférieurs et entre des guillemets «....

BULLETIN DES DOUANES.	RENVOIS A FAIRE AU CODE OU AU TARIF.

1113. Le Tarif des Douanes de l'Empire est modifié quant aux objets ci-après, savoir :

TARIF. Droits à l'importation.

Le blanc de plomb paiera à l'entrée 20 francs par quintal, au lieu de 12 fr. 24 cent. qu'il paie maintenant;

La céruse en pain et en poudre paiera également 20 francs;

L'alun, 10 fr. par quintal, au lieu de 51 cent.;

Le fer blanc, 50 fr. par quintal métrique, au lieu de 18 francs;

Les faulx, 50 fr., au lieu de 40 fr. 80 cent.

(*DI.* 11 *juillet* 1810, *art.* 1.)

L'entrée des savons est prohibée par toutes les frontières de terre et de mer. (*Même décret, art.* 2.)

L'entrée de la soude étrangère est prohibée par toutes les frontières de terre et de mer. (*Même décret, art.* 3.)

L'article qui précède n'est pas applicable aux navires munis de licences spéciales, qui rentreroient dans l'espace de deux mois, et qui justifieroient avoir chargé de la soude avant d'avoir pu connoître la prohibition. (*Même décret, art.* 4.)

« L'ART. 4 de ce décret fait une exception temporaire en faveur des soudes venant » par navires munis de licences, qui entreroient dans l'espace de deux mois, en » justifiant qu'elles ont été chargées avant qu'on ait pu avoir connoissance de la » prohibition; il importe donc d'examiner avec soin l'époque de leur chargement » et du départ des navires des ports étrangers : cette époque doit être énoncée au » livre de bord; et, en cas de doute, on suspendra l'admission, et on en référera » à M. le Directeur général. (*CD.* 13 *juillet* 1810.)

» Le délai pour l'admission des soudes sera révolu au 11 septembre, et, à dater » du 12, on devra séquestrer celles qui arriveront nonobstant la licence. — Au » surplus, comme aucune soude n'a dû être introduite qu'après avoir vérifié que » son chargement avoit été fait avant que le capitaine ait pu avoir connoissance » du décret prohibitif, on rendra compte sans délai des dispositions prises pour » remplir cette mesure, en informant M. le Directeur général, bâtiment par bâti- » ment, des preuves qui auront été administrées à l'arrivée. (*CD.* 5 *septembre* » 1810.) »

Une troisième circulaire relative aux soudes vient d'être transmise; elle porte : « On suspendra immédiatement l'entrée non encore consommée de celles arrivées » dans les ports, et on les fera mettre en entrepôt réel jusqu'à nouvel ordre. Il » sera formé un état de toutes les soudes qui se trouvent retenues dans les bureaux, » avec l'indication des noms des navires qui les ont importées, des lieux d'extrac- » tion, des preuves d'origine, des licences ou des décrets spéciaux qui en avoient » permis l'entrée, en distinguant l'un et l'autre titre. — Cet état sera adressé à » M. le Directeur général. (*CD.* 7 *septembre* 1810.) »

1114. *L'Administration conserve le privilége qui lui est accordé par l'art.* 23, *titre* 13, *de la loi du* 22 *août* 1791, *sur les immeubles des débiteurs des droits de douanes, sous la condition de l'exercer*

CODE. Des n.os 18 et 291, renvoyer à ce n.° 1114.

RENVOIS A FAIRE AU CODE OU AU TARIF.	BULLETIN DES DOUANES.

par la voie de l'inscription hypothécaire, et au rang que sa date lui assigne. (CD. 12 juillet 1810.)

« M. le directeur général des douanes ayant remis au ministre des finances, des » observations relatives à la nature du privilége de l'administration sur les immeu- » bles des redevables des droits depuis la promulgation du Code Napoléon, et quant » à la faculté qui lui est enlevée par le Code de commerce, de prendre inscription » lorsque la faillite est déclarée ouverte, Son Excellence a communiqué ces obser- » vations au ministre grand-juge, qui a répondu le 4 mai dernier qu'il ne faisoit » aucun doute que l'article 2098 du Code Napoléon n'eût conservé les droits attri- » bués par les lois antérieures à la régie des douanes, comme il a maintenu tous » les autres droits du trésor public; que ce n'est point le Code, mais la loi du 11 » brumaire an 7 qui a introduit la seule innovation qui existe à cet égard, savoir: » la publicité qu'on est obligé de donner aux hypothèques par la voie de l'inscrip- » tion, que le trésor public n'est point exempt de cette obligation pour les hypo- » thèques qu'il est en droit d'exercer, et que, d'après ce principe qui résulte de » la dernière partie du même article 2098, et ensuite des lois particulières qu'on a » été obligé de faire pour régler l'exercice des hypothèques appartenantes au trésor » public, notamment celle du 5 septembre 1807, il ne paroît pas possible qu'on » établisse une exception en faveur de l'administration, puisqu'une exception dans » ces matières suffiroit pour détruire l'ensemble du système qu'on a voulu créer. — » A l'égard des inscriptions dont on demandoit la validité, quand même elles se- » roient prises dans les dix jours qui précèdent la faillite, Son Excellence a ajouté » que ce seroit encore là une dérogation au droit commun, dont la nécessité ne » seroit pas assez sentie, et dont les inconvéniens pourroient être très-graves. — » Ces explications feront connoître que l'administration n'a point cessé d'avoir un » privilége sur les immeubles des débiteurs de droits, mais qu'il ne peut s'exercer » que par la voie de l'inscription et au rang que sa date lui assigne, et qu'il n'est » plus possible de prendre cette inscription lorsqu'une faillite est déclarée ouverte. » (*CD.* 12 *juillet*, 1810.) »

CODE. Du n.° 996, renvoyer à ce n.° 115.

1115. *Il sera payé pour chaque licence qui sera délivrée à des bâtimens français, une rétribution de mille francs, dont il sera compté dans la forme commune des droits de douanes.* (DI. 22 juillet 1810.)

« Lorsque ces licences de formules nouvelles seront expédiées, que M. le » directeur général en aura donné avis, au moment où le bâtiment commencera son » chargement, la taxe de mille francs sera perçue et portée en recette ordinaire. » On énoncera dans les états des navires expédiés en vertu de ces nouvelles licences, » la perception de mille francs qu'ils auront subie. (*CD.* 24 *juillet* 1810.)

» Les armateurs qui justifieront avoir acquitté les rétributions relatives à leurs » licences, soit au ministère de l'intérieur, soit aux préfectures où la remise leur » en aura été faite, ne devront plus rien payer aux douanes pour cet objet. — Au » surplus, comme Sa Majesté a décidé qu'il ne seroit accordé de licences qu'aux » navires français, on devra requérir la preuve de leur nationalité par la repré- » sentation de leur acte de francisation. (*Dernier paragraphe de la circulaire du* » 28 *août.*)

Disposition nouvelle.

1116. A dater du premier août, aucun navire ne pourra sortir des ports *de France*, à destination de port étranger, s'il n'est muni d'une licence signée de la main de SA MAJESTÉ. (*DI.* 25 *juillet* 1810, *art.* 1er.)

Les bâtimens qui sortiront des ports *de France*, à destination d'autres ports de l'Empire, seront tenus de s'y rendre directement. Il leur sera délivré des acquits-à-caution dans les bureaux des douanes, et les soumissions qui auront été souscrites ne seront annulées que lorsque lesdits acquits-à-caution auront été rapportés avec un certificat d'arrivée dans ports de France. (*Même décret, art.* 2.)

Les bâtimens qui font le cabotage de la Méditerranée pourront être expédiés pour le royaume de Naples; mais, pour assurer cette destination, ils devront être accompagnés d'acquits-à-caution qui seront revêtus d'un certificat d'arrivée par *le* consul *de France* à Naples. Ce cousnl adressera un duplicata de son certificat au Directeur général des Douanes à Paris. (*Même décret, art.* 3.)

Les bâtimens qui seront expédiés à destination de l'Isle de France, seront soumis à la formalité de l'acquit-à-caution, et à la représentation d'un certificat d'arrivée qui sera délivré par le préfet de la Colonie. (*Même décret, art.* 4.)

L'ART. 1er de ce décret s'applique aux bâtimens de toute origine. — Les art. 2 et 3 ne concernent que les bâtimens francisés par cela que le cabotage n'est permis qu'aux navires français. Dans le cas d'expédition pour le royaume de Naples, les soumissions ne seront annullées que sur l'ordre de M. le directeur général. — L'art. 4 ne fait que renouveler les anciennes dispositions relatives aux destinations de l'Isle-de-France. (*CD.* 27 *juillet* 1810.)

1117. *Les cinq sixièmes du produit des navires confisqués pour avoir contrevenu aux lois sur le blocus, seront versés désormais aux caisses générales des départemens.* (CD. 25 juillet 1810.) — CODE. Comptabilité.

PAR circulaire du 15 mai 1810, ce versement dut d'abord se faire à la caisse d'amortissement, et ensuite il fut ordonné, sous la date du 27 juin, de l'opérer à la caisse du domaine extraordinaire.

« Au surplus, on observera que s'il s'agissoit de bâtimens confisqués par le seul » fait qu'ils se seroient présentés dans un des ports de l'Empire.... et que leur » saisie n'eût exigé d'autres soins que celui de la constater, il faudroit faire verser » le produit entier de ces bâtimens, au lieu des cinq sixièmes. (*Dernier paragraphe de la circulaire du* 25 *juillet* 1810.) »

1118. A dater du 1er janvier 1811, les diverses marchandises dénommées au tableau ci-annexé acquitteront, à leur sortie de l'Empire, les droits portés audit tableau, en remplacement de ceux du tarif actuel. (*DI.* 31 *juillet* 1810.) — TARIF. Droits à la sortie.

(*Suit le Tableau.*)

RENVOIS A FAIRE AU CODE OU AU TARIF.	BULLETIN DES DOUANES.

Dénominations à substituer à celles génériques du Tarif des Douanes, et fixation d'un droit graduel désignant les qualités de chaque espèce.

Quotité des droits actuels.	CLASSIFICATION DES MARCHANDISES.	Droit graduel.
		Le quintal métrique.
Le quintal métrique, 1 fr. 2 c.	BONNETERIES,	
	Celles de fil, ou de fil et coton, fines	1 fr. 50 c.
	Idem ordinaires	1 10
	Idem de laines — fines	1 40
	Idem de laines — ordinaires	1 00
	Idem de poil	1 20
	Idem de soie	2 00
	Idem de soie mêlée en poil, fil, coton ou laine	1 25
	Idem de filoselle et fleuret	1 15
La pièce, 5 c.	CHAPEAUX,	
	Ceux de castor, poil et laine, fins	1 20
	Idem de poil et laine, et demi-castor	» 15
	Idem de poil et laine, communs	» 10
	Idem de paille, d'écorce de bois et sparterie, schakos et bonnets à poil	» 05
Le quintal métrique, 1 fr. 2 c.	COUVERTURES,	
	Celles de coton	1 40
	Idem de laine	1 25
1 fr. 2 c. le quintal	DRAPERIES,	
	Celles fines ou de fabriques de première classe, telles que Louvier, Sedan, Abbeville	3 00
	Idem fines, de fabriques du Languedoc, ou draps dits *londrins*	2 50
	Idem d'Elbeuf	2 25
	Idem ordinaires ou de fabriques du second ordre	2 00
	Idem petites, ou étoffes de laine fine	1 50
	Idem petites ordinaires	1 10
	Idem en étoffes de laine commune, telles que ratines, calmouk, etc.	1 00

BULLETIN DES DOUANES.			RENVOIS A FAIRE AU CODE OU AU TARIF.
	Le quintal métrique.		
ETOFFES,			
Celles riches en or et argent	3 fr.	00 c.	
Idem riches mélangées d'or et d'argent et de soie.	2	50	
Idem de soie de toutes sortes	2	00	
Idem mélangées de soie, fil, coton ou laine.	1	50	
Idem de fleuret, filoselle et bourre de soie	1	25	
Idem de poil et laine mêlés	1	20	
Idem de fil et coton	1	10	
Idem de coton, fines, telles que basins, piqués.	1	60	
Idem de coton, ordinaires, telles que velours et draps	1	00	
GAZES ET MARLY,			
Ceux de soie	2	50	
Idem de soie et fil, ou de soie et coton.	1	25	
MERCERIES,			
Celles fines, suivant les distinctions établies au Tarif d'entrée.	1	50	
Celles communes, *idem*.	1	00	
MOUCHOIRS,			
Ceux de fil, de coton, et mélangés de fil et coton	1	50	
Idem de soie	2	00	
MOUSSELINES,			
Celles unies et imprimées	2	60	
Idem brodées.	2	80	
PASSEMENTERIE ET LISTONNERIE,			
Celles en galons, ganses, jarretières, franges et de dorure fine	2	50	
Idem en soie.	1	60	
Idem en fil, coton, laine, ou mélangées de ces matières	1	20	
Idem en poil	1	00	

Marginal notes (left margin):

- Étoffes : 1 fr. 2 c. le quintal.
- Gazes et Marly : N'étant pas désignés au Tarif, les uns perçoivent, comme tissu, 1 fr. 2 c ; d'autres 15 c. pour 100 fr.
- Merceries : Celle uniquement composée de fer ne paie que 51 c. ; toutes les autres, 1 fr. 2 c. le quintal.
- Mouchoirs : Ils ne sont pas dénommés au Tarif : ils paieront comme les tissus de même matière.
- Mousselines : 1 fr. 2 c. le quintal.
- Passementerie et Listonnerie : 1 fr. 2 c. le quintal.

RENVOIS A FAIRE AU CODE OU AU TARIF.	BULLETIN DES DOUANES.	Le quintal métr.que	
1 fr. 2 c. le quintal décimal, à l'exception de celle uniquement de fer et acier, qui ne paie que 51 c. (*Loi du 9 floréal an 7.*)	QUINCAILLERIE,		
	Celle fine en acier et cuivre	1	60
	Idem ordinaire en fer et acier	1	20
	Idem commune, uniquement en fer .	1	00
1 fr. 2 c. le quintal.	RUBANS,		
	Ceux de soie	2	00
	Idem de filoselle, fleuret et bourre de soie	1	40
	Idem de laine	1	20
	Idem de fil écru, blanc ou teint . . .	1	00
	Idem de fil et laine mélangés	1	10
Les uns perçoivent, comme tissus, 1 fr. 2 c.; les autres 15 c. pour 100 francs.	SCHALS,		
	Ceux de soie	1	80
	Idem de coton.	1	50
	Idem de laine.	2	00
1 fr. 2 c. le quintal.	TOILES,		
	Celles *dites* batiste et linon.	3	00
	Celles de lin . . . fines	2	80
	Celles de lin . . . ordinaires . . .	1	60
	Celles de lin . . . communes . . .	1	15
	Idem de chanvre . fines	2	50
	Idem de chanvre . ordinaires . . .	1	40
	Idem de chanvre . communes . . .	1	10
	Idem mélangées de lin et de chanvre. ordinaires . . .	1	50
	Idem mélangées de lin et de chanvre. communes . . .	1	05
	Idem à voiles.	1	25
	Idem de fil et coton. fines	1	45
	Idem de fil et coton. communes . . .	1	20
	Idem cirées, gommées, treillis et bougran	1	05
	Idem de coton . . fines	2	70
	Idem de coton . . ordinaires . . .	1	80
	Idem de coton . . communes . . .	1	30
	Idem peintes et teintes, de fil, fil et coton, siamoises et indiennes fines.	2	00
	Idem peintes et teintes, communes	1	20
	Idem peintes et teintes, à carreaux et coutils . .	1	00
Ne sont pas désignés au Tarif : les uns perçoivent 1 fr. 2 c.; d'autres, 15 c. par 100 de valeur.	TRICOTS . . Comme bonneteries, suivant les matières dont ils sont composés.		
	TULLES . . Comme gazes, d'après les matières dont ils sont composés.		

BULLETIN DES DOUANES.	RENVOIS A FAIRE AU CODE OU AU TARIF.
1119. *La sortie des soies de France continuera d'être prohibée; celles des soies dont la sortie étoit autorisée par la loi du 30 avril 1806, ne pourront être exportées qu'au 1er juillet* 1811. (DI. 4 août 1810.)	TARIF. Soies à l'exportation.
1120. Les droits d'entrée des denrées et marchandises ci-dessous dénommées sont réglés ainsi qu'il suit :	TARIF. Denrées coloniales, à l'entrée.

Par quintal métrique,

Les cotons du Brésil, de Caïenne, de Suriman et Demerarie et Georgie, longue soie.	800 fr.
Les cotons du levant arrivant par mer.	400
Les mêmes arrivant par terre, par les bureaux de Cologne, Coblentz, Maïence et Strasbourg.	200
Les cotons de tout autre pays, sauf ceux de Naples.	800
Ceux de Naples, l'ancien droit.	*Mémoire.*
Le sucre brut.	300
Le sucre tête et terré	400
Thé hyswin.	900
Thé vert.	600
Thé de tout autre espèce.	150
Café.	400
Indigos.	900
Cacao	1000
Cochenille	2000
Poivre blanc	600
Poivre noir.	400
Cannelle ordinaire.	1400
Cannelle fine	2000
Clous de girofle	600
Muscade	2000
Bois d'acajou	50
Bois de Fernambouc.	120
Bois de Campêche.	80
Bois de teinture moulus	100

(*DI.* 15 *août* 1810, *art.* 1er.)

Lorsque les préposés des douanes soupçonneront qu'il y a fausseté dans la déclaration sur les espèces ou qualités, ils enverront des échantillons à notre Directeur général des douanes, qui les fera vérifier par les commissaires experts attachés au ministère de l'intérieur, et auxquels, pour chaque vérification, seront adjoints deux fabricants ou négociants choisis par notre ministre de l'intérieur. — S'il est reconnu que les déclarations sont fausses, les marchandises seront saisies et confisquées. (*Même décret, art.* 2.)

Ce décret est précédé du motif suivant : « *Après avoir entendu notre conseil*

RENVOIS A FAIRE AU CODE OU AU TARIF.	BULLETIN DES DOUANES.

» *d'administration des finances*, *et en conséquence du système général à établir* » *sur cette matière*, etc. »

Avant de rapporter les circulaires relatives à l'application de ce décret, je crois devoir dire que ce qu'on entend dans le commerce par *poivre blanc*, n'est autre chose que le poivre noir, mondé; ainsi, tout poivre dont on a enlevé l'écorce noirâtre extérieure, doit être rangé dans cette classe. Au surplus, ni l'une ni l'autre des nouvelles tarifications du poivre, n'est applicable au *cubebe*, quoiqu'il porte aussi la dénomination de *poivre à queue*.

« Les droits du décret du 5 août sont perceptibles immédiatement, sans exception et nonobstant tout privilége résultant de licence ou de décrets spéciaux. — » Il n'est rien changé d'ailleurs aux mesures prescrites pour l'admission des denrées » coloniales; ainsi le décret ci-dessus n'est en ce moment applicable qu'aux bois » de teinture qu'il désigne, importés par navires munis de licences et aux denrées » coloniales provenant ou de prises amenées dans nos ports ou de saisies. (*CD.* 8 » *août* 1810.)

» Le décret du 5 aout, en restreignant l'entrée des cotons du Levant par quatre » bureaux de terre, la laisse libre par la voie de mer, et les impose, dans l'un ou » l'autre cas, à des droits modérés. On peut abuser de cette modération, ainsi que » de la faculté de leur admission, qui a précédemment donné lieu à beaucoup de » fraudes.... Afin de déjouer ces manœuvres et de prémunir les bureaux contre » toute erreur, on suspendra l'admission des cotons du Levant, nonobstant les certificats en bonne forme dont ils seroient accompagnés, et les duplicata légalisés » qui auroient été envoyés. Ces cotons seront mis en entrepôt, et il en sera adressé » des échantillons à M. le directeur général afin de les faire vérifier; et l'entrée ne » s'effectuera que d'après son autorisation expresse. (*CD.* 14 *août* 1810, *paragraphes* 2 *et* 3.) »

Les fraudes dont il est parlé dans la circulaire ci-dessus, avoient déjà été signalées par celle du 2 juillet 1810. Je vais en conséquence en extraire ce qu'elle ordonnoit de relatif à la vérification des cotons.

« Cette vérification se borne communément à l'énumération des balles; elle est » insuffisante, même pour en connoître le poids qui est souvent considérablement » accru, soit par une plus grande dimension des balles, soit par une plus forte » pression des cotons, en sorte qu'une partie de la marchandise échappe au » droit.... Pour réprimer cet abus, on déchargera les voitures, et on constatera » le poids effectif de chaque balle; si le poids excède celui qui a dû être déclaré » positivement, on procédera à la saisie. — Ce genre de contravention est facile à » découvrir; mais il en est un autre qui exige plus de vigilance et de succès. On » déclare sous la dénomination de cotons du Levant, des cotons du Brésil et des » Etats-Unis, auxquels on applique les certificats délivrés pour ceux du Levant, » où souvent les balles contiennent un mélange des uns et des autres; les extrémités ou une superficie de ces dernières masquent alors les cotons d'Amérique.... » Les douanes d'introduction s'attacheront donc à reconnoître l'espèce des cotons » qui leur seront présentés; elles devront être pourvues d'échantillons qui puissent » leur servir d'objets de comparaison; ces échantillons seront rapprochés avec soin » des parties qu'on extraira, non seulement de l'une et l'autre extrémité, mais » même du sein de la balle, par le moyen de la sonde. — Si la même balle présente » des variétés d'espèces, la fraude sera évidente; et si la qualité est identique au » premier apperçu, avec quelque expérience aidée de l'échantillon déposé, on » doit aisément reconnoître la vérité ou la fausseté de la déclaration. (*Extrait de* » *la circulaire du* 2 *juillet* 1810.)

» Quelques directeurs ont élevé la question de savoir *si les droits du décret du*

» *5 août sont perceptibles sur les denrées provenant de nos colonies.* — Toutes, » sans exception, en sont passibles, quelle que soit leur origine, lorsque l'entrée » en est permise. — Le centime additionnel, suivant le principe général, est en » outre exigible. (*CD.* 24 *août* 1810.) »

Obs. La circulaire que je viens de rapporter, en ordonnant d'appliquer indistinctement les nouveaux droits du décret du 5 août à toutes les origines permises, semble détruire l'opinion que j'ai émise dans les deux dernières éditions de mon tarif, *que les marchandises des colonies françaises*, *non tarifées*, *ne devoient que la moitié des droits imposés sur celles étrangères*; mais, à l'aide d'un peu de réflexion, il ne sera pas difficile de se convaincre que cette circulaire ne détruit pas effectivement la faveur que je prétendois devoir être attachée à la navigation française, et qu'elle n'est au contraire qu'une suite des grands avantages qui viennent d'être accordés à notre marine marchande.

Ceci peut n'être pas clair au premier coup-d'œil; mais si l'on veut se reporter au temps où j'ai parlé, on verra qu'alors les vaisseaux étrangers, comme ceux du commerce français, pouvoient apporter des denrées coloniales dès qu'ils avoient rempli les formalités exigées; alors donc une différence dans les tarifications devoit exister, pour ne pas rendre illusoire le but de notre acte de navigation.

Il n'en est plus de même aujourd'hui; les denrées coloniales étrangères ne sont reçues que par licences spéciales; et comme ces licences ne sont accordées qu'à des vaisseaux francisés, il en dérive que toutes denrées coloniales, chargées sur navires étrangers, sont prohibées, et que la même prohibition s'applique aux importations qui en sont présentées par terre, puisque leur premier abord n'a pu être opéré que par la navigation étrangère.

Aujourd'hui donc, relativement aux denrées coloniales, il ne peut y avoir qu'une sorte de droit, par cela qu'il n'y a qu'un genre de commerce; et comme ce commerce a été concédé à la navigation française, il en résulte que les droits du décret du 5 août, postérieur à cette concession, sont nécessairement applicables aux denrées des colonies françaises, puisqu'il n'y a réellement que celles-ci qui soient admissibles par la loi commune.... Si l'on en reçoit d'autres par licences, c'est une exception à cette loi commune, et alors la licence qui peut conférer le privilége de l'admission, peut par suite assujettir cette admission à tels droits qu'il lui plaît; la circulaire du 8 août nous apprend que c'est aux droits du décret du 5, pour les espèces y dénommées.

Quant aux denrées coloniales provenant de prises ou de saisies, il n'y a rien de changé; la loi du 12 janvier 1810, comme le décret du 24 juin 1808, les reçoit aux droits du tarif, soit que ces droits baissent, soit qu'ils haussent.... La conséquence de ces dispositions est donc qu'elles acquittent les tarifications du décret du 5 août 1810; sinon, elles devroient être traitées comme marchandises prohibées....

Ainsi, les droits nouveaux sont uniques pour les espèces y tarifées; et en effet des droits différens ne pourroient servir aujourd'hui qu'à favoriser les lieux d'exportation; ils ne pourroient plus rien en faveur du commerce régnicole, puisque sa marine marchande vient d'acquérir le droit exclusif de fournir la France en denrées coloniales....

C'est à une disposition à peu près semblable que la marine anglaise doit sa création : le *protecteur* décréta que les denrées coloniales ne seroient reçues en Angleterre que sur vaisseaux de construction anglaise; les bâtimens anglisés purent seuls faire les importations et les exportations de ses îles d'Asie, d'Afrique et d'Amérique, et il ne permit aux navires d'Europe d'aborder en Angleterre qu'alors qu'ils seroient chargés de denrées du cru du pays auquel ils appartiendroient.... Sous le

RENVOIS A FAIRE AU CODE OU AU TARIF.	BULLETIN DES DOUANES.
	règne de Charles Ier, il n'y avoit pas en Angleterre six vaisseaux marchands de 300 tonneaux, et bientôt après cet acte de navigation, la marine anglaise éclipsa celle de toutes les nations.... J'ai déjà parlé de ce résultat dans la première note de mon tarif, édition de février 1809.
CODE. Du n.° 143, renvoyer à ce n.° 1121.	1121. *En exécution de l'art. 1er de l'arrêté consulaire du 25 ventôse an 8, il sera établi à Rouen un bureau de visite et de plombage pour les rouenneries qu'on expédiera à l'étranger.* (CD. 6 août 1810.)
	Voici le texte de la circulaire qui autorise cet établissement : « Le commerce de » Rouen, en exposant que les objets de ses fabriques éprouvoient des dégradations » considérables par l'effet du déballage et du remballage auxquels donnoient lieu » les visites dans les bureaux de sortie, a demandé le plombage à la douane de cette » ville, ainsi qu'il se pratique à celle de Paris et de Lyon ; M. le directeur général » a jugé que cette faveur pouvoit être accordée aux fabriques très-intéressantes de » Rouen, et il a en conséquence donné des ordres, afin que, les rouenneries décla- » rées vérifiées à la douane de cette ville y étant admises au paiement des droits » de sortie, les ballots qui les contiendront soient plombés, et que les acquits de » paiement qui indiqueront les bureaux de sortie, fassent mention du plombage. — » Les préposés de ces bureaux, après avoir reconnu les plombs, les détacheront et » laisseront les ballots continuer leur route, sans procéder à une nouvelle véri- » fication, qui n'auroit lieu que dans le cas où il s'élèveroit des soupçons fondés » de fraude. (*CD.* 6 *août* 1810.)
TARIF. Zinc à l'entrée.	1122. Le Zinc étranger paiera, à l'entrée en France, cinquante francs de droit par quintal métrique. (*DI.* 10 *août* 1810.)
	» Cette substance métallique est tirée à néant au tarif de 1791, sous le nom de » *toutenague*. (*CD.* 14 *août* 1810.) »
TARIF. Grains.	1123. A compter du 25 août, à midi, toute exportation de blé et de farine de froment sera défendue sur toute la frontière de terre des départemens au delà des Alpes et par tous les ports de la méditerranée de l'Empire. (*DI.* 10 *août* 1810.)
BULLETIN. Du n° 1030, renvoyer à n°. 1124.	1124. Les bâtimens chargés de blés, seigle et avoine, et destinés pour *les* provinces de Hollande, pourront être expédiés pour ladite destination, des ports des départemens du Bas-Rhin, du Mont-Tonnerre, et du Rhin et Moselle et de la Roër. (*DI.* 17 *août* 1810, *art.* 1er.)
	Ils seront assujettis à la formalité des acquits-à-caution qui seront déchargés en Hollande. (*Même décret, art.* 2.)
Disposition de circonstance.	1125. Tous les permis accordés, soit par décrets spéciaux, soit sous quelque forme que ce puisse être, autre que celle des licences, conformément au décret du 1 juillet dernier, pour importation de denrées coloniales et autres par exception aux lois du blocus, sont rapportés. (*DI.* 17 *août* 1810, *art.* 1er.)

BULLETIN DES DOUANES.	RENVOIS A FAIRE AU CODE OU AU TARIF.

Les porteurs desdits permis se pourvoiront par-devant le ministre de l'intérieur, pour se mettre en règle et pour obtenir des licences, s'il y a lieu. (*Même décret, art.* 2.)

Le premier paragraphe de la circulaire du 14 août 1810, dont j'ai parlé sous le nº 1120, avoit déjà mandé que « l'intention de S. M. étoit que les décrets spé» ciaux qu'elle avoit rendus pour l'admission des denrées et marchandises colo» niales, parmi lesquelles les cotons de toute espèce sont compris, restassent sans » exécution pour les quantités non encore introduites. Ainsi, les exceptions qui » concernoient ces espèces de marchandises, et qui résultoient de décrets spé» ciaux, étant toutes abrogées, la loi commune leur devient applicable. » La circulaire d'envoi du décret ci-dessus est terminée par ces mots : « Ces dispositions » (*du décret*), qui n'admettent aucune exception quelconque, confirment les ins» tructions transmises par la circulaire du 14. (*CD.* 20 *août* 1810.) »

1126. La monnoie de cuivre et de billon de fabrication française ne pourra être employée dans les payemens, si ce n'est de gré à gré, que pour l'appoint de cinq francs. (*DI.* 18 *août* 1810, *art* 2.)

CODE. Du n.º 119; renvoyer à ce n.º 1126.

Bien que cet article déroge à l'arrêté directorial du 14 nivose an 4, lequel permettoit de recevoir en acquit des droits le quarantième en monnoie de cuivre de la somme à payer, il ne peut pas cependant être entendu dans ce sens : « que toute » somme qui, dans un paiement, n'excéderoit pas 5 francs, pourroit être payée » en monnoie de cuivre et de billon, car il en résulteroit que le trésor public re» cevroit plus du quarantième sur ce qui seroit inférieur à 100 fr., et que cette » proportion iroit toujours en accroissant à mesure que la somme principale di» minueroit, de manière qu'on toucheroit plus de moitié en cette monnoie sur ce » qui n'atteindroit pas 10 francs ; comme il existe d'autres monnoies d'argent qui » sont des fractions de la pièce de 5 francs, telles que le franc, les 2 francs, la » pièce de 50 centimes, et celle de 25 centimes ce n'est donc que ce qui ne pourra » être payé avec ces monnoies, que l'on aura la faculté d'acquitter et de rece» voir avec celle de cuivre et de billon. (*CD.* 31 *août* 1810.)

L'art. 3 du décret précité, a fixé la valeur des monnoies d'argent à l'ancien type, ainsi qu'il suit :

La pièce 6 sous.	"	25 cent.
La pièce 12 sous.	"	50
La pièce 24 sous.	1	"

Et par un autre décret, en date du 12 septembre 1810, la valeur des autres pièces tournois a été réduite en francs, comme suit :

Le petit écu ou pièce de 3 livres tournois.	2	75
Le gros écu ou pièce de 6 livres tournois.	5	80
Le louis ou pièce de 24 livres tournois.	23	55
Le double louis ou pièce de 48 livres tournois.	47	20

Un autre décret (du 18 août 1810) a aussi établi le cours des monnoies étrangères dont la circulation est provisoirement tolérée dans les départemens réunis à l'ancienne France ; comme le tarif qui y est annexé est assez connu, et que par cela même il ne présente pas d'intérêt pour cet ouvrage, je crois qu'il suffit d'en indiquer l'existence.

1127. Il est expréssement défendu à tous bâtimens navigant avec licence de prendre à bord des passagers pour l'Angleterre, ou de

Disposition de circonstance.

RENVOIS A FAIRE AU CODE OU AU TARIF.	BULLETIN DES DOUANES.

ramener des passagers d'Angleterre en France, s'ils ne sont munis de passeport signé de Sa Majesté. (*DI.* 28 *août* 1810, *art.* 1er.)

Tout passager qui seroit trouvé à bord des bâtimens pourvus de licences, allant en Angleterre, ou en revenant, sans un passeport signé de Sa Majesté, sera mis en arrestation. (*Même décret, art.* 2.)

Tout bâtiment qui contreviendroit au présent ordre, sera mis sous le séquestre à son arrivée, et il en sera rendu compte à Sa Majesté. (*Même décret, art.* 3.)

« Si des navires, pour cause de contravention au décret ci-dessus, encourent le » séquestre, le directeur de la division en informera sur-le-champ M. le directeur » général, et il lui adressera copie du procès-verbal avec ses observations. (*CD.* » 31 *août* 1810.) »

TARIF. Droits à l'importation.

1128. Les droits d'entrée des marchandises ci-après dénommées sont réglés ainsi qu'il suit :

Potasse d'Amérique	par quintal décimal	30	00
Cuirs en poil, d'Amérique	à la pièce	2	50
Huile de poisson	par quintal décimal	25	00
Morue	*idem*	10	00
Poisson sec	*idem*	8	00
Dents d'éléphant (*ivoire brut.*)	*idem*	400	00
Caret ou écaille de tortue	*idem*	1500	00
Nacre de perles	*idem*	200	00
Riz d'Amérique	*idem*	20	00
Cachou	*idem*	600	00
Vanille	par kilogramme	60	00
Quinquina rouge	*idem*	10	00
Quinquina jaune	*idem*	4	00
Quinquina gris roulé	*idem*	7	00
Rhubarbe	*idem*	6	00
Ipécacuanha	*idem*	12	00
Sumac	quintal décimal	30	00
Gingembre	*idem*	30	00
Piment	comme poivre noir		
Cassia-Lignea	comme cannelle ordinaire		
Casse ou Canéfice	quintal décimal	150	00
Rocou	*idem*	200	00
Orseille	*idem*	200	00
Curcuma	*idem*	125	00
Gomme du Sénégal	par quintal décimal	75	00
Gomme arabique	*idem*	75	00
Gomme turique	*idem*	75	00
Gomme gaïac	*idem*	75	00
Gomme copal	*idem*	200	00
Gomme laque, en feuilles	*idem*	200	00

BULLETIN DES DOUANES.	RENVOIS A FAIRE AU CODE OU AU TARIF.

Gomme-résine élastique.	*quintal décimal*	200	00
Gomme-résine ammoniaque	*idem*	200	00
Gomme sagapenum	*idem*	200	00
Gomme elemi	*idem*	500	00
Gomme gutte	*idem*	600	00
Gomme opponax	*idem*	400	00
Bois de gaïac	*idem*	50	00
Bois de cayenne satiné	*idem*	30	00
Écorces de quercitron	*idem*	30	00
Bois de palixandre	*idem*	30	00
Bois rouge	*idem*	150	00
Bois de santal rouge	*idem*	20	00
Bois d'aloës	*idem*	800	00
Bois néfrétique	*idem*	500	00
Bois de Rhodès	*idem*	200	00
Bois de santal citrin	*idem*	250	00
Bois de tamaris	*idem*	150	00
Bois de brésil et brésilet	*idem*	15	00
Bois de culliatour	*idem*	15	00

(*DI.* 12 *septembre* 1810.)

Ce décret est précédé du considérant qui suit : « Après avoir entendu notre » conseil d'administration des finances, et par suite de notre décret du 5 août » 1810, nous avons décrété et décrétons, etc.

» Les instructions données pour l'exécution du décret du 5 août sont en tout » applicables à celui du 12 septembre 1810.... Ainsi, les nouveaux droits qu'il » impose n'apportent aucun changement aux principes généraux qui règlent la » nature et la forme de nos importations, et ne sont perceptibles que dans les » cas où les objets qui en sont frappés pourroient être introduits. (*CD.* 13 *sep-* » *tembre* 1810, *pour les directions maritimes.*) »

La circulaire adressée dans les bureaux de terre renouvelle l'observation que les droits imposés sur les denrées coloniales par le décret du 5 août 1810 ne concernent les directions de terre que relativement aux cotons du Levant dont l'entrée est restreinte par quatre bureaux, et que les autres denrées grevées par ce décret du 5 août n'y sont pas admissibles ; « par suite, ajoute-t-elle, les tari- » fications du décret du 12 septembre 1810 n'intéressent ces mêmes directions de » terre que relativement à trois articles qui ne sont pas dans la classe des denrées » coloniales lorsqu'ils sont accompagnés d'un certificat en bonne forme, attestant » une origine européenne. Ces articles sont les huiles de poisson, qui sont taxées » à 25 francs ; la morue et le poisson sec à 8 et 10 francs, au lieu de 20. Ainsi » ces produits de pêche étrangère continueront à être admis par les bureaux de » terre d'après les duplicata des certificats qui seront adressés par M. le Directeur » général. (*CD.* 13 *septembre* 1810, *pour les directions de terre.*) »

« L'exclusion de n'admettre aucune denrée coloniale par la ligne du Rhin et des » Alpes, à l'exception des cotons, ne doit point affecter les herbes médicinales et » les drogues uniquement propres à la pharmacie, telles que les cantharides et » autres, lorsque leur espèce est reconnue production européenne, et que les cer- » tificats qui les accompagnent (dont les duplicata sont envoyés par M. le Direc- » teur général) attestent cette origine. (*CD.* 4 *octobre* 1810.) »

RENVOIS A FAIRE AU CODE OU AU TARIF.	BULLETIN DES DOUANES.
BULLETIN. Du n.° 1113, renvoyer à n.° 1129.	1129. Les soudes qui se trouvent actuellement en entrepôt dans les ports de l'Empire, soit qu'elles aient été importées par des bâtimens pourvus de licences, ou en vertu de décrets spéciaux, ne seront point soumises à la réexportation, mais elles paieront un droit de cinquante francs par quintal métrique. (*DI.* 12 *septembre* 1810.) « Sous la condition du droit, la réexportation des soudes mises en entrepôt réel » ne sera point obligée; mais celles qui arriveroient à l'avenir seroient atteintes » de la prohibition portée par le décret du 11 juillet dernier. (*CD.* 13 *septembre* » 1810.) »
CODE. Des n.os 420 et 421, renvoyer à ce n.° 1130. TARIF. Ouvrages d'or et d'argent à la sortie.	1130. **L'exportation des ouvrages d'or et d'argent peut s'effectuer par tous les ports indistinctement, mais la prime est réservée à celle qui a lieu par les bureaux dénommés, tant dans l'arrêté du 5 frimaire an 7 que dans les réglemens subsequens.** (*LD.* 2 *mai* 1810.) Cette explication est intervenue sur la question de savoir si la restriction que l'arrêté du 5 frimaire an 7 met à la sortie des ouvrages d'or et d'argent par certains bureaux, établit la prohibition par tous autres; il a été répondu que cet arrêté se rapporte à l'article 25 de la loi du 19 brumaire an 6, qui accorde, à l'exportation, le remboursement des deux tiers du droit de garantie, et qu'il remplit le vœu de l'art. 27 qui avoit chargé le pouvoir exécutif de désigner les bureaux de sortie....
CODE. Des n.os 434 et 435, renvoyer à ce n.° 1131.	1131. *La défense d'extraire des eaux de l'Escaut au-dessous d'Anvers est levée, mais celle d'importer des eaux de la mer est maintenue.* (LD. 7 juillet 1810.)
CODE. Des n.os 234 et 235, renvoyer à ce n.° 1132.	1132. *Les certificats d'origine délivrés par les Magistrats des lieux où il n'existe pas de Consul de France, peuvent autoriser l'admission des fascines, roseaux et pierres brutes destinés aux réparations des digues.* (LD. 20 juillet 1810.)
BULLETIN. Des n.os 1107 à 1110, renvoyer à ce n.° 1133.	1133. **Les dispositions de la circulaire du 7 Juillet 1810, relatives à la navigation des navires étrangers, ne sont point applicables aux bâtimens de Hollande, (cette contrée étant réunie à la France), mais les marchandises qui en viennent restent soumises, jusqu'au 1er janvier 1811, aux droits ordinaires d'entrée, comme celles importées de tous autres pays étrangers.** (*LD.* 28 *juillet* 1810.)
TARIF. Foins à l'exportation.	1134. *La sortie des foins de la Zeelande pour la Hollande, est permise en payant les droits.* (LD. 12 août 1810.)
TARIF. Lins.	1135. Les lins récoltés cette année dans le canton de Wellenstadt, nouvellement réuni au département des Deux Nethes, pourront

être expédiés librement dans la partie de la Hollande située outre-Meuse, pour y subir l'opération du rouissage. (*DI.* 16 *août* 1810)

1136. La rive gauche de l'Escaut sera considérée comme maritime; on se bornera à y faire exécuter les dispositions des réglemens qui s'appliquent à cette espèce de frontière. (*LD.* 20 *août* 1810.)

CODE. Du n.° 170; renvoyer à ce n.° 1136.

« Les deux rives de l'Escaut appartenant à l'Empire, et la seconde ligne de bu- » reaux et brigades de l'inspection de Gand étant levée, il n'y a plus lieu d'exiger, » sur la rive gauche de l'Escaut, des formalités pour la circulation. (*Préambule* » *de la même lettre.*) »

1137. *La préemption exercée par les préposés des Douanes, en vertu de la loi du 4 floréal an 4, ne donne pas ouverture au droit proportionnel d'enregistrement.* (Décision ministérielle transmise par LD. 14 septembre 1810.)

CODE. Du n.° 97, renvoyer à ce n.° 1137.

M. le Directeur général des domaines et de l'enregistrement, à qui il a été référé » de la prétention du receveur de l'enregistrement à Anvers, que le droit de préemp- » tion donne ouverture au droit proportionnel, a pensé que la retenue qui s'opère » en vertu de la loi, ayant lieu dans l'intérêt de l'Etat, ne peut être considérée » comme une cession entre particuliers; que c'est le cas de l'application de l'art. 70 » de la loi du 22 frimaire an 7, et qu'il en résulte seulement qu'il est dû un franc » fixe pour le procès-verbal de retenue, sauf le droit de 2 pour cent sur l'acte de » vente des marchandises qui sera faite ultérieurement à l'enchère. S. Ex. le Mi- » nistre des finances ayant partagé l'opinion de M. le Directeur général de l'enre- » gistrement, il a été donné des ordres en conformité au receveur d'Anvers. (*LD.* » 14 *septembre* 1810.) »

1138. Le droit d'entrée des ouates de coton est fixé à huit francs par kilogramme. (*DI.* 18 *septembre* 1810.)

TARIF, Ouate de coton.

L'envoi de ce décret étoit accompagné de la circulaire suivante :

« Le décret du 5 août ayant augmenté les droits d'entrée sur les cotons, les ouates » de cette matière ont dû subir une augmentation relative..... Le décret ci-dessus » les impose à 8 francs par kilogramme, sans distinction d'origine, mais elles sont » soumises, pour l'entrée, aux mêmes formes que les cotons; ainsi les instructions » sur cette matière leur sont en tout applicables. (*CD.* 26 *septembre* 1810.) »

1139. *Il est établi à Bordeaux, sous la surveillance de l'administration des droits réunis, un troisième entrepôt intérieur, où l'on admettra, comme dans ceux de Paris et Toulouse, les tabacs en feuilles étrangers qui ont acquitté les droits d'entrée.* (Disposition transmise par lettre de M. le Directeur général des droits réunis, en date du 21 septembre 1810.)

CODE. Du n.° 562, renvoyer à ce n.° 1139.

« En conséquence, les Douanes permettront d'expédier sous plomb et sous acquits- » à-caution, pour cet entrepôt, les tabacs en feuilles étrangers dont les droits d'en- » trée auront été perçus dans les bureaux ou entrepôts de Douane ouverts à ce

RENVOIS A FAIRE AU CODE OU AU TARIF.	BULLETIN DES DOUANES.

» commerce. Les préposés devront se conformer, dans ce cas, aux instructions qui » ont été transmises par les circulaires des 7 brumaire et 5 nivose an 13 (*Code*, » *sous les n.os* 561, 563 *et* 564), relativement aux premiers entrepôts établis à » Paris ou à Toulouse, et laisser au commerce l'option de diriger les tabacs sur » l'entrepôt intérieur de Bordeaux, en assurant leur destination par les mêmes for- » malités. Les tabacs pour lesquels on ne réclamera pas cette faveur, continueront » d'être expédiés directement pour les fabriques, sous la même condition de payer » les droits d'entrée avant l'enlèvement, et d'assurer le transport par des acquits-à- » caution, conformément à la loi du 5 ventôse an 12. (*CD.* 27 *septembre* 1810.) »

CODE. Des n.os 724 à 736, renvoyer à ce n.° 1140.

1140. Il y aura à Livourne un entrepôt réel des marchandises étrangères prohibées ou non prohibées, à l'exception de celles venant des fabriques, des colonies, ou du commerce de l'Angleterre, qui en sont formellement exclues. (*DI.* 23 *septembre* 1810, *art.* 1.)

La ville de Livourne ne jouira de l'entrepôt accordé par l'article précédent, qu'à la charge de fournir, à proximité du port, des magasins sûrs et convenables. A cet effet, la Chambre de commerce s'occupera, dans les quinze jours de la publication du présent décret, de la recherche de la location de ces magasins. Les frais de location seront acquittés par une légère rétribution sur les marchandises entreposées, et conformément au tarif qui *sera* arrêté. En conséquence les droits de stallagio et d'un pour cent, maintenus par le décret du 22 octobre 1808, sont supprimés. (*Même décret, art.* 2.)

L'entrepôt pourra être fictif pour les bois à bâtir, de construction et en planches, merrains, brai et goudron, chanvre et lin en masse ou peignés, cuirs verts et salés en poil, cuivre brut et en mitraille; fers en gueuse, en barres, en verges, feuillards, carillons et rondins; fromages; poterie de terre grossière, raisins secs; riz, et généralement toutes les marchandises que le Tarif d'entrée ne soumet qu'au simple droit de balance. (*Même décret, art.* 3.)

Les propriétaires ou consignataires des marchandises qui, en exécution de l'article 3, pourront être mises dans leurs magasins, feront, entre les mains du receveur de la Douane, une soumission, valablement cautionnée, de réexporter dans l'année lesdites marchandises, ou d'en payer les droits. Ils seront, en outre, tenus de représenter, à toute réquisition des préposés des Douanes, lesdites marchandises, sous les peines portées par les réglemens relatifs aux entrepôts. (*Même décret, art.* 4.)

La durée de l'entrepôt réel ne pourra excéder le terme de deux années. Les marchandises prohibées devront être réexportées dans ce délai : les marchandises permises seront soumises à la même condition ou acquitteront les droits. Ces dernières jouiront de la faculté du transit pour *le* royaume d'Italie, sous les conditions et formalités prescrites par *le* décret du 22 octobre 1808. (*Même décret, art.* 5.)

BULLETIN DES DOUANES.	RENVOIS A FAIRE AU CODE OU AU TARIF.

Dans les dix jours qui suivront la publication du présent décret, les propriétaires ou consignataires des denrées coloniales, drogueries, épiceries et autres marchandises étrangères prohibées ou non prohibées, feront, au bureau des douanes de Livourne, une déclaration exacte par espèces, quantités et qualités, de celles qu'il ont en magasin.

A l'expiration du délai fixé, les préposés des douanes s'assureront, par des recensemens et inventaires, de l'exactitude des déclarations. Celles qui n'auroient pas été déclarées, seront saisies et confisquées, avec amende du double de leur valeur, suivant le cours de la place. (*Même décret, art.* 6.

Les propriétaires ou consignataires des denrées coloniales, drogueries et épiceries, et autres marhandises étrangères qui se trouvent actuellement à Livourne, et dont l'entrée en France n'est pas frappée d'une prohibition absolue, seront tenus de les mettre dans l'entrepôt réel : cependant ils auront la faculté de les conserver dans leurs magasins, s'ils acquittent les droits en obligations valablement cautionnées, à trois, six et neuf mois de date.

Sa Majesté se réserve de statuer sur les marchandises prohibées qui existent dans les magasins de Livourne, lorsque, par le résultat des déclarations, les espèces et quantités lui seront connues et d'examiner si elles seront conduites à l'entrepôt réel, ou si, pour cette fois, elles pourront être vendues pour la consommation, en payant le droit que Sa Majesté fixera. (*Même décret, art.* 7.)

1141. La sortie, du royaume d'Italie, du blé et du riz est autorisée pour les départemens du Piémont et de la Toscane et pour Rome, soit par terre, soit par le Pô. Ils sont exempts, à l'entrée, de tous droits autres que celui de balance *pour le riz.* (*DI.* 25 *septembre* 1810).

TARIF. Grains et Riz.

Par circulaire du 28 dito, il a été recommandé de veiller à ce que l'importation de ces substances, dont la circulation est permise, n'éprouve point de difficulté et soit affranchie des droits.

Un autre circulaire du 10 octobre 1810 ordonne de faire passer au ministre de l'intérieur, les 8, 16 et 24 de chaque mois, le relevé des grains importés du royaume d'Italie à destination des départemens français situés au-delà des Alpes; un double devra en être adressé à M. le directeur général des douanes.

Avant ce décret, le riz venant du royaume d'Italie devoit deux francs du quintal par l'art. 11 du traité de commerce du 20 juin 1808.

1142. Le Conseil des prises établi dans *la* bonne ville de Paris, connoîtra, à l'exclusion de tous autres tribunaux, des contestations relatives à la validité et à l'invalidité des saisies faites en exécution du décret du 12 septembre.

Disposition nouvelle sur la compétence du conseil de prises.

RENVOIS A FAIRE AU CODE OU AU TARIF.	BULLETIN DES DOUANES.

Il connoîtra également de toutes les contestations relatives aux saisies faites en Hollande par les préposés des Douanes impériales, en exécution des décrets rendus contre le commerce anglais. (*DI.* 27 *septembre* 1810, *art.* 1.)

Le même Conseil prononcera la confiscation dans les cas prévus par le susdit décret. (*Même décret, art.* 2.)

Ce décret est précédé du considérant suivant : — « Vu nos décrets des 5 août » dernier et 12 de ce mois ; sur le rapport de notre Ministre de la police générale, » relatif aux déclarations à faire et aux droits à payer par les propriétaires ou consi- » gnataires des denrées coloniales qui ont été soumises, en Hollande, au droit de » 40 ou de 50 pour cent de la valeur, suivant l'époque des déclarations, et tendant » à faire décider par quels tribunaux il doit être statué sur les saisies et confisca- » tions dans les cas prévus par notre susdit décret du 12 de ce mois ; notre Conseil » d'Etat entendu, nous avons décrété et décrétons *ce que dessus*.... »

TARIF DE SORTIE. Alquifoux.

1143. *L'Alquifoux peut sortir lorsqu'il est justifié provenir des mines de Bleiberg et de Geemand, département de la Roër, ou de celles de Berugastel, département de la Sarre.* (LD. 27 septembre 1810.)

Voici le texte de cette lettre : « L'alquifoux appartient à la classe des mines » métalliques dont la sortie est prohibée par la loi du 19 thermidor an 4 ; mais » il a été fait exception, par les décisions des 3 messidor an 10 et 12 thermidor » an 12, en faveur de celui provenant des mines de Bleiberg et de Geemaud, » département de la Roër, et de Berugastel, département de la Sarre, qui seroit » accompagné du certificat des propriétaires, visé par le maire de la commune où » la mine est située.... (*LD.* 27 *septembre* 1810.)

TARIF. Plaques en cuivre.

1144. **Les plaques en cuivre, propres à faire le verdet, doivent, à raison de la main-d'œuvre qu'elles ont reçue, être considérées comme cuivre laminé.** (*DM.* 29 *septembre* 1810.)

« En conséquence, ordre est donné de les assujettir uniformément au droit de 75 fr. » par quintal décimal, imposé par la loi du 8 floréal an XI sur les cuivres laminés » pour doublage de vaisseaux etc., lorsqu'elles seront présentées accompagnées de » certificats d'origine, dont M. le Directeur général aura adressé les duplicata lé- » galisés. (*CD.* 10 *octobre* 1810.) »

Ces plaques sont rondes, d'une ligne à une ligne et demie d'épaisseur, de 21 à 22 pouces de diamètre, et du poids de 2 à 3 kilogrammes ; elles ne s'employent pas dans toute leur grandeur : on les coupe ordinairement en cinq ou six parties. — Alors qu'elles sont entières, on les perce quelquefois de trous afin de déguiser leurs propriétés et de parvenir à éluder le droit en les présentant sous la dénomination de *cuivre vieux*... Cette fraude est toutefois facile à reconnoître en ce que ces trous correspondent aux coupures qui doivent être faites de manière à ne point endommager effectivement les plaques.... Nonobstant cette défectuosité apparente, les plaques à verdet trouées doivent être assujetties au droit de 75 francs ou être entièrement brisées dans les bureaux pour entrer comme vieux cuivre.

BULLETIN DES DOUANES.	RENVOIS A FAIRE AU CODE OU AU TARIF.
1145. Toutes marchandises coloniales actuellement existantes dans le Holstein, provenant de prises faites par les corsaires danois, pourront entrer à Hambourg, moyennant le paiement du tarif du 5 août *dernier*. (*DI.* 2 *octobre* 1810, *art* 1er.) Tous les négocians et détenteurs de marchandises coloniales qui voudront profiter de la faculté accordée par le présent décret, seront tenus de se présenter *au* Directeur des Douanes à Hambourg, et de lui faire leur déclaration dans le courant d'octobre. (*Même décret, art.* 2.) Ils auront la permission de faire entrer leurs marchandises dans la ligne des Douanes, moyennant le paiement des droits du tarif. (*Même décret, art.* 3.) Les détenteurs de marchandises coloniales dans le Holstein, qui n'auront pas fait leurs déclarations au 1er novembre, ne seront plus admis à profiter du privilége qui leur est concédé par le présent décret. (*Même décret, art.* 4.) Ce décret est précédé du motif suivant : « Considérant qu'un nombre considérable » de marchandises coloniales, provenant de prises faites par les danois, est en- » combré à Altona et dans les autres places du Holstein, nous avons décrété et » décrétons, etc. . . . »	DOUANES extérieures.
1146. Les denrées et marchandises dénommées au tarif annexé au présent décret, qui entreront dans le Mecklenbourg, le Lanenbourg, les villes anséatiques, et tous les pays compris entre la mer et la ligne des Douanes depuis Rhees sur le Rhin jusqu'à la Baltique, sont assujetties aux droits d'entrée portés audit tarif, soit qu'elles entrent en vertu de licences ou permis, soit qu'elles proviennent de prises, de confiscations ou de saisies. (*DI.* 2 *octobre* 1810, *art.* 1er.) Lesdites denrées et marchandises actuellement existantes dans lesdits pays, seront soumises auxdits droits. (*Même décret, art.* 2.) Les propriétaires ou consignataires desdites denrées ou marchandises, seront tenus d'en faire la déclaration sous peine de confiscation. Ils paieront lesdits droits, soit en espèces, soit en obligations valablement cautionnées, et à trois mois d'échéance pour tout délai. (*Même décret, art.* 3.) A l'expiration du terme ci-dessus fixé pour les déclarations, les préposés des Douanes feront les visites et recherches nécessaires pour découvrir les denrées et marchandises qui n'auroient pas été déclarées. Il leur sera accordé un cinquième du produit de la vente de celles qu'ils auroient découvertes et saisies. (*Même décret, art.* 4.) Tout individu qui fera connoître aux préposés des douanes les lieux où seroient déposées des marchandises soustraites aux déclarations, recevra un cinquième du produit de leur vente. (*Même décret, art.* 5.) Il est ordonné aux autorités militaires de faire prêter main-forte	DOUANES extérieures.

RENVOIS A FAIRE AU CODE OU AU TARIF.	BULLETIN DES DOUANES.

aux préposés des douanes, sur la réquisition du chef de chaque détachement. (*Même décret, art.* 6.)

Le Directeur général des douanes donnera les ordres nécessaires pour que les recherches et visites soient faites avec exactitude, et que les marchandises découvertes, ainsi que celles confisquées à défaut de paiement des droits dans les délais prescrits, soient transportées à Cologne. (*Même décret, art.* 7.)

Papiers de bord des navires américains.

1147. La simple désignation d'*îles occidentales*, comme lieu de destination d'un navire, n'est pas conforme à l'esprit et au texte de la convention du 30 septembre 1800, et est devenue dangereuse depuis la prohibition portée par les Gouvernemens respectifs de France et des États-Unis, touchant toute communication avec les révoltés de Saint-Domingue. (***Avis du Conseil d'Etat du 8 septembre 1810, approuvé par*** SA MAJESTÉ *le 3 octobre même année.*)

CET avis est précédé du considérant suivant : « Le Conseil d'État, qui a entendu le rapport de ses sections de marine et de législation sur celui du Grand-» Juge, Ministre de la justice, relatif à un référé du Conseil impérial des prises, » ayant pour objet de savoir si, depuis la prohibition de communiquer avec les » révoltés de Saint-Domingue, les citoyens des Etats-Unis d'Amérique ont pu, » à la faveur de la convention antérieure du 30 septembre 1810, se borner à » énoncer la destination de leurs navires d'une manière vague et indéterminée, » en désignant, par exemple, les îles occidentales comme but de leurs voyages, » est d'avis que... etc. »

TARIF. Beurres à la sortie.

1148. L'exportation des beurres de France sera permise ; néanmoins elle s'arrêtera lorsque les prix s'élèveront, savoir :

Dans le département des bouches de la Meuse, et sur les marchés de Leyde et de Delft, à deux francs le kilogramme ;

Dans les départemens de la Manche, du Calvados, de la Seine-Inférieure, de la Somme, des Deux-Nèthes et autres départemens maritimes, à un franc cinquante centimes le kilogramme.

Les droits de sortie sont fixés, par kilogramme, à quinze centimes pour les départemens de la Manche, du Calvados, de la Seine-Inférieure, de la Somme, des Deux-Nèthes, et autres départemens maritimes de l'ancienne France ; et à vingt centimes par kilogramme, pour les départemens réunis en 1810. (*DI. 3 octobre* 1810.)

« LES prix des beurres seront indiqués aux Directeurs des douanes, par les » préfets des départemens dans lesquels se trouve leur division ; aussitôt que le » taux de la prohibition sera atteint, elle sera établie dans les bureaux du ressort » de la préfecture où les beurres seront parvenus au maximum déterminé. (*CD*, » 19 *octobre* 1810.) »

BULLETIN DES DOUANES.	RENVOIS A FAIRE AU CODE OU AU TARIF.

1149. L'entrée des cotons de Naples, exceptés par le décret du 5 août 1810 de l'augmentation, est restreinte aux bureaux de terre de la ligne des Alpes, et aux ports de mer depuis Rome jusqu'à Cette inclusivement. (*CD.* 3 *octobre* 1810.) — TARIF. Cotons de Naples.

« Pour prévenir les abus de substitutions d'origine, ces cotons devront être mis » en entrepôt réel ou dans les magasins des douanes ; il sera prélevé des échan- » tillons qui seront envoyés à M. le Directeur général pour être soumis aux experts » du gouvernement dont la décision sera transmise pour l'admission ou le rejet. (*Même circulaire.*)

1150. La pêche en mer du hareng et du maquereau est permise pendant la nuit, pour toute la saison de cette pêche, sur la côte comprise entre Calais et Barfleur inclusivement, à la charge par les pêcheurs de se conformer en tout ce qui n'est pas contraire au présent décret, aux dispositions de celui du 21 juin 1810, sur *la Police des Pêches.* (*DI.* 8 *octobre* 1810, *art.* 1.) — PECHE du Hareng et du Maquereau. — CODE. Du n.° 928 à 936, renvoyer à ce n.° 1150.

Le décret du 13 pluviôse an 11, portant que la pêche du hareng continuera à être libre et non limitée, conformément à la loi du 15 vendémiaire an 2, sera exécuté dans toutes ses dispositions. (*Même décret*, *art.* 2.) — CODE. Des n.os 492 à 512, renvoyer à ce n.° 1150.

L'administration des douanes continuera de délivrer en franchise, pour la salaison du hareng et du maquereau, même après le 1er janvier, et pour la pêche sur les côtes des départemens de la Seine inférieure, du Calvados et autres, les quantités de sel ci-dessous reconnues suffisantes, savoir :

Par 100 kilogrammes net de hareng blanc	27 kil.
Pour 12,240 kilogrammes hareng saurés, bouffis ou craquelotés.	155
Pour 100 kilogrammes net de maquereau salé à terre. . .	40
Pour 100 kilogrammes net de maquereau salé en mer . .	48
Pour le pacquage de 100 kilogrammes de maquereau salé en mer.	15

L'emploi de ces quantités sera constaté par les préposés des douanes. (*Même décret*, *art.* 3.)

A l'effet de favoriser la pêche de la sardine sur les côtes de l'Empire, il sera alloué en franchise, dans les proportions qui seront ultérieurement déterminées par les ministres de l'intérieur et des finances, sur l'avis et la proposition du directeur général des douanes, les sels employés à la préparation des petits poissons destinés à servir d'*appât* pour la pêche de la sardine. Cette franchise sera particulièrement accordée à la salaison du poisson appelé *sprat*, qui se pêche plus communément dans les ports situés sur l'Océan, entre Saint-Malo et Paimbœuf.

RENVOIS A FAIRE AU CODE OU AU TARIF	BULLETIN DES DOUANES.

Le directeur général des douanes fera constater par ses préposés sur les lieux, les quantités de sel qu'il conviendra d'allouer pour chaque 100 kilogrammes de ces poissons. (*DI.* 8 *octobre* 1810, *art.* 4.)

Les quantités de poisson salé qui se consomment dans l'intérieur des villes où s'en fait la salaison, pendant la durée de la pêche, ne seront point prises en compte par les préposés des douanes, pour les réglemens du compte des saleurs, relatif à l'emploi du sel de franchise. (*Même décret*, *art.* 5.)

Pendant la durée de la pêche du hareng, il est défendu à tous maîtres de barques ou bateaux pêcheurs, leurs matelots et équipages, d'apporter dans les ports et d'y débarquer, comme frais, d'autre hareng que celui d'une, deux ou trois nuits, à peine de confiscation et de 100 francs d'amende pour chaque contravention. (*Même décret*, *art.* 6.)

Il est défendu, sous les mêmes peines, à tous maîtres de barques, pêcheurs ou matelots, et à tous marchands saleurs résidans dans les ports, de caquer, saler ou brailler pour saurer au roussable, d'autre hareng que celui d'une ou de deux nuits. (*Même décret*, *art.* 7.)

Le hareng d'une ou de deux nuits ne sera vendu, acheté et livré que jusqu'à onze heures du soir au plus tard, sous peine de confiscation ou d'amende. (*Même décret*, *art.* 8.)

Le hareng de trois nuits ne pourra être vendu que pour la subsistance seulement de ceux qui voudront l'acheter aux débitans, revendeuses et chasses-marées, et pour être roussi à la cheminée, pour faire l'espèce de hareng appelée *craquelot.*

Il est expressément défendu d'en apporter ni vendre aucun de quatre nuits, sous quelque prétexte que ce soit, à peine de confiscation et 100 fr. d'amende. (*Même décret*, *art.* 9.)

Les marchands saleurs et les pêcheurs ne pourront caquer à terre ni en mer, aucun hareng qui aura d'abord été braillé en grenier ou en baril, l'embariller ni le mêler avec les autres harengs caqués et salés, soit en mer, soit à terre, à peine de confiscation des marchandises qui se trouveront ainsi salées et mélangées, et de 500 francs d'amende. (*Même décret*, *art.* 10.)

Il est défendu aux revendeuses de poisson, et à toutes autres personnes que ce puisse être, même aux femmes, filles et enfans de matelots, de s'introduire dans les bateaux lors de leur arrivée à terre, et d'y faire aucun choix, triage ou séparation des gros harengs d'avec les petits, avant, pendant la vente, ou lors de la livraison de la batelée. Il est pareillement défendu aux maîtres et matelots desdits bateaux de souffrir ladite entrée dans les bateaux, et ledit triage, à peine de trois jours de prison contre les premiers; et, en cas d'attroupemens ou d'insultes faites aux maîtres, propriétaires et acheteurs, des peines portées par les lois, et de 100 francs d'amende, contre lesdits maîtres et matelots, en cas de tolérance de leur part. (*Même décret*, *art.* 11.)

Il est néanmoins permis aux débitans et revendeuses de poisson frais en détail, de se faire livrer, à l'arrivée des bateaux, par préférence à tous autres acheteurs, telle quantité de harengs d'une ou plusieurs nuits qui leur conviendra, en se faisant inscrire lors de la vente, par les préposés que la police municipale pourra, dans chaque localité, désigner, si elle le juge convenable, pour maintenir concurremment avec les préposés des douanes, l'ordre et la police dans les ventes. Les réglemens ou arrêtés municipaux nécessaires pour établir ces préposés, déterminer leurs fonctions et pourvoir à leurs émolumens, ne pourront être exécutés qu'après avoir été homologués en Conseil de Sa Majesté, sur l'avis du préfet du département et le rapport du ministre de l'intérieur. (*DI.* 8 *octobre* 1810, *art.* 12.)

La livraison de hareng dont il est parlé à l'article précédent aura toujours lieu à la mesure et non au compte, à l'effet d'éviter le choix ou le triage défendu par l'art. 12. Pour faciliter la réclamation de l'acheteur contre les pêcheurs fauteurs d'un emplissage défectueux, soit par la qualité, soit par la quantité du poisson, tous les maîtres de bateaux seront tenus, avant de commencer leur pêche, de déposer, sans frais, au bureau des douanes, à la mairie et au tribunal de commerce, dans les ports où il y en a, un double de la marque dont ils entendent imprimer chacun des barils par eux destinés à ladite pêche, en distinguant les premier, second, troisième et autres voyages. (*Même décret, art.* 13).

Chaque maître de bateau et chaque pilote allant au batelage du hareng, sera aussi tenu de se fournir d'une ou plusieurs mesures uniformes, duement étalonnées et marquées à feu dans le bureau établi en chaque port de pêche: lesquelles mesures seront réglées de manière que cinquante de ces mesures combles produisent pleinement le lest de douze barils en vrac. Ces mesures seront vérifiées tous les ans. (*Même décret, art.* 14.)

Les mesures ainsi réglées et étalonnées, il en sera déposé une à la mairie et une au tribunal de commerce, pour y servir de matrice ou échantillon, et y avoir recours au besoin, en cas de contestation sur le port et dans les bateaux, lors de la livraison dans la ville et chez les marchands. (*Même décret, art.* 15.)

Les harengs ne pourront être mis dorénavant dans lesdites mesures qu'avec des pelles non ferrées et non autrement, à peine de 20 francs d'amende contre le pêcheur. (*Même décret, art.* 16.)

Les maîtres pêcheurs feront sur le quai ledit mesurage par eux mêmes, ou par les gens de leur équipage, sans pouvoir y introduire des rogues et autres ordures, à peine de tous dépens, dommages et intérêts, même d'amende s'il échéoit; sauf, en cas d'infidélité, à y être pourvu ainsi qu'il appartiendra. (*Même décret, art.* 17.)

Les acheteurs ne pourront refuser le hareng qui leur sera livré de la manière ci-dessus exprimée, ni prétendre à aucune diminution, sous prétexte qu'il seroit ébreuillé ou autrement, à moins que la quantité de poissons qui donneroit lieu au refus, n'excédât le cinquantième de la livraison, auquel cas l'excédant sera constaté sommairement et sans frais, en présence de l'acheteur et du propriétaire vendeur. (*DI.* 8 *octobre* 1810, *art.* 18.)

Le baril de hareng, soit braillé, soit caqué, arrivant de la mer, salé en vrac, sera fourni de hareng loyal et marchand, bien conditionné, sans hareng de rebut, et pesera, y compris 39 kylogrammes au plus pour tare de baril et saumure, au moins 140 kilogrammes, et sera plein à 81 millimètres au plus au dessous du jable, à peine de 100 fr. d'amende pour chaque contravention. (*Même décret, art.* 19.

Le hareng caqué et salé en vrac dans des barils, devra rester six jours au moins dans sa saumure avant d'être pacqué. (*Même décret, art.* 20.)

Le maquereau, avant d'être salé, sera caqué et vidé de ses intestins, œufs et laitances, et restera en saumure au moins pendant dix jours avant d'être pacqué. (*Même décret, art.* 21.)

Le hareng préparé à terre pourra prendre la saumure, soit dans des cuves en bois, soit dans des cuves en maçonnerie. (*Même décret, art.* 22.)

Dans le cas où il seroit reconnu que le mode de salaison en cuve exigeroit l'emploi d'une quantité plus considérable de sel que celle fixée à l'art. 3 du présent décret, le directeur général des douanes donnera les ordres nécessaires pour la délivrance de la portion supplémentaire de sel qui sera jugée nécessaire. (*Même décret, art.* 23.)

Le baril d'envoi, dans lequel le hareng est pacqué, ne sera pas considéré comme mesure de contenance, mais seulement comme enveloppe.

Ce baril ne sera réputé plein, loyal et marchand, qu'autant qu'il pesera de 144 à 147 kilogrammes, y compris la tare du baril, qui, vide ne pourra peser plus de 14 kilogrammes et demi à 19 kilogrammes et demi, et dans lequel il ne pourra se trouver plus d'un kilogramme et demi à deux kilogrammes de saumure. (*Même décret, art.* 24.)

Le demi baril, le quart et le huitième, suivront le poids du baril proportionnellement, de manière toutefois que deux demi barils, quatre quarts ou huit huitièmes, pèsent au moins 142 kilogrammes. (*Même décret, art.* 25.)

Tous les marchands saleurs seront tenus, chacun en droit soi, de faire marquer à feu tous les barils, demi-barils, quarts et huitièmes provenant de leur pacquage, et ce, du nom de la ville et du port de leur résidence, ainsi que de leur propre nom, sur le fond du baril de hareng d'une ou de deux nuits seulement, pour le distinguer de celui de trois nuits, auquel il est expressément défendu d'apposer aucune marque ni impression à feu, à peine contre les contrevenans aux articles ci dessus, de confiscation des marchandises au profit de l'hospice civil le plus prochain, et de 500 fr. d'amende, dont un tiers appartiendra au dénonciateur, s'il y en a, et les deux autres tiers audit hospice.

La marque énoncera aussi si le baril contient du hareng plein ou guet. (*DI. 8 octobre* 1810, *art.* 26.)

Défenses sont faites, sous les peines portées dans les réglemens et décrets, à tout marchand saleur de contrefaire la marque d'un marchand de sa ville ou de tout autre. (*Même décret, art.* 27.)

Dans le cas même où un marchand saleur feroit paquer en tout autre port que celui de sa résidence habituelle, il ne pourra se servir de sa marque ordinaire, et devra en employer une indicative du lieu où le paquage aura été fait. (*Même décret, art.* 28.)

Il est défendu d'embarquer, sous quelque prétexte que ce soit, les breuils ou intestins de harengs dans les mêmes navires ou bateaux que le poisson. (*Même décret, art.* 29.)

Pour l'exécution des dispositions ci-dessus, il sera établi, dans chaque port, baie ou crique, où la pêche et la salaison ont lieu, deux syndics, qui seront pris, l'un parmi les armateurs, l'autre parmi les saleurs. (*Même décret, art.* 30.)

Ces syndics seront choisis et nommés par les chambres de commerce, dans les villes où il en existe, et, à défaut, par les tribunaux de commerce ou par les maires. (*Même décret, art.* 31.)

Dans l'un ou l'autre cas, les syndics prêteront serment devant le tribunal de première instance de l'arrondissement, ou du juge du canton.

Ils seront renouvelés chaque année: leurs fonctions seront gratuites. (*Même décret, art.* 32.)

Sur la demande des syndics, il pourra leur être adjoint, suivant le mode de nomination prescrit par l'article 31, un ou plusieurs aides qui seront salariés par le commerce et assermentés ainsi qu'il est dit à l'article 32. (*Même décret, art.* 33.)

Ces syndics auront le droit, conjointement ou séparément, de surveiller la qualité et livraison du hareng, tant frais que salé en grenier, venant de la mer; de vérifier le poids des barils de hareng braillé ou salé en mer, et d'en faire faire l'ouverture à l'effet d'en examiner l'empilssage, ainsi que la qualité et la nature de l'apprêt du poisson. (*Même décret, art.* 34.)

Ces syndics sont également autorisés à se transporter, quand ils le jugeront à propos, dans les divers ateliers, pour s'assurer de la quan-

RENVOIS A FAIRE AU CODE OU AU TARIF.	BULLETIN DES DOUANES.

tité de l'apprêt du hareng, tant blanc que saur, plein ou guet, à constater, conjointement avec le vérificateur de la police municipale, le poids du pacquage quant au hareng blanc, et le nombre quant au hareng saur; à reconnaître la préparation et la salaison du maquereau; à l'effet de quoi tout propriétaire d'atelier sera tenu de faire défoncer tous et un chacun des barils dont l'ouverture sera demandée. (*DI. 8 octobre* 1810, *art.* 35.)

La répression et la punition des contraventions au présent réglement seront poursuivies par voie de police correctionnelle; en conséquence, les syndics en dresseront procès-verbal, qu'ils adresseront dans le jour au procureur impérial ou à son substitut près les tribunaux de première instance; mais ils pourront provisoirement arrêter la livraison ou l'expédition de la marchandise frauduleuse, même la saisir et la mettre en sequestre.

La connoissance des contestations d'intérêt qui surviendroient entre particuliers à l'occasion du présent réglement, appartiendra aux tribunaux compétens. (*Même décret*, *art.* 36.)

Dans les lieux ou ports de pêche et de salaison, soit du hareng, soit du maquereau, les maires pourront, avec l'autorisation du préfet du département, proposer les arrêtés de police locale propres à garantir la loyauté des ventes et la bonté des salaisons : ces arrêtés ne pourrront être exécutés qu'après leur homologation en conseil de SA MAJESTÉ, sur le rapport du ministre de l'intérieur. (*Même décret, art.* 37.)

Les propriétaires d'ateliers de salaison ne pourront avoir, dans l'enceinte des bâtimens où se trouvent lesdits ateliers, que les sels spécialement destinés à la préparation du poisson salé. Toute vente desdits sels leur est formellement interdite pendant la durée des salaisons, sous les peines portées contre les saleurs trouvés en contravention. (*Même décret, art.* 38.)

CE décret commence par ces mots :

« Vu la loi du 15 vendémiaire an 2, et l'arrêté du 13 pluviose an 11, relatifs » à la pêche du hareng; vu notre décret du 17 décembre 1809, qui prescrit un » réglement sur la salaison et l'embarillage du hareng; sur le rapport de notre » Ministre de l'intérieur, notre Conseil d'Etat entendu, nous avons décrété et » décrétons, etc. »

Voici le texte de la circulaire qui a transmis ce décret :

« Une partie de ce réglement a pour objet d'assurer l'ordre convenable dans » l'introduction et la vente du poisson frais sur les ports, le rejet de celui de plus » de trois nuits, l'exclusion du caquage, salage et braillage pour celui ayant » plus d'une ou de deux nuits, et l'emploi dans les ateliers de toutes les précau- » tions capables de procurer une bonne confection. L'exécution de cette partie est » principalement confiée aux syndics dont l'art. 30 ordonne la nomination dans » chaque port, baie ou crique; mais les préposés des douanes doivent également » y concourir, et je vous invite à donner, dans cet objet, des ordres et des ins- » tructions très-précises aux différens chefs de service. Je me bornerai à appeler par-

BULLETIN DES DOUANES.	RENVOIS A FAIRE AU CODE OU AU TARIF.

» ticulièrement votre attention sur les dispositions concernant la délivrance des sels et le contrôle de leur emploi, parce qu'elles touchent plus directement encore aux intérêts confiés à l'administration des douanes.

» L'art. 1er autorise la pêche de nuit, pour toute la saison, sur la côte comprise entre Calais et Barfleur, inclusivement à la charge par les pêcheurs de se conformer, en tout ce qui n'est pas contraire au présent décret, aux dispositions de celui du 21 juin 1810. Sur la police des pêches, les préposés devront veiller à l'exécution de cette condition.

» L'art. 2 ordonne que l'administration des douanes continuera de délivrer des sels en franchise, même après le 1er janvier, pour la pêche et la salaison du hareng et du maquereau. Vous regarderez donc comme non avenue la décision qui prescrit celle de faire cesser cette délivrance au 31 janvier de chaque année.

» Le même art. détermine les quantités de sel à allouer pour chaque espèce de préparation. Elles sont conformes aux fixations qui avoient été provisoirement réglées par S. Ex. le Ministre des finances; on y a seulement ajouté un supplément dont l'expérience a fait connoître la nécessité pour le maquereau salé en mer, et une disposition relative au paquage du même poisson.

» L'art. 4 étend la franchise à la salaison du poisson appelé *Sprat*, destiné à servir d'appât pour la pêche de la sardine. Si ce poisson se pêche dans votre direction, vous prendrez et me transmettrez des renseignemens sur la quantité de sel qu'exige sa préparation, afin que je puisse en proposer la fixation conformément au 2e paragraphe du même article.

» L'art. 5 porte que les quantités de poisson salé qui se consomment dans l'intérieur des villes où s'en fait la salaison, pendant la durée de la pêche, ne seront point prises en compte par les préposés des douanes, pour les réglemens du compte des saleurs relatifs à l'emploi du sel de franchise. Cette disposition, qui a été sollicitée par plusieurs Directeurs, aura le double avantage de prévenir l'abus que les saleurs pourroient faire de la faculté de déclarer des ventes plus considérables que celles réellement effectuées, et d'affranchir les préposés d'un travail de contre-vérification très-compliqué dans un temps où la surveillance des salaisons elles-mêmes réclame toute leur attention.

» Les art. 20 et 21 imposent aux saleurs l'obligation de laisser le hareng dans sa saumure pendant six jours au moins, et le maquereau pendant dix jours, avant de procéder au paquage. Les préposés doivent tenir la main avec beaucoup de soin à l'exécution de cette disposition qui a pour double objet d'assurer une bonne préparation et de prévenir dans l'emploi du sel des économies frauduleuses.

» L'art. 23 m'autorise à faire délivrer, s'il y a lieu, la portion supplémentaire de sel qui seroit jugée nécessaire pour la salaison du poisson mis en saumure dans des cuves en maçonnerie.

» Si l'on reconnoît que ce mode de préparation exige une proportion de sel plus forte que celle fixée par l'art. 3, on en informera M. le Directeur général, et on lui indiquera en même temps quel seroit le supplément indispensable.

» L'art. 24 défend d'employer au paquage du hareng des barils pesant vuides plus de 14 kilogrammes et demi à 19 kilogrammes et demi, et d'y laisser plus d'un kilogramme et demi à deux kilogrammes de saumure. Il porte en outre que le baril ne sera réputé plein, loyal et marchand, qu'autant qu'il pesera, y compris la tare, de 144 à 147 kilogrammes, et l'art. suivant règle dans la même proportion le poids que devront avoir le demi-baril, le quart et le huitième. C'est sur cette base que les préposés, après cependant une exacte vérification, prendront en compte les barils qui leur seront représentés, et établiront l'emploi du sel qui aura été délivré à chaque saleur.

RENVOIS A FAIRE AU CODE OU AU TARIF.	BULLETIN DES DOUANES.

» Les saleurs sont assujettis par l'art. 26 à faire marquer à feu du nom de la » ville et du port de leur résidence, ainsi que de leur nom, tous les barils, demi- » barils, quarts et huitièmes provenant de leur paquage ; mais il leur est expres- » sément défendu, sous peine de confiscation et d'une amende de 500 fr., d'ap- » poser cette marque sur les futailles contenant du hareng de trois nuits. Les » préposés devront s'assurer que les saleurs se conforment à ces deux dispositions, » au moyen desquelles il suffira désormais que la marque de la douane se fasse » avec rouane.

» Enfin, aux termes de l'art. 38, les propriétaires d'atelier de salaisons ne » pourront avoir dans l'enceinte des bâtimens où se trouvent lesdits ateliers, que » les sels spécialement destinés à la préparation du poisson salé. Toute vente desdits » sels est formellement interdite pendant la durée des salaisons, sous les peines » portées contre les saleurs trouvés en contravention. Cette mesure a été déterminée » par la connoissance de l'abus que quelques saleurs ont fait de la faculté qui leur » avoit été laissée jusqu'à ce jour de vendre des sels en détail pendant les salai- » sons, pour soustraire aux droits les sels qu'ils avoient économisés sur leurs » préparations. Il leur sera donc interdit d'appliquer à aucun autre emploi qu'à » leurs propres salaisons les sels qui leur auront été délivrés pour cette destination ; » et ils ne seront plus admis à acquitter pendant la durée des salaisons, sous » prétexte de les livrer à la consommation, les droits sur aucune partie de » ces sels.

» Toutes les dispositions des circulaires et instructions antérieures qui ne sont » point contraires à celles portées au décret ci-joint continueront d'être exécutées. » (*CD.* 25 *octobre* 1810.)

CODE. Du n.° 20, renvoyer à ce n.°

1151. *Les dispositions de l'arrêté consulaire du 14 fructidor an 10, relatives aux transactions sur saisies, ne sont pas applicables aux pays ci-devant hollandais, présentement réunis à l'Empire.*

Voici la lettre de M. le Directeur général : « Toutes les saisies faites dans ces » pays, étant le résultat des ordres de Sa Majesté, ne sont pas susceptibles d'être » terminées par transaction ; on devra en conséquence n'accepter aucun arran- » gement provisoire, et suspendre ceux qui auroient pu avoir lieu. » (*LD.* 11 *octobre* 1810).

TARIF. Bois jaune et Bois de Sainte-Marthe.

1152. *Le droit imposé sur le bois d'acajou sera perçu sur le bois jaune,*

Et celui fixé sur le bois du Bresil sera acquitté sur le bois de Sainte-Marthe. (DM. 15 octobre 1810.)

« Ces bois ne sont pas dénommés parmi ceux que taxe le décret du 12 sep- » tembre 1810 ; sur l'observation qui en a faite au Ministre par M. le Directeur » général des douanes, Son Excellence a décidé, le 13 octobre, que le bois jaune » devoit être assimilé à celui d'Acajou, et le bois de Sainte-Marthe à celui » de Bresil ou Bresillet ; ainsi le bois jaune paiera 50 fr, et le bois de Sainte- » Marthe 15 fr. par cent kilogrammes. L'entrée de ces deux sortes de bois ne » peut avoir lieu que dans les mêmes cas que celle des autres bois spécifiés dans » les décrets des 5 août et 12 septembre 1810. » (*CD.* 18 *octobre* 1810.)

BULLETIN DES DOUANES.	RENVOIS A FAIRE AU CODE OU AU TARIF.

1153. Le séquestre sera mis à Francfort (sur le Mein), sur toutes les marchandises anglaises ou coloniales, ou provenant du commerce anglais, qui s'y trouvent. (*DI. 14 octobre* 1810, *art.* 1.)

DOUANES extérieures.

Une commission sera nommée par le prince d'Eckmuhl, commandant en chef les armées en Allemagne, pour prendre toutes les mesures nécessaires à l'exécution du présent décret, jusqu'à ce que SA MAJESTÉ ait statué sur ledit séquestre. (*Même décret, art.* 2.)

CE décret est précédé des motifs suivans :

« Considérant que la ville de Francfort est encombrée de marchandises anglaises » et coloniales entrées dans le courant de l'été dernier par la Hollande et les ports » du Nord ; — Que les négocians qui se sont livrés au trafic des marchandises » prohibées par le décret de Berlin, de 1807, savoient qu'ils s'exposoient à la » confiscation ; — Que la plupart de ces marchandises sont restées en compte » courant et appartiennent encore à des négocians anglais ; — Que ces marchan- » dises, d'ailleurs, sont destinées à entrer en France par la contrebande, ce qui » entretient une guerre de douanes sur les frontières ; — Que l'Angleterre non » seulement est en guerre contre la France, mais qu'elle l'est aussi contre la » confédération du Rhin ; — Enfin que, dans le décret de Berlin, *Sa Majesté* » a fait connoître que, partout où seroient ses troupes, toutes marchandises » anglaises qui s'y trouveroient seroient confisquées, et que déjà cette mesure a » été mise à exécution à Stettin, Dantzick et dans tout le nord de l'Allemagne, » *Elle* a décrété, etc. »

1154. *Le droit à percevoir sur l'huile de roses est celui porté au tarif à l'article Essences de roses* (LD. 1er. juin 1810.)

TARIF. Huile de roses.

Le droit qui doit être perçu sur le cinnabre pulvérisé est celui imposé sur le vermillon. (CD. 15 octobre 1810.)

Cinnabre pulverisé.

VOICI la lettre relative à l'huile de roses :

« Cette substance est comprise au tarif sous deux dénominations : la première » comme huile imposée seulement à 51 centimes le kilogramme ; la seconde sou- » mise à 48-96 aussi par kilogramme ; mais étant reconnu par les chimistes que » l'huile et l'essence volatile de roses ne sont qu'une même chose et d'un prix » très-élevé, il n'y a pas de doute que la quotité du droit de 48-96 (*c'est-à-dire* » 97-92 *à cause du décret du 8 février*) par kilogramme est applicable tant à » l'huile qu'à l'essence de roses. » (*LD.* 1er *juin* 1810.)

NOTA. Par analogie, les huiles de cannelle, de citron, etc. doivent donc aussi le droit le plus fort que le tarif leur impose à l'article *Essences*.... Toutefois l'huile de soufre qui est aussi tarifée sous la dénomination d'acide sulfurique et d'esprit de soufre, ne peut payer que le droit le plus foible, parce que la loi du 1er août 1792, qui a rectifié les tarifications de ces deux dernières dénominations, est postérieure à celle du 15 mars 1791 qui imposoit cette même substance à trois droits différens.

Voici actuellement la circulaire relative au cinnabre :

« Le tarif d'entrée du 15 mars 1791 a imposé le cinnabre naturel et artificiel, » ainsi que le vermillon, à 20 fr. 40 c. le quintal décimal. Le vermillon doit, » d'après la loi du 30 avril 1806, 100 francs également par quintal décimal. L'un

RENVOIS A FAIRE AU CODE OU AU TARIF.	BULLETIN DES DOUANES.

» et l'autre droits doivent être doublés conformément au décret impérial du 8 » février dernier. Dans quelques bureaux, on présente, sous la dénomination de » cinnabre, cette substance réduite en poudre; comme le vermillon n'est autre à chose que du cinnabre pulvérisé, on élude ainsi le paiement du droit de 200 » francs auquel celui-ci est imposé. En conséquence et pour prévenir un semblable » abus, les Directeurs rappelleront aux Receveurs les caractères qui distinguent » le cinnabre du vermillon, et ils veilleront à ce que ce dernier soit exactement » assujetti au droit qui lui est propre. » (*CD*. 15 *octobre* 1810.)

Nota. Aucun caractère ne distingue le cinnabre du vermillon; mais si la loi du 30 avril 1806 avoit entendu différencier le vermillon du cinnabre, elle n'auroit pu le faire que relativement à l'état sous lequel il seroit présenté à l'importation, c'est-à-dire qu'elle n'auroit voulu alors qu'imposer la main-d'œuvre donnée au cinnabre artificiel ou vermillon natif, laquelle se réduit à une porphyrisation en poudre impalpable, et dès-lors les seuls cinnabres ou vermillons réduits en poudre devroient le droit de 200 francs; ..... mais je suis d'autant moins de cet avis, que la loi du 30 avril n'a pas exprimé cette différence d'état; et comme, d'après ses motifs, *son premier but est de faire porter ses nouvelles tarifications sur des objets de luxe et d'agrément*, *afin de diminuer par cette ressource l'impôt foncier qui pèse sur l'agriculture*, il en résulte, pour moi, que le cinnabre, qui n'est autre chose que du vermillon, doit la nouvelle tarification de cette dernière dénomination.....

Au surplus, voici, pour mieux juger, la description détaillée de cette marchandise.

Cinnabre naturel. Tantôt il est en masse compacte dont la couleur varie, depuis le rouge pâle jusqu'au rouge foncé et noirâtre; quelquefois il est en cristaux transparens, couleur de rubis; quelquefois on le rencontre en écailles ou lames feuilletées, et c'est celui-ci qu'on a nommé plus particulièrement vermillon natif, ou cinnabre en fleurs..... Les chimistes donnent le nom de *sulfure de mercure rouge* ou *non oxidé*, à toutes ces espèces de cinnabres, qui ne sont qu'une combinaison du mercure avec le soufre; toutefois elle ne présente nullement l'aspect métallique.

Cinnabre artificiel. C'est un composé de mercure coulant et d'une partie de soufre; on liquéfie d'abord le soufre, et on y ajoute ensuite le mercure; lors du mélange, le soufre s'enflamme, on le laisse brûler un instant, et on l'éteint alors en étouffant la flamme. On pulvérise ce mélange qui a une couleur de violette, et on introduit cette poudre dans de grands matras jusqu'au tiers de leur capacité, on les place sur un bain de sable, on pousse graduellement le feu jusqu'à ce que le fond du matras soit rouge, et on l'entretient assez long-temps pour que tout le sulfure de mercure soit sublimé. Il se sublime en aiguilles d'un rouge brun, plus ou moins intense, appliquées les unes sur les autres. — On casse les matras, et le cinnabre se présente en pains semi-orbinaires, de la forme enfin du vaisseau sublimatoire.

TARIF. Huile de Rhodes.

1155. *L'huile de Rhodes ou Rhodium sera assujettie au droit imposé par le tarif sur l'Essence de roses.* (*LD*. 16 *octobre* 1810)

Un négociant s'étoit plaint de ce que dans un bureau de la direction d'Anvers on vouloit assujettir au *double* droit de 48 fr. 96 cent. le kilogramme, une caisse contenant 30 onces d'huile de Rhodes ou Rhodium, qui, d'après sa classification, ne lui paroissoit être passible que du *double* droit de 51 fr. le quintal, l'huile de roses étant seule frappée du premier droit. Il demandoit aussi qu'à raison de l'épaisseur de la caisse, la perception fût établie sur le poids net effectif et non d'après la tare de 12 pour cent. Il a été répondu :

« Quoique l'huile essentielle de Rhodes et celle de roses soient deux essences
» différentes, cependant le tarif les ayant comprises dans le même article, elles
» sont passibles du même droit; ainsi la caisse dont il s'agit devra acquitter le *dou-*
» *blement* de 48 fr. 96 cent. le kilogramme, mais seulement pour la quantité réelle
» d'essence qu'elle renferme, attendu que le commerce a la faculté de ne point faire
» usage de la tare, qui n'a pour objet que d'abréger les opérations relatives à la
» perception. (*LD*. 16 *octobre* 1810.) »

1156. Toutes les licences anciennes, sans exception, quels que soient leur date et les navires qui en sont pourvus, seront remises et annulées. (*Ordre de* SA MAJESTÉ, *transmis par circulaire du* 18 *octobre* 1810.)

CODE. Du n.° 996, renvoyer à ce n.° 1156.

« La circulaire du 7 juillet dernier (n° 1110) a annoncé qu'il ne seroit, à l'avenir,
» accordé de licences qu'aux bâtimens français, et qu'on devoit les retirer à ceux
» étrangers au fur et à mesure de leur rentrée dans nos ports; l'intention de S. M.
» est que toutes celles anciennes, sans exception, quels que soient leur date et les
» navires qui en sont pourvus, soient remises et annullées. Ainsi la mesure prescrite
» pour les étrangers est étendue aux bâtimens français, et on retirera leurs licences,
» quand bien même les délais n'en seroient pas expirés, à ceux qui se trouvent dans
» les ports de chaque division ou qui y aborderont. Si quelques-uns étoient en
» charge, les armateurs devront se pourvoir de nouvelles licences, et ne pourront,
» par aucun motif, faire usage des anciennes. (*CD*. 18 *octobre* 18 o.) »

1157. *Les Douanes impériales en Hollande seront organisées de la manière suivante :* (Décret de SA MAJESTÉ, du 18 octobre 1810, articles 142 à 169, et 209 à 215.)

ORGANISATION des Douanes en Hollande.

SECTION I. — *Des importations et exportations.*

Article 142. A compter du 1er janvier 1811, les lois, décrets et réglemens de l'Empire, sur les importations et exportations, recevront leur exécution dans les nouveaux départemens, sauf les exceptions ci-après.

SECTION II. — *De l'établissement et de l'organisation des Douanes.*

143. Les Douanes en Hollande seront chargées tant du service relatif aux importations étrangères et exportations à l'étranger, que de la surveillance des importations et exportations de Hollande dans les départemens de l'intérieur, et de ceux-ci en Hollande.

144. Pour tous les objets soumis à un droit de consommation intérieure en Hollande, les formalités en vigueur, à l'effet d'assurer la perception du droit lors de la sortie de la Douane pour l'entrée dans le commerce, continueront d'être observées.

145. Les Douanes de la Hollande seront divisées en quatre sous-directions; dont les chefs-lieux seront Rotterdam, Amsterdam, Dockum et Embdem.

RENVOIS A FAIRE AU CODE OU AU TARIF.	BULLETIN DES DOUANES.

La division de Rotterdam comprendra Dordrecht, les isles séparées par la Volkerak de celles précédemment réunies à la direction d'Anvers, et la côte de la mer du Nord jusqu'à Haarlem exclusivement.

Celle d'Amsterdam aura les côtes de la mer du Nord, depuis Haarlem jusqu'au Zuyderzée, les isles du Texel et de Wlieland et les côtes du Zuyderzée jusqu'à Elburg exclusivement.

Celle de Dockum comprendra les côtes de Zuyderzée depuis Elburg; celle de la mer du Nord jusqu'à Delfzyl inclusivement, et les isles de Terschelling, Ameland et Schiermmonikood.

Celle d'Embden s'étendra depuis Delfzyl exclusivement, en suivant les côtes du Dollart, celles de la mer du Nord et de la Jahe, jusqu'à l'extrémité des côtes de la Hollande; elle aura la frontière de terre depuis Neustadt jusqu'à Vollen-sur l'Ems.

146. Les directeurs particuliers de Rotterdam, d'Amsterdam, de Dockum et d'Embden seront sous la surveillance du maître des requêtes, qui résidera à Amsterdam, et aura le titre de *directeur principal.*

147. Le directeur principal sera sous les ordres immédiats du directeur-général, et se conformera exactement à toutes ses instructions; il les transmettra aux directeurs particuliers, correspondra avec eux sur toutes les parties du service, et rendra compte de toutes les opérations au Directeur général, qui néanmoins pourra correspondre lui-même avec les directeurs particuliers, toutes les fois qu'il le jugera convenable.

Le directeur principal rendra compte à l'intendant général des finances, du produit des Douanes, et lui fournira les bordereaux nécessaires.

SECTION III. — *Des Tabacs à leur entrée en Hollande et à leur sortie pour la France.*

148. L'importation des tabacs fabriqués à l'étranger est prohibée en Hollande.

149. Les tabacs en feuilles, étrangers, ne seront soumis qu'aux droits du tarif hollandais actuellement existant.

150. Les tabacs en feuilles de toute espèce pourront être importés de Hollande en France, en payant les droits du tarif français.

Les tabacs fabriqués en Hollande y seront également admis; mais indépendamment du droit imposé sur les tabacs en feuilles, ils acquitteront celui de fabrication.

151. Lesdits tabacs ne pourront entrer en France que par les bureaux qui seront ultérieurement désignés par un décret spécial.

Ils devront être expédiés de la Hollande à destination desdits bureaux, sous la formalité d'acquits-à-caution délivrés par des préposés des Douanes, qui seront établis dans les lieux de fabrication où ils seront nécessaires.

152. Lesdits tabacs en feuilles et fabriqués, après avoir acquitté les droits d'importation dans les bureaux de Douane par lesquels elle sera permise, seront expédiés de ces bureaux, par acquits-à-caution, pour les entrepôts les plus voisins de la régie des droits réunis.

153. Ils pourront y séjourner huit jours, durant lesquels les tabacs fabriqués recevront les plombs et vignettes de la régie : il sera payé, dans les bureaux des droits réunis, onze décimes par kilogramme, représentant les droits de fabrication, de licence et de fabricant, et de première vente.

154. Les tabacs en feuilles ou fabriqués après leur entrée, seront soumis au même régime que les tabacs d'origine française.

155. Les tabacs en carottes pointues ou faites à la main ne pourront être introduites dans les départemens de l'Empire.

SECTION IV. — *De l'exportation des Bières de Hollande en France.*

156. Les bières hollandaises ne pourront entrer dans l'intérieur que par les bureaux indiqués, et en payant, aux bureaux des droits réunis, un droit de 2 fr. par hectolitre.

SECTION V. — *Des Farines, Pain et Biscuit, à leur importation en Hollande.*

157. Les farines, le pain et le biscuit qui, des départemens de l'Empire, entreroient dans les nouveaux départemens que forme aujourd'hui la Hollande, paieront le droit de mouture. Les farines, pain et biscuit qui proviendroient de l'étranger, paieront les droits perçus jusqu'à ce jour.

SECTION VI. — *Des Grains, Farines et Légumes à leur exportation de Hollande.*

158. La loi du 17 novembre 1790, qui règle les formalités pour l'entrepôt des grains, farines et légumes provenant de l'étranger, et destinés à la réexportation, sera publiée et mise en vigueur dans les départemens de la Hollande.

159. Les règles de l'exportation des blés et menus grains sont les mêmes pour les nouveaux départemens que pour les anciens.

160. L'exportation cessera lorsque le prix de l'hectolitre sera parvenu à 24 fr. dans les marchés du département des Deux-Néthes, ou lorsque des décrets spéciaux l'auront prohibée.

161. Lorsque l'exportation ne sera point défendue, les blés et menus

grains qui seront exportés acquitteront, à la sortie, un droit réglé ainsi qu'il suit:

Lorsque le prix ne s'élevera pas à 19 fr. dans le département des Deux-Nèthes, par quintal métrique. . . . . 2fr. 00c.

A 19fr. *idem*. 2 50

A 20 *idem*. 3 00

A 21 *idem*. 4 00

A 22 *idem*. 6 00

A 23 *idem*. 8 00

A 24, l'exportation sera suspendue.

162. Il ne sera perçu, pour l'exportation des menus grains et des légumes secs, que la moitié des droits mentionnés en l'article précédent. Les légumes verts seront exempts de droits.

SECTION VII. — *De la circulation des Grains et Farines en Hollande.*

163. La circulation des grains, des farines et du pain dans l'intérieur des départemens de la ci-devant Hollande, sera entièrement libre, conformément à la loi du 21 prairial an 5.

164. La loi du 29 août (20 *septembre*) 1789, relative à la circulation des grains et farines par mer, sous la formalité de l'acquit-à-caution; celle du 16 *mars* 1797 (26 *ventôse an* 5), sur la circulation des grains dans la zone des frontières et sous la formalité du passavant, seront applicables aux départemens de la ci-devant Hollande, ainsi que les instructions ministérielles relatives à l'exécution de ces lois.

SECTION VIII. — *Des entrepôts.*

165. Il y aura un entrepôt réel de denrées et marchandises étrangères non prohibées, dans les ports d'Amsterdam, de Rotterdam et d'Embdem.

Ces entrepôts seront régis et gouvernés d'après les mêmes principes que ceux qui sont établis en France.

SECTION IX. — *Du transit.*

166. Les marchandises qui seront admises à l'entrepôt réel d'Amsterdam, pourront être expédiées en transit pour l'Allemagne et la Suisse, par la navigation du Rhin.

167. Il sera statué, par un décret spécial, sur les conditions et formalités qui seront attachées à la faculté du transit, et sur les droits auxquels seront assujetties les marchandises qui en jouiront, et sur les bureaux de sortie où elles devront être déposées et vérifiées.

Section X. — *De la nationalité des navires.*

168. Il sera fait, avant le 1er novembre prochain, un état, par chaque port, des bâtimens réunissant les conditions nécessaires pour être regardés comme nationaux par les lois de la Hollande : lesdits bâtimens seront francisés sur-le-champ.

169. A l'avenir, pour être considérés comme nationaux, les bâtimens devront, en Hollande, comme en France, réunir les conditions prescrites par les lois et les décrets de l'Empire.

De la surveillance des commissaires-généraux de police dans la ligne des Douanes.

209. Les commissaires généraux de police exerceront, dans l'étendue de leur ressort, les fonctions qui leur sont attribuées par nos lois et réglemens.

210. Outre la surveillance générale qui lui est attribuée, le directeur de police aura de plus spécialement sous son inspection, 1° la partie de la ligne des Douanes placée sur les côtes de l'ancien département de l'Amstelland, baignées par la mer du Nord, depuis le point où se termine le département des Bouches-de-la-Meuse jusqu'au Mars-Diep; 2° sur les côtes du département du Zuyderzée, baignées par la mer de ce nom, ainsi que les côtes des départemens de l'Issel-Supérieur, des Bouches-de-l'Issel et d'une partie de la Frise jusqu'à Stavoren inclusivement.

211. Le commissaire-général de police à Rotterdam aura pour arrondissement toute la ligne depuis les limites de l'arrondissement de Breda et du département des Bouches-de-l'Escaut jusqu'à Leyde, en y comprenant tout le littoral du département des Bouches-de-la-Meuse et la partie du département du Zuyderzée qui formoit celui de l'Utrecht.

212. Le commissaire-général de police à Embden aura pour arrondissement, 1° la ligne des Douanes qui comprendra toutes les isles et islots baignés par la mer du Nord; 2° toute la ligne des Douanes qui sera établie sur les côtes des départemens de l'Ems-Occidental et de l'Ems-Oriental depuis l'Anverzée jusqu'à Varel.

213. Le commissaire-général de police au Texel aura pour arrondissement, 1° les isles du Texel et de Wlieland; 2° les isles et les islots du département de la Frise, baignés par la mer du Nord; 3° la ligne des Douanes établie sur toute la côte du département de la Frise, depuis Stavoren exclusivement jusqu'à l'Anverzée.

214. Le commissaire-général de police à Ardenberg surveillera la ligne des Douanes placée sur les frontières continentales du département de l'Ems-Occidental et de l'Issel-Supérieur.

RENVOIS A FAIRE AU CODE OU AU TARIF.	BULLETIN DES DOUANES.

1158. *Les navires qui vont d'un port de l'Escaut à un autre, ne doivent point le droit de tonnage.*

Les droits de congé, de passeport,..... et de mutation de propriété, ne donnent pas ouverture à celui d'acquit. (LD. 23 octobre 1810.)

Voici le texte de cette lettre : « La navigation intérieure des fleuves n'est point » assujettie au droit de tonnage, lorsqu'elle s'effectue sans emprunt de la mer : » en principe, le port principal de commerce, situé à l'embouchure ou près de » l'embouchure du fleuve, est considéré comme port unique, et les autres, situés » dans les mêmes eaux, n'en sont qu'une dépendance, d'où il résulte que le » navire qui entre dans un fleuve doit acquitter, au premier abord, les droits de » tonnage ; il peut ensuite parcourir, s'il n'en sort pas, le même fleuve sans être » assujetti à de secondes perceptions.

» Quant au droit d'acquit, il est essentiellement accessoire des droits principaux » et ne doit être exigé que lorsqu'ils sont perçus et qu'un acquit en constate la » perception ; sa propre dénomination indique même qu'il n'est exigible que dans » le cas où l'acquit nécessaire est délivré. — Ainsi les congés, passeports, » permis, portant avec eux leur acquit, et la perception du droit de mutation » devant être inscrite au dos de l'acte de francisation, il n'y a pas lieu à délivrer » d'acquit ; *il n'en est pas ainsi de l'acte de francisation dont le droit par sa » quotité doit être mis*, ainsi que ceux d'expédition, *dans la classe des droits » principaux.* (LD. 23 octobre 1810.)

Obs. La disposition qui vient d'être transcrite *en italique* ne concorde pas avec celle que j'ai rapportée sous le n°. 1043 de mon Code, au paragraphe DROIT D'ACQUIT. Dans la lettre qui fut adressée le 23 janvier 1807 par M. le Directeur général à l'un des Inspecteurs-généraux, se trouve cette explication : « La quittance » du droit de francisation étant inscrite au dos de l'acte, il n'y a pas lieu à l'expé» dition de l'acquit, ni par conséquent à la perception du droit d'acquit.... » Et cette conclusion, qui est diamétralement opposée à celle ci-dessus, me paroît d'autant plus forte en raison, que j'ai établi sous le n°. 1032 de mon Code que la somme fixée pour la délivrance de l'acte de francisation ne l'a été que pour opérer le remboursement des dépenses occasionnées pour reconnoître les bâtimens qui peuvent jouir des avantages accordés à la navigation nationale ; que conséquemment le prétendu *droit de francisation* est encore moins un droit fiscal que le prétendu *droit de balance.*

ERRATA.

Il s'est glissé une étrange erreur, dans le n°. 4 du bulletin des Douanes et du Commerce, (*celui imprimé à deux colonnes*) et cette erreur a été repétée dans mon Code, dans la quatrième édition de mon Tarif et dans quelques exemplaires de la cinquième..... Il y est imprimé que le VIN *provenant du royaume d'Italie, ne payera que deux francs par quintal ;* tandis que l'article XI du traité de commerce du 20 juin 1808, dit en son paragraphe 1er, que les Vins fins et ordinaires du crû du royaume d'Italie, acquitteront les mêmes droits à leur entrée en France, que ceux de France à leur importation en Italie ; c'est-à-dire que les *Vins fins en cercles payeront réciproquement 5 francs par quintal, et lorsqu'ils seront en bouteilles 25 centimes par litre, et que les Vins communs, Vinaigres et Eaux-de-vie, payeront la moitié des droits du Tarif existant.* — Cette erreur provient de ce qu'à l'imprimerie, on a mal lu le second mot du dernier paragraphe de l'article XI de ce traité ; il y avoit le RIZ et on a imprimé le VIN ; il faut corriger cette erreur....

BULLETIN DES DOUANES.	RENVOIS A FAIRE AU CODE OU AU TARIF.

1159. *En matière de douanes, la composition des cours et des tribunaux, la compétence, la procédure, les peines, les transactions, la répartition du produit des saisies, et l'emploi des marchandises dont la confiscation auroit été prononcée, seront réglés d'après les dispositions suivantes :* (DI. 18 octobre 1810.)

NOUVELLE PROCÉDURE en matière de Douanes.

Du livre V du Code, renvoyer à ce n° 1159.

TITRE PREMIER.

De l'établissement, jusqu'à la paix générale, de tribunaux chargés de la fraude et contrebande en matière de douanes.

SECTION I. — *Des Cours prévôtales des douanes.*

Art. 1er. Il sera établi, jusqu'à la paix générale, des cours prévôtales des douanes, dans les lieux et avec les arrondissemens déterminés dans l'état annexé au présent.

2. Ces cours seront composées d'un président grand-prévôt des douanes, de huit assesseurs au moins, d'un procureur-général, d'un greffier, et du nombre d'huissiers nécessaires à leur service.

Les grands-prévôts siégeront en épée.

3. Ces cours ne pourront juger qu'au nombre de six ou de huit membres.

4. Elles prononceront en dernier ressort.

5. Elles connoîtront, exclusivement à tous autres tribunaux, tant du crime de contrebande à main armée, que du crime d'entreprise de contrebande contre les chefs de bande, conducteurs ou directeurs de réunions de fraudeurs, contre les entrepreneurs de fraude, les assureurs, les intéressés et leurs complices dans les entreprises de fraude : elles connoîtront également des crimes et délits des employés des douanes dans leurs fonctions.

Les arrêts définitifs qu'elles rendront, après un jugement de compétence confirmé par la cour de cassation, dans les cas prévus par le présent article, ne seront point sujets au recours en cassation.

6. *Les* procureurs généraux *impériaux* près les cours prévôtales seront tenus de poursuivre d'office les crimes mentionnés dans l'article précédent, sans qu'il soit nécessaire qu'il ait été rapporté procès-verbal contre les prévenus par les préposés des douanes.

Toutes les preuves qui sont admises, d'après les dispositions du Code d'instruction criminelle, pour la conviction des autres crimes, seront reçues contre les prévenus desdits crimes.

SECTION II. — *Des tribunaux ordinaires de douanes.*

7. Il sera établi sur toutes les frontières occupées par les lignes de

RENVOIS A FAIRE AU CODE OU AU TARIF.	BULLETIN DES DOUANES.

douanes, des tribunaux auxquels est attribuée la connoissance de toutes les affaires relatives à la fraude des droits de douanes, qui ne donneroient lieu qu'à la confiscation, à l'amende ou à de simples peines correctionnelles.

8. Ces tribunaux seront établis dans les lieux et avec les arrondissemens déterminés dans le tableau annexé au présent.

Ils seront composés d'un président, de quatre assesseurs, d'un procureur impérial, d'un greffier, et des huissiers nécessaires à leur service; ils ne pourront juger en moindre nombre de trois, et que sur les conclusions *du* procureur impérial.

9. Ces tribunaux instruiront et jugeront les affaires de douanes, selon les formes prescrites pour les affaires de police correctionnelle.

10. Les appels des jugemens de ces tribunaux seront portés devant les cours prévôtales dans le ressort desquelles ils se trouveront : ils y seront instruits et jugés conformément aux dispositions du Code criminel.

Les arrêts rendus sur ces appels seront sujets au recours en cassation.

11. Ces tribunaux seront sous l'autorité et inspection des cours prévôtales.

TITRE II.

De l'instruction criminelle devant les Cours prévôtales et les tribunaux ordinaires de douanes.

12. *Les* grands prévôts et *les* procureurs généraux *impériaux* près les cours prévôtales, et, sous leur autorité et surveillance, *les* procureurs *impériaux* près les tribunaux ordinaires des douanes, et tous officiers de police judiciaire, veilleront spécialement à la recherche et poursuite des crimes et délits énoncés au présent décret: *les* grands prévôts donneront tous les ordres et feront toutes les délégations qu'ils jugeront convenables : ils se transporteront sur les lieux, ou commettront un ou plusieurs des membres, soit des cours prévôtales, soit des tribunaux ordinaires des douanes, pour s'y transporter toutes les fois que le bien du service l'exigera.

13. Dans les affaires criminelles où le grand prévôt n'aura pas commis l'un de ses assesseurs pour instruire, l'un des membres du tribunal ordinaire des douanes remplira les fonctions de juge d'instruction, conformément au Code criminel.

Cette première instruction et l'avis du tribunal seront envoyés à la cour prévôtale du ressort, avec l'acte d'accusation rédigé, lorsqu'il y aura lieu, par *le* procureur *impérial* près le tribunal ordinaire des douanes.

Dans les cinq jours qui suivront cet envoi, la cour prévôtale statuera sur sa compétence.

Elle statuera de même sur sa compétence dans les cinq jours qui suivront les actes d'accusation rédigés par *les* procureurs généraux *impériaux*, lorsque *les* cours prévôtales auront fait l'instruction par elles-mêmes ou par des assesseurs délégués.

Lorsque la cour prévôtale aura prononcé sur sa compétence, son arrêt sera signifié dans les vingt-quatre heures aux prévenus, et, dans les trois jours suivans, transmis à la cour de cassation, sans que ces signification et transmission puissent arrêter l'instruction ultérieure, à laquelle il sera procédé jusqu'à l'ouverture des débats exclusivement, selon les formes établies par le Code criminel pour les cours spéciales.

L'arrêt définitif sera rendu dans les formes prescrites pour les arrêts des cours spéciales par le Code d'instruction criminelle.

TITRE III.

Des Peines.

SECTION I. — *Des peines applicables au crime de contrebande à main armée.*

14. Il n'est rien innové aux peines portées par les lois concernant la fraude à main armée.

SECTION II. — *Des peines applicables aux entrepreneurs, aux assureurs, aux intéressés, et à leurs complices dans les entreprises de fraude en marchandises prohibées, et aux chefs de bandes, conducteurs ou directeurs de réunions de fraudeurs.*

15. Les entrepreneurs de fraude en marchandises et denrées prohibées, les assureurs, les intéressés et les complices dans lesdites entreprises, les chefs de bandes, directeurs et conducteurs des réunions de fraudeurs en marchandises prohibées, seront punis de dix ans de travaux forcés et de la marque des lettres *V. D.*; le tout sans préjudice des dommages-intérêts envers l'Etat, proportionnés aux bénéfices qu'ils auront pu retirer.

16. Les simples porteurs pourront n'être punis que de peines correctionnelles, s'il y a en leur faveur des circonstances atténuantes; mais ils seront en outre renvoyés sous la surveillance de la haute police, pour un temps qui ne sera pas moindre de cinq ans et ne pourra excéder dix ans.

RENVOIS A FAIRE AU CODE OU AU TARIF.	BULLETIN DES DOUANES.

Les cautionnemens qu'ils devront fournir pour jouir de leur liberté, seront fixés d'après la demande que le directeur des douanes aura faite.

SECTION III. — *Des peines applicables aux prévenus d'entreprises de fraudes en marchandises tarifées.*

17. Les entrepreneurs de fraude en marchandises tarifées, ceux qui auront conduit ou dirigé les réunions de fraudeurs, les assureurs, les intéressés et leurs complices, seront punis de quatre ans de travaux forcés, sans préjudice des dommages-intérêts envers l'Etat, proportionnés aux bénéfices qu'ils auront pu retirer de la fraude.

18. Les simples porteurs pourront, en cas de circonstances atténuantes, n'être punis que conformément à l'article 16.

SECTION IV. — *Des peines applicables à la fraude simple.*

19. Toute personne qui, sans concert ni relations propres à constituer une entreprise ou une assurance, sera trouvée introduisant des marchandises en fraude des droits de douanes, sera punie de peines de police correctionnelle, conformément aux lois actuellement existantes, et renvoyée sous la surveillance spéciale de la haute police, pour un temps qui ne sera pas moindre de trois ans et n'en excédera pas six, en se conformant à l'article 16.

TITRE IV.

Des saisies en matière de fraude, et du partage de la part attribuée aux employés.

20. Les employés qui auront découvert et arrêté la fraude, sans arrêter aussi les fraudeurs, ne recevront que la moitié de la part qui leur est attribuée dans les confiscations ; l'autre moitié sera réservée pour être répartie, à la fin de chaque année, entre les brigades qui auront arrêté le plus grand nombre de fraudeurs, et les contrôleurs de brigade, lieutenans principaux et d'ordre dans la division desquels les arrestations auront été faites.

21. Sera réputée la saisie accompagnée d'arrestation des fraudeurs, lorsqu'il y aura arrestation d'un homme à raison de dix ballots de marchandises.

TITRE V.

Des transactions en matière de fraude des droits de douanes.

22. Il ne pourra être fait aucune transaction pour arrêter ou suspendre les poursuites contre les entrepreneurs de fraude, les assureurs, les intéressés et complices desdites entreprises en marchandises prohibées ou tarifées.

(N°. 80.) COMPÉTENCE.

DÉCRET IMPÉRIAL *qui attribue au Conseil des prises le jugement des contestations relatives aux saisies faites par la ligne des Douanes françaises, établie depuis Réez jusqu'à Travemunde.* Au palais des Tuileries, le 16 novembre 1809.

ART. Ier. « Toutes les contestations relatives » aux saisies faites par la ligne des Douanes fran- » çaises, établie depuis Réez, sur la rive droite » du Rhin, jusqu'à Travemunde, seront jugées » par Notre Conseil des prises. »

ART. 2. « Notre Grand-Juge Ministre de la » justice, et Notre Ministre des finances, sont » chargés, chacun en ce qui le concerne, de » l'exécution du présent décret. »

(N°. 81.) LOI *sur les Droits auxquels sont assujetties les Marchandises à leur importation ou exportation*, etc. (Du 12 janvier 1810.)

TITRE PREMIER.

Des Importations.

ART. Ier. Le *Minium* paiera, à l'entrée, six francs par quintal décimal.

ART. 2, 3, 4, 5. — (*Ces articles sanctionnent les dispositions du décret du 24 juin 1808, rapporté sous le N°. 2 de ce bulletin, et ils sont littéralement conçus comme elles; seulement l'article 4 de la Loi ajoute le port de Morlaix à ceux que l'article 3 du Décret impérial avoit ouvert à l'introduction des Marchandises de prises.*)

Comme l'un et l'autre de ces articles portent que lorsque des prises seront conduites dans d'autres ports que ceux désignés, les marchandises seront expédiées pour l'un de ces ports le plus voisin, sous acquit-à-caution et sous le convoi des Préposés, dont les frais de route seront payés par les armateurs, des réclamations se sont élevées relativement au nombre trop considérable de préposés chargés de convoyer les bâtimens, et à l'objet des frais qui sont supportés par les armateurs..... les plus grandes considérations devant déterminer, en faveur de la course, à diminuer le plus qu'il est possible ces frais, des ordres positifs ont été donnés afin que, dans les cas de l'espèce, il ne soit placé à bord des bâtimens de prise que deux Préposés d'élite et qui, par leur exactitude, puissent assurer la surveillance..... Dans le trajet que ces bâtimens auront à faire, ces deux Préposés n'auront rien à réclamer pour leur temps, lorsque les Commandans ne se refuseront pas à leur donner la nourriture; mais s'ils faisoient embarquer leurs vivres, ou s'ils s'en procuroient par un moyen quelconque, et s'ils étoient soumis à l'arrivée à une quarantaine à leurs frais, alors l'Armateur seroit tenu de payer, à chacun d'eux, deux francs par jour, et encore, à chaque préposé, cinquante centimes pour frais de route et de retour à son poste..... Son Excellence le Ministre de la marine, qui a eu connoissance de ces fixations, a pensé que le taux en étoit modéré. (CD. 25 janvier 1810.)

TITRE II.

Des Exportations.

ART. 6. L'exportation du bois de chauffage des Etats de Parme et de Plaisance, pour le Royaume d'Italie, est permise, en acquittant le droit de cinq pour cent de la valeur.

ART. 7. Elle s'effectuera par le Pô; et les marchands sont tenus, sous peine de confiscation partout ailleurs, de diriger leurs transports vers les bacs déjà établis sur ce fleuve pour la circulation du commerce, et de se soumettre à l'exercice des préposés de l'administration des douanes.

ART. 8. En cas de fausses déclarations de poids ou espèces des ouvrages de coton provenant de fabriques françaises, exportés à l'étranger, elles seront punies d'une amende double de la prime qu'on auroit reçue.

ART. 9. L'exportation des cotons en laine est prohibée.

TITRE III.

De l'Entrepôt de Savone.

ART. 10. Il y aura dans la ville de Savone un entrepôt de denrées coloniales et de marchandises étrangères non prohibées: cet entrepôt, dont la durée pourra être d'une année, sera soumis aux conditions prescrites par la section

R

XI du titre IV de la loi du 8 floréal an XI. Les marchandises qui en seront tirées pour la consommation, acquitteront immédiatement les droits; celles qui seront renvoyées, devront être réexportées directement par mer.

(N°. 82.) DÉCRET IMPÉRIAL *contenant l'Organisation des Douanes dans les Etats Romains.*

Au palais des Tuileries, le 1er. février 1810.

TITRE PREMIER.

De l'Organisation des Bureaux et Brigades des Douanes dans les Etats Romains.

ART. 1er. Les bureaux et brigades des douanes seront placés et organisés sur les côtes et frontières de terre des Etats romains, conformément à l'état annexé au présent.

ART. 2. Les dépenses relatives aux loyers et frais de bureaux, corps-de-garde, embarcations, registres, impressions, poids, balances et autres objets nécessaires, seront fixées ultérieurement sur l'état qui sera formé par notre Ministre des finances.

ART. 3. Tous les bâtimens, meubles et ustensiles employés, tant à Rome que sur les côtes et frontières desdits Etats, au service des douanes romaines, seront, sans délai, à la disposition de nos douanes impériales.

ART. 4. Toutes les lois de l'Empire sur les importations et les exportations, ainsi que sur la navigation, recevront leur exécution dans les Etats romains, à compter du premier mars 1810.

TITRE II.

De l'Entrepôt de Rome.

ART. 5. Il y aura à Rome un entrepôt réel pour les marchandises étrangères non prohibées, expédiées, soit des entrepôts de Civita-Vecchia, Livourne et Florence, soit des royaumes d'Italie et de Naples, ou qui arriveront directement par mer en remontant le Tibre.

Cet entrepôt sera placé dans un local convenable, qui sera fourni par le commerce; sa durée sera d'un an : avant l'expiration de l'année, les marchandises devront être déclarées pour la consommation, ou envoyées à l'étranger.

ART. 6. Les marchandises expédiées des entrepôts de Livourne, Florence et Civita-Vecchia ou des royaumes d'Italie et de Naples, pour l'entrepôt de Rome, seront mises sous plombs, soit aux bureaux des douanes de Livourne, de Florence et Civita-Vecchia, soit dans ceux placés sur les frontières desdits royaumes, qui seront ouverts au transit, et accompagnés d'acquits-à-caution qui indiqueront en détail les quantités et espèces, ainsi que les poids, nombre ou mesure des balles, caisses, barils, etc.

ART. 7. Les marchandises étrangères qui arriveront par le Tibre, à destination de l'entrepôt de Rome, ou à celles des royaumes de Naples et d'Italie, seront vérifiées et pesées à la douane de-Ripa-Grande, située sur le fleuve, à l'extrémité de la ville, et expédiées sous plombs et acquits-à-caution, pour ledit entrepôt ou transit pour les royaumes d'Italie et de Naples.

ART. 8. Au moment de l'arrivée des marchandises à l'entrepôt ou dans les bureaux ouverts au transit, les préposés des douanes, après avoir reconnu l'état des plombs et cordes, procéderont à la vérification de toutes les marchandises: s'il y a excédant ou déficit aux quantités portées sur les acquits-à-caution, ou substitution d'une marchandise à une autre, les soumissionnaires encourront les peines portées par les lois de l'Empire.

ART. 9. Immédiatement après la vérification des marchandises destinées pour l'entrepôt, elles seront portées en charge sur un registre. Chaque propriétaire ou consignataire fera, au bas de chacun des enregistremens qui le concerneront, sa soumission pour la sûreté des droits.

ART. 10. Les marchandises, entreposées à Rome, pourront être déclarées soit pour la consommation, soit pour les entrepôts de Florence ou Livourne, soit pour les royaumes d'Italie et de Naples; dans le premier cas, elles acquitteront les droits du tarif français : dans le second, elles seront expédiées sous plombs et acquits-à-caution, qui seront déchargés dans les bureaux ouverts au transit, ou dans ceux de Florence et de Livourne, suivant la destination donnée aux marchandises.

ART. 11. Toutes les marchandises importées ou exportées par le Tibre, acquitteront les droits auxquels elles sont imposées par le tarif français, à la douane de Ripa-Grande, située sur le fleuve, à l'extrémité de la ville de Rome.

Art. 12. Les capitaines ou patrons des bâtimens qui remonteront le Tibre jusqu'à Rome, devront faire viser leur manifeste à la douane de l'île nommée *Capo Due-Ranie*, et seront tenus de recevoir à leur bord un ou deux préposés, et de payer à chacun d'eux un franc vingt-cinq centimes, pour leurs frais de conduite.

Art. 13. Les capitaines ou patrons, dont les bâtimens seroient d'un trop fort tonnage pour remonter le Tibre, devront présenter leur manifeste à la douane de *Capo Due-Ranie*, y faire leur déclaration, et y prendre un permis de décharger leurs cargaisons sur des allèges. Ces transbordemens se feront sous la surveillance des préposés des douanes; et les allèges seront accompagnées d'acquits-à-caution pour assurer l'arrivée des marchandises à la douane de Ripa-Grande.

TITRE III.

De l'Entrepôt de Civita-Vecchia.

Art. 14. Il y aura à Civita-Vecchia un entrepôt de marchandises étrangères prohibées et non prohibées, à l'exception de celles venant des fabriques, des colonies ou du commerce de l'Angleterre, qui en sont formellement exclues: cet entrepôt sera placé dans un local convenable, qui sera fourni par le commerce; sa durée sera d'une année.

Art. 15. Les marchandises prohibées qui seront mises dans ledit entrepôt, devront être réexportées par mer;

Celles permises qui en seront tirées pour la consommation, acquitteront les droits à la douane de Civita-Vecchia.

Les marchandises destinées pour les entrepôts de Rome, Florence, Livourne, ou pour les royaumes de Naples ou d'Italie, seront expédiées sous plombs et acquits-à-caution.

TITRE IV.

Du Transit.

Art. 16. Les marchandises expédiées en transit, soit du royaume de Naples, en entrant par le bureau de Terracine, soit des entrepôts de Rome, de Civita-Vecchia, ou de la douane de Ripa-Grande, à destination du royaume d'Italie, seront accompagnées d'acquits-à-caution, et sortiront par le bureau de Pietra Mala, si elles suivent la route de Bologne; par le bureau d'Abetone, si elles sont dirigées sur Modène, et par celui de Foligno, si elles sont destinées pour la Marche-d'Ancône et le duché d'Urbin.

Art. 17. Les marchandises qui seront expédiées, soit du royaume d'Italie, en entrant par les bureaux de Pietra-Mala, d'Abetone ou de Foligno, soit des entrepôts de Civita-Vecchia, de Rome ou de la douane de Ripa-Grande, à destination du royaume de Naples, sortiront par le bureau de Terracine, où les acquits-à-caution seront déchargés.

Art. 18. Les dispositions du traité de commerce entre la France et le royaume d'Italie, conclu à Paris le 28 juin 1808, auront leur exécution pour les Etats romains, comme pour les autres parties de l'Empire.

Art. 19. Notre Grand-Juge ministre de la justice et notre ministre des finances sont chargés, chacun en ce qui les concerne, de l'exécution du présent décret.

(N.° 83.) LICENCES.—Vins et Eaux-de-Vie.

Extrait des registres de la Secrétairerie d'Etat. Au Palais impérial des Tuileries, le 14 février 1810.

NAPOLÉON, Empereur des Français, etc.;

Nous avons décrété et décrétons ce qui suit:

Art. 1.er Aucun bâtiment porteur de licence ne pourra désormais sortir de nos ports si son chargement n'est composé pour moitié au moins, de vins et eaux-de-vie.

Art. 2. Sont exceptés de la disposition ci-dessus, les bâtimens porteurs de licences dont le chargement seroit commencé en ce moment.

Art. 3. Nos Ministres des finances et de l'intérieur sont chargés de l'exécution du présent décret.

Observation. *C'est l'encombrement du navire, et non le poids ni la valeur de la marchandise, qui constitue la proportion du chargement..... Ainsi cette proportion doit s'établir par la jauge.*

(N°. 84.) TARIF. — LAITON FILÉ NOIR *à l'importation.*

Par décret impérial, du 4 décembre 1809, le droit d'entrée sur le laiton filé noir, a été, dans l'intérêt de la fabrication nationale, élevé de 12 francs à 24 francs par quintal décimal. (*Circulaire du Directeur-Général, du 20 décembre* 1809.)

(N°. 85.) TARIF. — COTONS FILÉS *à l'importation.*

Un décret impérial, du 22 décembre 1809, prohibe l'introduction des cotons filés, quels que soient leur numéro et leur origine.

Cette prohibition étant absolue, elle n'admet aucune exception quelconque. (*Circulaire du Directeur-Général, du 26 décembre* 1809).

A MM. les Souscripteurs du Bulletin.

A partir de cette demi-feuille, le bulletin paroîtra beaucoup plus exactement.... Le retard qu'il a éprouvé tient à ce que, m'étant aperçu que cet ouvrage seroit toujours imparfait s'il n'étoit précédé de la législation des Douanes antérieure aux dispositions qui y ont été successivement consignées, j'ai dû, afin d'éviter à MM. les abonnés des renouvellemens d'abonnemens inutilement dispendieux, ne pas en multiplier les numéros, puisque je savois devoir publier un livre (1) qui, pouvant tenir lieu de cette législation, ne seroit cependant pas mis à jour avec le Bulletin; par cela que c'eût été, en faveur de quelques feuilles d'impression, sacrifier les deux ouvrages : l'un en ce qu'il n'auroit pas été *au courant* au moment de sa publication; l'autre, parce qu'étant susceptible d'amélioration, je n'aurois pu lui en donner, en maintenant le mode d'après lequel sa rédaction avoit été commencée.

Je crois inutile de m'étendre sur ces considérations, parce que tous les abonnés du Bulletin étant souscripteurs de mon Code et possesseurs de mon Tarif, ils auront, comme moi, fait cette observation que le Bulletin n'est et ne peut être qu'une continuation de ces deux ouvrages, et que conséquemment pour remplir efficacement ce but d'utilité, il doit se rapporter à l'un et à l'autre, et les tenir réciproquement à jour.

Ainsi, à partir du numéro qui suivra celui-ci, le Bulletin sera imprimé dans la forme de l'Appendice qui se trouve à la fin de mon code; la prochaine demi-feuille sera cotée *première*, et la série des numéros du code, qui se termine par 1069, sera continuée dans cette première demi-feuille, qui commencera conséquemment par le N°. 1070....

Alors, dès que des changemens arriveront, ou au Code, ou au Tarif, il suffira, pour la *tenue-au-courant* de ces deux ouvrages, d'écrire à la marge du numéro du code, ou à celle de l'article du tarif qui les auront éprouvés, cette simple note (*voir* n°.....), ce qui signifiera que le régime nouvellement en vigueur se trouve sous tel numéro du bulletin.... D'ailleurs, j'indiquerai moi-même ces renvois, et je ferai à cet effet tirer à chaque page du bulletin une colonne où ils se trouveront imprimés; cette colonne pourra servir en outre à y transcrire, si le cas y échoit, les renvois d'un bulletin à un autre.

Au surplus, on pourra juger, dès la première demi-feuille, si l'amélioration que j'entends donner au Bulletin, ... est une effective; et dès-lors MM. les Souscripteurs continueront ou cesseront leurs abonnemens à volonté. A cet effet, j'établis ici leur compte :

Il m'a été payé pour 24 demi-feuilles . . . 6 fr.

Je n'en aurai fourni que 18 en y comprenant la demi-feuille que j'adresserai après celle-ci, ce qui remplira seulement les trois quarts de l'abonnement. . . . . 4 50 c.

Conséquemment je reste leur débiteur de 1 fr. 50 c.

Plusieurs souscripteurs ont payé 48 demi-feuilles, donc je leur redois *six francs* de plus....

D'où résulte que j'aurai à rembourser l'une ou l'autre de ces sommes aux personnes qui cesseront leurs abonnemens..... Quant à celles qui voudront continuer à recevoir le Bulletin, elles auront, au contraire, à m'adresser *quatre francs cinquante centimes* pour compléter leur nouvel abonnement, qui alors ne finira qu'à la 100e ou 200e page du nouveau Bulletin, c'est-à-dire à la 25.e ou à la 50.e demi-feuille, à partir de celle qui va paroître, suivant qu'elles ont déjà payé 6 fr. ou 12 fr.

Je prie en conséquence MM. les Souscripteurs de vouloir bien me faire connoître leurs intentions incontinent après le *vu* de la prochaine demi-feuille, et ce, afin qu'il n'y ait ni interruption dans les abonnemens, ni défets dans les collections, désagrémens qu'il pourroit ne pas dépendre de moi de réparer.

DUJARDIN-SAILLY.

(*Actuellement*) rue de Vaugirard, N°. 60, face la grille du Luxembourg.

(1) Ce livre est le CODE DES DOUANES qui vient d'être terminé; il contient les dispositions en vigueur jusqu'au 16 mars 1810....

www.ingramcontent.com/pod-product-compliance
Ingram Content Group UK Ltd.
Pitfield, Milton Keynes, MK11 3LW, UK
UKHW012228240726
13966UKWH00003B/1006